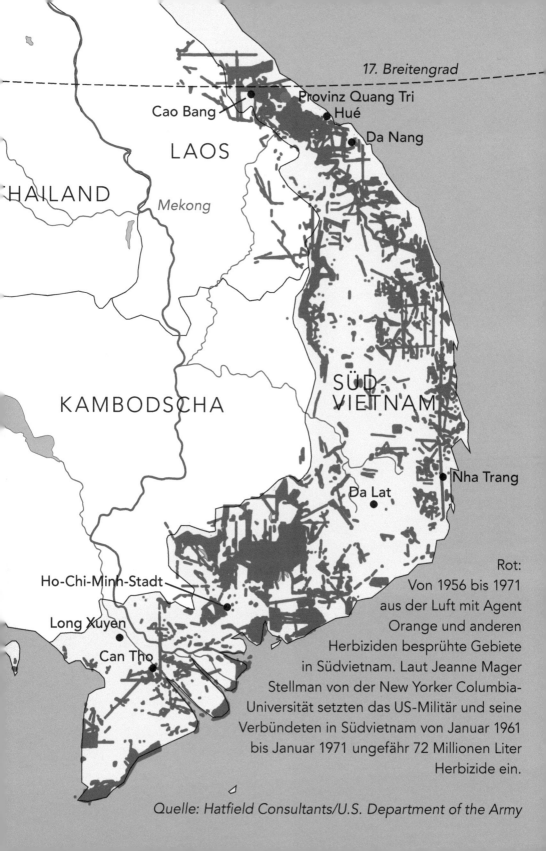

17. Breitengrad

Cao Bang

Provinz Quang Tri

Hué

Da Nang

LAOS

THAILAND

Mekong

KAMBODSCHA

SÜD-
VIETNAM

Nha Trang

Đa Lat

Ho-Chi-Minh-Stadt

Long Xuyen

Can Tho

Rot:
Von 1956 bis 1971
aus der Luft mit Agent
Orange und anderen
Herbiziden besprühte Gebiete
in Südvietnam. Laut Jeanne Mager
Stellman von der New Yorker Columbia-
Universität setzten das US-Militär und seine
Verbündeten in Südvietnam von Januar 1961
bis Januar 1971 ungefähr 72 Millionen Liter
Herbizide ein.

Quelle: Hatfield Consultants/U.S. Department of the Army

Krieg ohne Ende

Spätfolgen des Vietnamkrieges
Agent Orange und andere Verbrechen

Peter Jaeggi

Krieg ohne Ende

Spätfolgen des Vietnamkrieges
Agent Orange und andere Verbrechen

**Fotos Roland Schmid
und nordvietnamesische Kriegsfotografen**

Lenos Verlag

Inhalt

Über die Fotografien in diesem Buch

Die Farbbilder stammen vom Schweizer Fotografen Roland Schmid. Zusammen mit Peter Jaeggi besuchte er Vietnam auf den Spuren des Krieges erstmals 1999. Seither haben die beiden mehrere Reisen in dieses südostasiatische Land unternommen. Im Jahre 2000 veröffentlichten sie im Lenos Verlag ihr erstes, reichillustriertes Buch über Agent Orange, das gleichzeitig der Katalog zu ihren internationalen Agent-Orange-Ausstellungen war.

Viele legendäre Schwarzweissbilder aus dem amerikanischen Krieg in Vietnam stammen von westlichen Fotografen, wie etwa jenes des nackten Mädchens, das vor der Napalmbombe flüchtet. Doch die Nordvietnamesen und der Vietcong hatten Hunderte von Fotografen im Einsatz, die das Schreckliche ebenfalls unter Einsatz ihres Lebens dokumentierten. Fast alle waren Autodidakten und arbeiteten für die Nationale Befreiungsfront, die Nordvietnamesische Armee, die Vietnamesische Presseagentur und für verschiedene Zeitungen. Fotoausrüstungen, Filmmaterial und Fotopapier waren äusserst kostbar. Entwickelt wurde oft nachts im dunklen Regenwald. Diese Fotografen machten ihre Bilder zu Propagandazwecken oder um das wirkliche Gesicht des Krieges zu dokumentieren. Der Fotograf Vo Anh Khanh schaffte es im umkämpften Gelände nie, seine Bilder bis zur Zentrale nach Hanoi zu befördern. Stattdessen hängte er sie manchmal in den Mangrovensümpfen im Mekongdelta auf, um mit diesen Freilichtausstellungen den Widerstand zu motivieren. Die Bilder dieser Fotografen tauchten nie im Westen auf; auch in Vietnam waren sie kaum bekannt. In den frühen 1990er Jahren machten sich die amerikanischen Fotojournalisten Tim Page und Doug Niven auf die Suche nach diesem historischen Schatz. Sie fanden Negative, die nie vergrössert worden waren. Sie entdeckten sie in verstaubten Taschen, einmal auch unter einer alten Badewanne. Beim Fotografen Vo Anh Khanh stiessen die beiden auf vergessene Negative in Reiskörnern, eingebettet in einer US-Munitionsschachtel, um den Film vor der Feuchtigkeit zu schützen. 180 dieser Fotografien und die Geschichten der Männer hinter ihnen wurden von National Geographic im inzwischen vergriffenen Buch *Another Vietnam: Pictures of the War from the Other Side* veröffentlicht. Einige dieser Bilder sind in diesem Buch zu finden.

Datum unbekannt. Im Mekongdelta treffen Vietcong-Kämpfer auf den Feind. Diese seltene Aufnahme zeigt beide Kriegsparteien im Kampf. Soldaten der südvietnamesischen Armee im Hintergrund und Vietcong im Vordergrund. Foto Hoang Mai / Another Vietnam / National Geographic.

Vorwort

Kaum ein anderer Krieg hat so viele schmerzhafte Langzeitschäden hinterlassen wie der Vietnamkrieg, den Vietnam den «amerikanischen Krieg» nennt. Es ist ein Krieg, dessen Ende noch nicht abzusehen ist. Davon erzählt dieses Buch. Und auch davon, weshalb die Täter von damals bis heute ungestraft geblieben sind. Weil das Völkerrecht damals wie heute mit Füssen getreten wird, wiederholt sich die Geschichte immer wieder. Die Opfer kriegerischer Auseinandersetzungen sind heute wie damals in der grossen Mehrzahl unschuldige Kinder, Frauen und Männer – Menschen aus der Zivilbevölkerung. Auch die Flüchtlingsströme unserer Zeit erzählen davon.

Vor allem dioxinhaltige Herbizide wie Agent Orange sind es, die den Vietnamkrieg möglicherweise zu einem Krieg ohne Ende werden lassen. Diese Gifte stehen nämlich im Verdacht, Menschen über Generationen hinweg zu schädigen. Agent Orange ist ein Stoff, der Menschen auch in der Zukunft bedroht, genauso wie unsere heutigen Umweltgifte. Deswegen sind auch sie ein Thema dieses Buches.

Der Weg zu diesem Buch war hürdenreich. Die Quellenlage ist über weite Strecken schwierig, mangelhaft und widersprüchlich. Das liegt auch daran, dass in den USA die meisten einschlägigen Archive nach wie vor als geheim eingestuft werden und deshalb unzugänglich sind. Auch Vietnam gewährt noch immer keine Einsicht in seine Kriegsarchive. Dort gab es auch nie Prozesse wie in den USA, wo sich immerhin einige der Kriegsverbrecher vor Gericht verantworten mussten. Allerdings mit fragwürdigen Urteilen. Doch wirklich aufgearbeitet wurde dieser Krieg auf beiden Seiten nie, im Gegenteil: Das offizielle Amerika verherrlicht bis heute sein verbrecherisches Engagement in Indochina. In den USA und in Vietnam ist rund um diesen Krieg eine seltsame Heldenverehrung entstanden. In Vietnam ist Kritik an Helden dieses Krieges ein Tabu. Wer es bricht, riskiert Repressalien. Auch kann man sich in Vietnam als Journalist nur beschränkt frei bewegen. In aller Regel bekommt man einen staatlichen Aufpasser zur Seite gestellt, den man auch noch selber finanzieren muss. Offiziell läuft der Aufpasser unter der Bezeichnung «logistischer Helfer».

Sowohl im Westen als auch in Vietnam ist man noch immer ideologischen Glaubenskriegen ausgesetzt. Auf dem Weg zum vorliegenden Werk begegnete ich ehemaligen Kriegsreportern aus Ost und West, die noch immer in der Sprache des Kalten Krieges gefangen sind. Ich redete mit vietnamesischen und vietnamesischstämmigen Expertinnen und Experten, die aus Angst vor Repressalien nicht genannt sein wollen. Da gibt es jenen potentiellen Sponsor, der sein Engagement davon abhängig machte, inhaltlich mitreden zu dürfen. Konkret ging es um nordvietnamesische Folterszenen, die er – ohne verwendbare Beweise – partout nicht wahrhaben wollte. Da gibt es ein deutsches Chemieunternehmen, das seinen Namen mit grosser Anstrengung von Agent Orange fernzuhalten versucht – trotz Dokumenten, die eine Verwicklung ins Agent-Orange-Geschäft zweifelsfrei belegen.

Es gibt im Wesentlichen zwei Perspektiven: jene der Täter und jene der Opfer. Die Täter behaupten, es gebe keine wissenschaftlichen Beweise für einen kausalen Zusammenhang zwischen Gesundheitsschäden und den eingesetzten Herbiziden. Die Opfer hingegen weisen auf unübersehbare Indizien hin und beharren deswegen zu Recht auf Wiedergutmachung.

Dieses Buch versucht zu dokumentieren – mit Fakten, Recherchen, Reportagen. Es soll vor allem auch jenen eine Hilfestellung sein, die sich in nützlicher Frist einen Überblick über die wichtigsten Aspekte dieses Krieges verschaffen möchten.

Peter Jaeggi

Der Vietnamkrieg – Krieg ohne Ende

Der Vietnamkrieg ist ein Krieg ohne Ende. Es ist der erste Krieg der Geschichte, der über Generationen viele Hunderttausend Menschen schädigt. Schuld daran ist das Entlaubungsmittel Agent Orange. Es wurde grossflächig von den USA und ihren Verbündeten über den Kriegsgebieten ausgebracht. Agent Orange enthält das Dioxin TCDD, das giftigste aller Dioxine und eines der verheerendsten Gifte, das je vom Menschen hervorgebracht worden ist.

«Die Flugzeuge mit Agent Orange flogen immer über uns hinweg. Es wurde wie ein Regen versprüht, so wie wir Dünger verstreuen. Innerhalb kurzer Zeit verloren die Bäume ihre Blätter. Sie waren kahl, und wir waren dem ausgesetzt. Es kroch in die Nase, in den Mund, es roch so scharf, dass wir niesen mussten.» So beschreibt Vietnamkriegs-Veteran Nguyen Van Pham im 2015 uraufgeführten Film *Lighter than Orange* von Matthias Leupold die Chemiewaffe, die vom Himmel fiel. «Man versuchte, sich mit feuchten Tüchern zu schützen. Wer keines hatte, bekam fast augenblicklich einen Ausschlag im Gesicht.» Was genau von oben kam, wusste damals niemand, weder die Frauen, die Männer noch die Kinder, die davon getroffen wurden. Die schrecklichen Folgen kamen erst nach und nach ans Licht.

Das grösste Kriegsdenkmal der Welt

Ein Buffet aus massivem Holz, darauf arrangiert Räucherstäbchen, eine Buddhafigur auf einer Lotosblüte sitzend, Porzellangefässe für Opfergaben, bunte Blumen aus Kunststoff. Der Ahnenaltar im Haus der siebenundsiebzig Jahre alten Mutter Hoang The in Da Nang steht gleich hinter der Eingangstür. Auf dem Altar auch eine Fotografie ihres Mannes Tran Ran, der 2002 an den Folgen von Agent Orange starb, denn im Krieg war er als Meldeläufer des Widerstandes oft mit diesem hochgiftigen dioxinhaltigen Entlaubungsmittel in Berührung gekommen. Das Herbizid wurde

Ahnenaltäre gibt es in jedem vietnamesischen Haus.
Sie stehen für keine bestimmte Religion und gelten als eine Art
Brücke zwischen Lebenden und Toten (2015).

zusammen mit anderen Pflanzengiften von den USA über Wäldern und Reisfeldern versprüht (s. S. 48). Ahnenaltäre stehen in Vietnam für keine bestimmte Religion und gelten als eine Art Brücke zwischen Lebenden und Toten. Sie fehlen in keinem Haushalt und in keinem Geschäft. Der Historiker Andreas Margara schreibt, alle diese Ahnenaltäre zusammen seien so etwas wie das grösste Kriegsdenkmal der Welt, weil im Krieg fast jede Familie im Land Angehörige verloren hat.

Da Nang, das sind auch Postkartenstränd, Luxusresorts, die berühmten Marmorberge mit ihren Höhlen und buddhistischen Heiligtümern, wo einst Freiheitskämpfer Angriffe auf US-Truppen planten. Während des Vietnamkrieges befand sich hier in der Nähe die Grenze zwischen dem kommunistischen Norden und dem amerikanisierten Süden. US-Soldaten sonnten sich in ihrer Freizeit am kilometerlangen Sandstrand, den sie China Beach nannten. Sie ahnten nicht, dass vor ihren Augen der Gegner in der Höhle eines Felsens ein Lazarett betrieb. Heute erinnert kaum mehr etwas daran, dass hier einst die Tore zur Hölle weit aufgerissen wurden. Da Nang, die heutige Millionenstadt im tropischen Zentralvietnam, war während des Krieges eine der wichtigsten Basen der US-Armee. Hier lag auch ihr grösster Luftwaffenstützpunkt.

Das Drama der Mutter Hoang The und ihrer Kinder

Hoang The lebt in einem sumpfigen Aussenquartier von Da Nang, zusammen mit ihren beiden erwachsenen Kindern. Beide sind körperlich und geistig schwer behindert, beide sind Dioxinopfer. Das Haus mit seinem Wellblechdach ist heruntergekommen, die Räume sind dunkel und feucht. An den Betonwänden zeigen schmutzige Streifen den Wasserstand der letzten Überschwemmungen. Siebenmal mussten die Bewohner schon vorübergehend ausziehen, um nicht im eigenen Bett zu ertrinken.

Tochter Tran Thi Nga, dreiunddreissig Jahre alt, kann sich mit einer Art klapprigem Rollator und mit Mutters Hilfe mühsamst noch etwas fortbewegen. Auf diesem vorsintflutlichen Gerät kämpft sie sich unter grosser

Anstrengung durch tägliche Bewegungstherapien. Seit ihrer Geburt wird sie von einem Stützkorsett aufrecht gehalten. Bis sie neun war, konnte sie noch ein paar Schritte gehen. Ihre Mutter ist seit Jahrzehnten am Limit. Manchmal stürze ihre Tochter, sagt sie. Tran Thi Nga ist übergewichtig. «Alleine schaffe ich es nicht, sie hochzuheben, und muss Nachbarn holen.»

Jeden Morgen um halb sechs steht die alte Frau auf. Zuerst bringt sie ihren Sohn zur Toilette, dann ihre Tochter. «Am schlimmsten sind die Nächte», erzählt Mutter The. «Die Kinder können oft nicht schlafen. Da mein Sohn sich nicht bewegen kann, muss ich ihn regelmässig umlagern, damit er sich nicht wundliegt. Dann wieder hat er Probleme mit den Ohren, dem Rücken und beginnt zu schreien. Manchmal kann ich vier Nächte hintereinander nicht schlafen.» So wie der alten Mutter Hoang The geht es den meisten Familien mit Angehörigen, die durch das dioxinhaltige Agent Orange geschädigt sind.

Was Dioxin anrichtet

Agent Orange ist in Vietnam die grösste Dioxinquelle. Doch auch ohne die Hinterlassenschaft dieser Chemiewaffe aus dem Krieg ist das Land mit Dioxinen belastet, zum Beispiel wegen des massiven Einsatzes von Agrarchemie. So gibt es in Vietnam regelmässig Lebensmittelskandale, weil Bauern viel und zu viele Pflanzenschutzmittel einsetzen, sich selbst und Konsumenten damit vergiften. Doch nicht nur in Vietnam sind Dioxine unsichtbare Feinde unserer Gesundheit. Sie sind weltweit ein Problem, auch bei uns. Dieses Kapitel erklärt, was Dioxine sind, wie sie entstehen und warum Grenzwerte keine Garantie für Unbedenklichkeit sind.

Dioxine sind Umweltgifte und gehören zum sogenannten «schmutzigen Dutzend», zur Gruppe der gefährlichsten Umweltgifte. Zu den Dioxinen zählt man etwa 200 verschiedene chemische Substanzen, genauer: fünfundsiebzig polychlorierte Dibenzo-para-Dioxine (PCDD) und 135 polychlorierte Dibenzofurane (PCDF). Zwar ähnelt sich deren chemischer Aufbau, doch sie sind unterschiedlich giftig. TCDD und zahlreiche andere Dioxine werden nicht gezielt und absichtlich hergestellt, sie entstehen stets unerwünscht als Nebenprodukt oder Verunreinigung bei chemischen Herstellungsverfahren und bei Verbrennungsprozessen. Ausserdem gibt es die dioxinähnlichen polychlorierten Biphenyle (dl-PCB), die sich in Organismen wie Dioxine verhalten. Heute sind laut WHO 419 dioxinverwandte Verbindungen bekannt. Etwa dreissig davon sind toxisch. Das allergiftigste unter ihnen ist das berüchtigte «Seveso-Gift» (s. S. 60): 2,3,7,8-Tetrachlordibenzo-p-Dioxin, abgekürzt TCDD, das auch in Agent Orange enthalten war. Die Zahlen 2,3,7,8 sind eine Art «chemischer Steckbrief» und erklären die Lage der Chloratome im Molekül. TCDD gilt als etwa 500-mal giftiger als Strychnin und Curare und als etwa 1000fach toxischer als reines Nikotin.

Dioxine sind sehr langlebige Verbindungen. Deshalb beruht ihre Gefährlichkeit in den meisten Fällen auf ihrer Langzeitwirkung, weil sie sich im Fettgewebe von Mensch und Tier anreichern und im Boden schwer abbaubar sind. Dioxine sind auch dann noch nachweisbar, wenn Mensch und Umwelt keiner erhöhten Exposition mehr ausgesetzt sind. Im Boden beträgt die Halbwertszeit fünfzig bis hundert Jahre, das heisst, in diesem Zeitraum wird erst die Hälfte abgebaut. Im Körper des Menschen beträgt die Halbwertszeit von TCDD zwischen sieben und zehn Jahren, bei Frauen scheint es länger zu dauern als bei Männern. Auch der Body-Mass-Index spielt mit: Je grösser er ist, umso länger die Halbwertszeit. Böden sowie Fluss- und Meeressedimente sind ideale Dioxinspeicher. Je mehr Humus und anderes organisches Material da sind, desto länger hält sich das Gift in den oberen Schichten. Die höchsten Konzentrationen finden sich in Waldböden. In Wasser ist TCDD sehr schwer löslich und hält sich deshalb dort sehr lange.

TCDD ist von der Weltgesundheitsorganisation WHO im Februar 1997 als humankanzerogen (krebserzeugend für den Menschen) eingestuft worden. Aus Tierversuchen sind Störungen des Immunsystems und der Reproduktion schon bei sehr niedrigen Dioxinkonzentrationen bekannt. Das Dioxin gelangt beim Menschen über Plazenta und Muttermilch in den kindlichen Organismus. Höhere Dioxinbelastungen von Müttern können bei Kindern zu vielfältigen Störungen oder Verzögerungen der Entwicklung führen, und zwar bei Belastungen, die noch unterhalb des zulässigen Grenzwertes liegen. Wegen des jahrelangen Verbleibs im Körper können gesundheitliche Störungen auch noch viele Jahre nach einer erhöhten Exposition vorkommen.

Wie viel Dioxin verträgt der Mensch? Der ADI (Acceptable Daily Intake) beschreibt, wie viel von einer Substanz ein Mensch lebenslänglich täglich mit der Nahrung aufnehmen kann, ohne dass es erkennbar gesundheits-

Tran Thi Nga, Agent-Orange-Opfer in Da Nang. Mit einer behelfsmässigen Gehhilfe kann sie sich mit grosser Mühe noch etwas fortbewegen (2013).

schädlich ist. Bei Dioxin und dl-PCB hält die WHO im neuesten verfügbaren Bericht von 2001 eine Menge von bis zu siebzig Picogramm pro Monat für «vorläufig tolerierbar». Dies entspricht einer täglichen Menge von durchschnittlich 2,3 Picogramm pro Kilogramm Körpergewicht entspricht. Ein Picogramm ist der Billionste Teil eines Gramms. Das deutsche Umweltbundesamt toleriert ein Picogramm täglich, die Schweiz zwei Picogramm und die USA 0,6 Picogramm. Unterschiedlich sind auch die Grenzwerte für Lebensmittel und Futtermittel für Tiere. In unseren Breitengraden nimmt ein Mensch, der sich normal ernährt, derzeit etwa zwei Picogramm Dioxin und dl-PCB pro Kilogramm Körpergewicht zu sich. Die amerikanische Umweltschutzbehörde berechnete: Die tägliche lebenslange Belastung der Bevölkerung mit 0,006 bis 0,01 Picogramm Dioxin pro Kilogramm Körpergewicht führt zu einem zusätzlichen Krebsfall auf eine Million Menschen. Alle anderen «zumutbaren» Picogramm-Mengen an Dioxinen sind nur politische Werte! Im Klartext: Es wird politisch entschieden, wie viele zusätzliche Krebsfälle durch Dioxinbelastung der Bevölkerung zugemutet werden.

Sehr viele Lebensmittel enthalten eine kaum vermeidbare sogenannte Hintergrundbelastung. Das bedeutet: Sie sind mit Altlasten vergangener Jahrzehnte behaftet, zum Beispiel mit Unkrautgiften. Die meisten Menschen erreichen die tolerierbare Aufnahme allein über diese Hintergrundbelastung. Diese liegt zum Beispiel bei fettreichen Fischen hoch. Aber auch Hühnereier und Milchprodukte samt Muttermilch haben eine Hintergrundbelastung. Zu den Altlasten gehören Millionen Tonnen Giftmüll, die in unseren Böden aktiv sind. Kühe und andere Pflanzenfresser können von diesen diffusen Dioxinkontaminationen betroffen sein und das Gift mit dem Grünfutter oder mit der Erde aufnehmen. Auch in jüngerer Zeit lassen Dioxinbelastungen von Lebensmitteln immer wieder aufhorchen, so 2008 in der italienischen Provinz Caserta, der Hochburg der Büffelmozzarella-Produktion.

(Fortsetzung S. 34)

Dioxinkrankheiten
oder die Krankheiten der Veteranen

Das U.S. Department of Veterans Affairs (VA), das Kriegsveteranenministerium der Vereinigten Staaten von Amerika, führt eine Liste von Krankheiten, die mit Agent Orange in Zusammenhang gebracht werden.

Ein Veteran, der eines dieser Leiden hat, kann ein Kompensationsgesuch stellen, vorausgesetzt, er diente in Vietnam oder in der ebenfalls mit Agent Orange «behandelten» demilitarisierten Zone in Korea (s. S. 279). Die Regierung spricht dabei ausdrücklich von einem «vermuteten» oder «mutmasslichen» Zusammenhang. Das heisst: Auch ohne Schuldanerkennung und ohne Beweise für einen Zusammenhang zwischen Gesundheitsschäden und dioxinhaltigen Herbiziden gibt es staatliche Hilfe. Es genügt allein der Nachweis, dort gewesen zu sein. Rechtlich gesehen gibt es demnach theoretisch zwischen etwa 2,6 und 3,17 Millionen amerikanische Agent-Orange-Opfer, denn so viele US-Armeeangehörige dienten schätzungsweise in Vietnam. Dazu kommen über 300'000 Koreaner, zudem Soldaten aus Australien, Neuseeland und anderen ehemaligen verbündeten Staaten.

Von den amerikanischen Vietnamsoldaten und -soldatinnen leben noch etwa 731'000 (Stand 2016). Laut dem US-Veteranen Paul Sutton kämpfen etwa drei Viertel von ihnen noch immer für eine Unterstützung. In den Vereinigten Staaten erhalten derzeit mehr als eine Viertelmillion Agent-Orange-geschädigte Menschen staatliche Leistungen: Veteranen, die in Vietnam waren, sowie Ehepartner und Nachkommen.

Wie in Vietnam gibt es auch in den USA keine zuverlässige Statistik über die Anzahl der Geschädigten. Paul Sutton schreibt dazu: «Es gab nur halbherzige Anstrengungen für eine Statistik. Washington hat kein Interesse an verbindlichen Daten.» Sutton, der sich auf nationaler Ebene seit Jahrzehnten für die Rechte von US-Veteranen einsetzt, sagt, dass die fehlenden Daten ein weiterer Beleg für die «Komplizenschaft» Washingtons mit dem Herbizidkrieg in Vietnam seien. Die Furcht vor weiteren Gerichtsfällen dürfte da auch eine Rolle gespielt haben. Wie viele US-Veteranen und Nachkommen an den Folgen des Herbizideinsatzes starben, ist nie untersucht worden. Wie viele US-Veteranen an Agent-Orange-Folgen leiden, weiss man ebenfalls nicht. Bis 2016 haben sich beim U.S. Department of Veterans Affairs etwa 635'000 Veteranen und Veteraninnen gemeldet. Laut der unabhängigen nationalen Rechtsberatung für Veteranen (National Veterans Legal Services Program) erhalten aber nur etwa 13'000 eine staatliche Unterstützung. Anerkannte Opfer erhalten monatlich je nach Schweregrad der Behinderung zwischen 133 und 2907 Dollar, dazu kommen medizinische Unterstützungsleistungen.

Auf die Frage, was neben den aktuellen gesundheitlichen Problemen die Hauptsorge der überlebenden Veteranen sei, antwortet Paul Sutton: «Die tiefe Besorgnis über die Gesundheit unserer Kinder, Enkel und jener der folgenden Generationen.»

Für diese Krankheiten werden US-Veteranen entschädigt

AL-Amyloidose: Anreicherung von abnorm veränderten Eiweissen im Zwischenzellraum. Mögliche Folgen: Versteifung der Herzmuskulatur (Herzschwäche), Nierenfunktionsverlust, Erkrankungen des Verdauungssystems, Alzheimer und andere Erkrankungen des Gehirns, Knoten im Bereich der Haut, Erkrankungen der Gelenke.

Chlorakne: Eine typische Folge von Dioxinvergiftungen, verursacht schwerwiegende Hautveränderungen. Dabei entstehen unter anderem zahlreiche entzündete Knoten und Pickel, die sich vor allem im Nacken, über den Rücken bis zu den Oberschenkeln und Geschlechtsteilen ausbreiten und über Jahre und Jahrzehnte bleiben.

Chronische lymphatische Leukämie («Blutkrebs»): Unkontrollierte Vermehrung der weissen Blutkörperchen, sie verdrängen die gesunden Blutzellen und schwächen das Immunsystem. Mögliche Folgen: Blutarmut, Müdigkeit, Blässe, Atemnot, Neigung zu Blutungen, Anfälligkeit für Infektionskrankheiten.

Diabetes mellitus (Typ 2): Stoffwechselkrankheit. Die Bauchspeicheldrüse produziert zu wenig Insulin. Mögliche Folgen: Müdigkeit, Schwäche, Sehstörungen, Infektneigung, Koma.

Hodgkin-Lymphom und Non-Hodgkin-Lymphom: Bösartige Erkrankung des lymphatischen Systems (Immunsystem). Mögliche Folgen: Lymphknotenvergrösserungen, Leistungsminderung, Müdigkeit, Nachtschweiss, Gewichtsverlust, Neigung zu Infekten, Blutveränderungen (u.a. Blutarmut).

Ischämische Herzerkrankungen: Verengung der Blutgefässe des Herzens. Mögliche Folgen: geringe Belastbarkeit, Schmerzen und Engegefühl in der Brust, Atemnot (Angina pectoris). Kann unbehandelt zum Tod führen.

Lungenkrebs und andere Erkrankungen des Atemsystems.

Multiples Myelom: Krebserkrankung des Knochenmarks. Die Zellen des Immunsystems (Plasmazellen) vermehren sich sehr stark. Die Krebszellen im Knochenmark verhindern die normale Bildung von Blutzellen und zerstören die Knochen. Kann ohne Behandlung schnell zum Tod führen.

Parkinson-Krankheit: Neurologische Erkrankung. Meist langsam fortschreitende Zerstörung von Nervenzellen im zentralen Nervensystem, besonders im Gehirn. Mögliche Folgen u.a.: Unbeweglichkeit, Steifheit, Zittern in Ruhe (Ruhetremor), Haltungsinstabilität, Depressionen, Schlafstörungen, Blutdruckanomalien.

Periphere Neuropathie: Nervenerkrankung. Fehlende Wahrnehmung mit den Sinnen. Gefühlsstörungen wie Kribbeln, Ameisenlaufen, Brennen.

Porphyria cutanea tarda (PCT): Stoffwechselkrankheit. Kann zu Leberfunktionsstörungen und schweren Hauterkrankungen führen.

Prostatakrebs: Krebs an der Vorsteherdrüse beim Mann. Häufigste Krebstodesursache bei Männern. Mögliche Symptome: Blockade des Harnabflusses, nächtlich auftretender Harndrang, häufiges Lassen geringer Urinmengen, erschwertes Wasserlassen, Schmerzen beim Wasserlassen, Erektionsstörungen.

Weichteilkrebs (Sarkome): Bösartige Tumore in Weichteilen. Betrifft Gewebe, wie Muskeln, Sehnen oder Fett-, Binde- und Nervengewebe. Kann in jeder Körperregion entstehen. Sarkome können tödlich verlaufen.

Anspruch auf Entschädigungen haben auch Veteranen, deren Nachkommen an Spina bifida (Missbildung an der Wirbelsäule) und anderen Geburtsschäden leiden. Neben den in dieser Liste des U.S. Department of Veterans Affairs aufgeführten Krankheiten gibt es noch weit über hundert andere Gesundheitsschäden, die in verschiedenen Untersuchungen und Studien mit Dioxin in Zusammenhang gebracht werden. Eine Auswahl:

Missbildungen

Achondroplasie: genetisch bedingter Kleinwuchs

Analatresie: angeborene Fehlbildung des Enddarms

Angeborene Aortastenose: Fehlbildung des Herzens mit einer Verengung (Stenose) der grossen Hauptschlagader

Hallermann-Streiff-Syndrom: Verschiedene Fehlbildungen, u.a. des Gesichts und der Augen

Hodenhochstand: Hoden bleiben in der Bauchhöhle (kann Krebs auslösen)

Hüftdysplasie: Fehlbildung der Hüftgelenkpfanne

Hypospadie: Angeborene Entwicklungsstörung der Harnröhre

Klumpfuss: Verschiedene Fehlstellungen des Fusses

Kongenitales Megakolon: Dickdarmerkrankung

Lippen-Kiefer-Gaumen-Spalten: Die beiden Hälften des knöchernen Gaumendachs sind nicht miteinander verwachsen

Missbildungen von Herz und Blutgefässen

Neuralrohrdefekt: Fehlbildungen des Neuralrohrs (embryonale Anlage des zentralen Nervensystems) während des embryonalen Stadiums

Nierenschäden

Poland-Syndrom: Fehlen des Brustmuskels und Fehlbildung der Brustdrüse, u.a. auch verbunden mit Fingerfehlbildungen

Polydaktylie: Mehr als die übliche Anzahl Finger oder Zehen

Pylorusstenose: Verengung im Bereich des Magenausganges

Speiseröhrenfehlbildungen

Störungen der Knochenbildung

Tracheo-ösophageale Fistel: Abnormale Fistelverbindung zwischen der Luft- und der Speiseröhre

Wasserkopf (Hydrocephalus): Krankhafte Erweiterung der Flüssigkeitsräume im Gehirn; kann zu ballonartig aufgetriebenem Kopf führen

Williams-Syndrom: Genetischer Defekt mit sehr vielen möglichen Symptomen; von einem zu kleinen Kopf über Herzfehler bis zu Nierenfehlbildungen

Weitere mögliche Folgen

Allergien

Anämie (Blutarmut)

Appetitlosigkeit

Atemprobleme

Augenreizungen

Bauchschmerzen

Blasenkrebs

Blindheit

Blutdruck (zu hoch)

Brustkrebs

Depression und andere psychische Probleme

Erinnerungsschwäche

Erschöpfung

Gewichtszunahme

Hepatitis

Hepatomegalie (abnorme Vergrösserung der Leber)

Hormonelle Veränderungen wegen Fehlfunktionen der Schilddrüse, der Nebennieren und der Bauchspeicheldrüse

Hyperbilirubinämie (zu wenig rote Blutkörperchen, Gelbsucht)

Hypercholesterinämie (zu hoher Cholesterinspiegel)

Immunsystem (Störungen)

Kehlreizungen

Lebererkrankungen

Leberinsuffizienz

Libidoverlust

Monoklonale Gammopathie unklarer Signifikanz MGUS (Vorstufe gewisser Krebsarten)

Multiple Sklerose (entzündliche Erkrankung des Nervensystems)

Nasenreizungen

Nervenkrankheiten

Pigmentierung der Haut und der Schleimhäute

Porphyrie (krankhafte Veränderung des Blutfarbstoffes)

Reproduktionsfunktionen sind gestört

Schilddrüsen-Unterfunktion

Schlaflosigkeit

Schwäche

Schwindel

Sehstörungen

Störungen des Fett- und Kohlenhydratmetabolismus (Gewichtsverlust bis zur Appetitlosigkeit)

Suizid (ausgelöst z.B. durch Depressionen)

Übelkeit

Die genannten Krankheiten sind stets mit ihren Folgen zu sehen. So verlängert sich die Liste der Krankheiten, die mit Dioxin in einem Zusammenhang stehen. Das bedeutet jedoch nicht, dass diese Zusammenhänge in jedem Fall auch bewiesen sind.

Hauptquellen: *Deutsches Ärzteblatt* 4.9.2015; U.S. Department of Veterans Affairs; Krebsliga Schweiz; Ulrich Alfred Pietrek, *Medizinische und toxikologische Erkenntnisse aus der Analyse zweier Umweltkatastrophen* (Dissertation, Universität Ulm); publichealth. va.gov; diabetesandenvironment.org

(Fortsetzung von S. 26)

In der Gegend hatten Mafiaclans jahrzehntelang Haus- und Giftmüll illegal vergraben. Manchmal gerieten diese Deponien in Brand, der Rauch verpestete die Luft mit Dioxin, der Müll verseuchte das Grundwasser, die Büffel frassen belastetes Gras. Als im weissen Käse Dioxinspuren nachgewiesen wurden, schlossen die Gesundheitsbehörden vorübergehend mehr als achtzig Betriebe, mehrere Länder verhängten ein temporäres Importverbot für Büffelmozzarella.

Teilweise erhebliche Dioxinbelastungen sind im sogenannten Biodiesel nachgewiesen worden, auch in Deutschland. Ursachen dafür gibt es mehrere: altes Speiseöl etwa sowie Industriefette und -öle, die in «Bio»-Kraftstoffen enthalten sind. Aber auch mit Pestiziden behandelte Pflanzen – zum Beispiel Mais und Ölpalmen – können mit Dioxin belastet sein. All diese Ausgangsstoffe werden in der Agrartreibstoffherstellung auf mehrere Hundert Grad erhitzt, wodurch die Dioxine entstehen.

Die grössten Dioxinmengen gelangten in den 1950er bis 70er Jahren in Mensch und Umwelt. Hauptverantwortlich dafür waren neben Müllverbrennungsanlagen und Herbiziden, wie sie auch im Vietnamkrieg ausgebracht wurden: chemische Industrie, Zementindustrie, Papierindustrie (Chlorbleiche), stahlproduzierende und schrottverarbeitende Industrie, Aluminiumherstellung, Raffinerien (Bleibenzin), Brände bei der chemischen Industrie und bei Betrieben, die im grossen Stil Chemieprodukte oder deren Abfall lagern (Düngemittel, chlorhaltige Massenchemikalien, PVC, PCB usw.). Die frühen Kehrichtverbrennungsanlagen (KVA) waren regelrechte Dreckschleudern. Laut der *Süddeutschen Zeitung* setzte das Abfackeln von sechs Millionen Tonnen Abfall im Jahre 1990 in Deutschland fast 300 Gramm Dioxin frei, heute ist es trotz Verdoppelung der Abfallmenge weniger als ein Tausendstel davon. Ähnlich ist es in der Schweiz.

Heute sind es die Metallindustrie – in Deutschland mehr als in der Schweiz – und vor allem die stets populärer werdenden Holz- und Kaminöfen in Privathaushalten, die relativ viel Dioxin in die Luft abgeben. Dies auch dann, wenn man die Öfen mit bestem Holz befeuert. Hier sind keine Grenzwerte vorgeschrieben. Ganz schlimm wird es, wenn im Ofen oder im Freien bemalte Hölzer oder Gartenabfälle verbrannt werden. Laut dem Schweizer Bundesamt für Umwelt (BAFU) belastet das Verfeuern eines Kilogramms Müll die Umwelt gleich stark wie die Entsorgung von zehn Tonnen Abfall in einer modernen KVA. Das BAFU schreibt: «Heute sind die Abluftreinigungsstufen dieser Anlagen so effektiv, dass die Fracht aus der illegalen Abfallverbrennung wahrscheinlich jene aus allen KVA der Schweiz übersteigt.» Das Gift verbreitet sich über Partikel wie Asche und Staub in der Luft. So landet es im Boden oder setzt sich auf Obst, Gemüse und anderen Pflanzen fest.

Allerdings nimmt der Mensch über pflanzliche Nahrung nur geringfügig Dioxin zu sich. Am meisten – zu mehr als neunzig Prozent – gelangen Dioxine mit Fleisch, Fisch und Eierprodukten in den Körper, ausserdem mit tierischen Fetten, Milchfett, anderen Milchprodukten und der Muttermilch für Säuglinge.

Konsumentenschutzorganisationen kritisieren häufig, dass sich Grenzwerte – nicht nur beim Dioxin – vor allem an wirtschaftlichen und nicht an gesundheitlichen Interessen orientieren und dass dabei für Produkte einfach neue Grenzwerte festgesetzt würden, wenn sich die alten als schlecht fürs Geschäft erwiesen hätten. Tatsächlich sind Grenzwerte nicht gleichbedeutend mit ungiftig. Es sind pragmatische, politische Werte. Trotzdem braucht es sie – selbst wenn sie nichts über das gesundheitliche Risiko aussagen. So lässt sich wenigstens das vermeiden, was über dem Grenzwert liegt. Bittere Tatsache ist aber auch: «Wir können keine Nahrungsmittel produzieren, die dioxinfrei sind.» Das sagte Helmut Schafft von der Abteilung Futtermittelsicherheit des deutschen Bundesinstituts für Risikobewertung (BfR) der *Süddeutschen Zeitung*.

Welche Dioxindosis beim Menschen zu Gesundheitsschäden führt, ist nicht eindeutig geklärt. Die Angaben schwanken zwischen fünfzig und 200 Picogramm pro Kilogramm Körpergewicht – bezogen auf die ganze Lebensspanne. Was Tierversuche mit dem berüchtigtsten aller Dioxine gezeigt haben, mit dem Agent-Orange- und Seveso-TCDD:

Meerschweinchen reagierten am empfindlichsten. Die Hälfte aller Versuchstiere starb nach der oralen Gabe von nur 0,6 Millionstel Gramm pro Kilogramm Körpergewicht (600'000 Picogramm). Bei zwei Ratten- und zwei Mäusestämmen traten Krebsgeschwüre auf, vor allem in der Leber, aber auch im Gehirn, in den Atemwegen und in der Schilddrüse. Bei Mäusen wirkte das Gift ausserdem fruchtschädigend. Ihre Jungen wurden mit Missbildungen geboren. Vier von sieben trächtigen Affen hatten eine Fehlgeburt, nachdem ihnen über längere Zeit 1,7 Milliardstel Gramm (1700 Picogramm) TCDD pro Kilogramm Körpergewicht verabreicht worden war. Ergebnisse von Tierversuchen lassen sich zwar in aller Regel nicht einfach auf den Menschen übertragen, sie geben aber wichtige Hinweise auf mögliche Gesundheitsschäden, die ernst genommen werden müssen.

Das deutsche Umweltbundesamt (UBA) schreibt, grosse Teile der Bevölkerung nähmen zu viel von diesem Gift auf. «Die Dioxinbelastung der Menschen und der Umwelt muss weiter gesenkt werden.» Erwähnt wird Schweden, wo Mädchen und jungen Frauen geraten werde, höchstens einmal monatlich fetten Fisch aus der Ostsee zu essen. Sonst werde bei einer Schwangerschaft zu viel Dioxin im Körperfett gespeichert und das Kind zu hoch belastet. Das UBA fordert: weitere Dioxinquellen identifizieren und an der Quelle die Emissionen senken; Vorsorge treffen, damit Dioxine nicht in Nahrungsketten gelangen; verstärkte Kontrolle von Futtermitteln, da sie häufig Ursache für die Kontamination von Lebensmitteln sind; langfristig die Grenzwerte für Futter- und Lebensmittel senken. Kritiker bemängeln, dass in der Dioxinforschung viel zu wenig unternommen werde, um Gesundheitsrisiken besser zu erkennen. So werden derzeit weder in Deutschland noch in der Schweiz Anstrengungen unternommen, herauszufinden, wie die Dioxinbelastung mit Gesundheitsschäden zusammenhängt. Derartige Untersuchungen sind weder beim Deutschen Diabetes-Zentrum (DDZ) noch bei der Nationalen Kohorte (NAKO) vorgesehen, einer bis zu dreissig Jahre dauernden Langzeit-Bevölkerungsstudie. Deren Ziel: Ursachen für die Entstehung von Volkskrankheiten zu ergründen. Im Vordergrund scheinen dabei Therapie und Prävention zu stehen, Ursachenforschung steht nicht zur Debatte, obschon parallel zur Dioxinbelastung in der Umwelt einige Volkskrankheiten wie etwa Diabetes zugenommen haben. Forschungsprogramme von Wissenschaftsinstituten wie der Helmholtz-Gemeinschaft sind derzeit nur auf einen Zeitrahmen von fünf Jahren angelegt. Die für die Ursachenforschung notwendigen jahrzehntelangen und teuren Untersuchungen werden im Gegensatz etwa zur Fusionsforschung nicht aufgelegt – obschon dies im Interesse der Volksgesundheit wichtig wäre.

Zurück zur Frage: Wie viel Dioxin vertragen wir? – Jeder Mensch reagiert unterschiedlich auf eine gleiche Giftmenge. Das macht Diskussionen und Beweisführungen zusätzlich schwierig. Klar ist: Es gibt keinen Beweis dafür, dass eine lebenslange Aufnahme selbst geringster Dioxinmengen unschädlich ist. Geht man davon aus, dass Dioxine keine natürlichen Bestandteile von Lebewesen sind, darf man wohl davon ausgehen, dass eine wirklich ungefährliche Menge bei null beziehungswiese bei jener des vorindustriellen Zeitalters liegt.

Agent Orange und seine Entdeckung

Agent Orange besteht je zur Hälfte aus den beiden Herbiziden 2,4-D (2,4-Dichlorphenoxyessigsäure) und 2,4,5-T (2,4,5-Trichlorphenoxyessigsäure). Diese Komponenten waren in der US-Landwirtschaft alltäglich angewandte Unkrautvernichter. Bei der Herstellung von 2,4,5-T entsteht als unerwünschtes und unvermeidbares Nebenprodukt das Dioxin 2,3,7,8-Tetrachlordibenzo-p-Dioxin TCDD (s. S. 22). Dass bei chemischen Reaktionen immer auch Nebenprodukte entstehen, ist normal. Generell gilt: Je höher der Reinheitsgrad der gewünschten Chemikalie sein soll, umso aufwendiger ist der Produktionsprozess. Doch bei der übereilten Produktion von Agent Orange kam es zu einer verhängnisvollen Pfuscherei und deswegen zu einer sehr viel grösseren Kontamination mit TCDD als üblicherweise. In den Herstellungsprozessen für die US-Landwirtschaft enthielt dasselbe Herbizid eine weit geringere Konzentration als das in Vietnam verwendete: nämlich 0,05 ppm (parts per million) statt bis zu 50 ppm. Mit anderen Worten: Die Kontamination mit Dioxin in vietnamesischen Zielgebieten war bis zu 1000-mal höher als auf amerikanischen Äckern.

Vermutlich war es der Dekan der Botanischen Fakultät der Universität Chicago, der als Erster das militärische Potential von Herbiziden entdeckte. 1941, während des Zweiten Weltkrieges, publizierte dort Professor Ezra J. Kraus ein Papier, in dem er beschrieb, wie hohe Dosen des dioxinhaltigen 2,4-D (Dichlorphenoxyessigsäure) Pflanzen vernichten – eine Art Vorläufer von Agent Orange. Kraus informierte auch die Armee darüber und versuchte klarzumachen, wie wichtig pflanzenzerstörende Herbizide für die «nationale Verteidigung» seien. Im Auge hatte er den Krieg gegen Japan. In seinem Konzept wies Kraus auf die relativ schnelle Wirkung des Giftes hin und schrieb, das Ausbringen über Fruchtfeldern «wäre eine einfache Art, Reisernten zu zerstören, das Grundnahrungsmittel der Japaner. Das Versprühen über Wäldern würde die Bäume absterben lassen und so verborgene militärische Objekte sichtbar machen.» Offenbar war das Pentagon daran interessiert, das Herbizid in sein Arsenal aufzunehmen; doch der Abwurf der ersten Atombomben im August 1945 auf Hiroshima und Nagasaki beendeten den Zweiten Weltkrieg in Japan und ganz Asien.

Erstmals beschrieben wurde das im Agent Orange enthaltene Dioxin TCDD 1956 von Wilhelm Sandermann. Der Deutsche war damals Holzchemiker der Bundesforschungsanstalt für Forst- und Holzwirtschaft in Reinbek bei Hamburg. Ein Jahr später gelang ihm und anderen die Synthetisierung. TCDD ist derart unheilvoll, dass ihm 1956 Heinrich Lübke, der damalige Bundesminister für Ernährung, Landwirtschaft und Forsten, eine ausführliche Veröffentlichung seiner weitreichenden Erkenntnisse untersagte. Achtzehn Jahre später schrieb Sandermann in der *Naturwissenschaftlichen Rundschau* über das umfassende Verbot, nämlich: «... jegliche weitere Arbeit mit halogenierten Dioxinen sowie Publikationen über die ungewöhnliche Giftwirkung mit der Begründung, dass das billig herzustellende TCDD von militärischer Seite als Kampfstoff eingesetzt werden könne.»

Agent-Orange-Opfer in Armut

Nguyen The Luc ist Direktor bei der nationalen Agent-Orange-Opfervereinigung VAVA in Vietnam. Er sagt: «In fast zwei Dritteln der betroffenen Familien müssen die Eltern rund um die Uhr für ihre behinderten Kinder da sein. Das verunmöglicht einen Verdienst. Deshalb werden diese Familien immer ärmer.» Vor allem für Familien mit zwei und mehr behinderten Kindern sei die Lage prekär. Die VAVA sagt, dass etwa vierzig Prozent aller Herbizidopfer unter der Armutsgrenze lebten.

Wird ein behindertes Kind geboren, denken Eltern zuweilen: Nächstes Mal wird es bestimmt ein gesundes Baby geben. Ist jedoch das Erbgut durch Dioxin geschädigt oder das Dioxin noch immer im Organismus der Mutter, besteht die Gefahr, dass auch das nächste Kind Missbildungen haben wird (s. S. 50).

Vor Jahren besuchten wir im Weiler Huong Xuan im Distrikt Cam Lo in der Provinz Quang Tri die damals einunddreissigjährige Mutter Phan Cuc. In ihrem Distrikt lagen einst gleich zwei US-Militärbasen, Camp Carroll und Mai Loc. In dieser Gegend gibt es viele Familien, die zum Teil mehrere Kinder mit Behinderungen haben. So hat der Weiler, der genau zwischen den beiden ehemaligen Militärbasen liegt, den zweifelhaften Ruf als das Agent-Orange-Dorf. In einem Fünftel seiner rund hundert Familien leben zwei und mehr Kinder mit Geburtsgebrechen. Viele Dörfer hier wurden zwischen September 1966 und August 1967 bis zu siebenmal besprüht – meist mit Agent Orange. Mutter Phan Cuc hielt bei unserem Besuch ihr Neugeborenes in den Armen, ihr erstes gesundes Kind. Neben ihr am Boden spielten ihre beiden anderen Kinder. Ihretwegen hatte sich ihr erster Mann das Leben genommen. Der Junge Nguyen Huu An, fünf Jahre alt, und seine Schwester Nguyen Thanh Tuyen, drei Jahre alt, leiden an schrecklichen Missbildungen. Das Mädchen hat einen langgezogenen, verkrümmten Kopf und grosse, hervorquellende Augen. Auch der Kopf des stark sehbehinderten Bruders ist viel grösser als normal, die Augen stehen weit nach vorn. Beide Kinder sind schwer geistig behindert. Es brauchte eine ganze Weile, bis man dem Anblick standhielt, und noch länger, bis eine Berührung möglich wurde. Zu weit weg vom gewohnten Menschenbild erschienen diese Kinder, zu stark wirkte der Schock bei dieser ersten Begegnung. Das Gespräch gestaltete sich schwierig, die Frau antwortete nur in knappen Sätzen. «Nach der Geburt dieser zwei behinderten Kinder wurde mein Mann sehr traurig», sagte sie. Er habe ihren Anblick nicht mehr ertragen. Eines Tages habe er sich umgebracht. – Er trank eine Lösung aus Pflanzengift. Ausgerechnet. Der Mann hatte viele Jahre im Grenzgebiet zu Kambodscha gelebt, das massiv mit Agent Orange und anderen Pflanzenvernichtungsmitteln besprüht worden war.

Wegen Agent Orange alles verloren

Zurück im heruntergekommenen Haus in Da Nang. Hoang The setzt sich in einem kleinen, düsteren Nebenraum auf eine Holzpritsche. Dort liegt ihr Sohn Tran Duc Nghia, fünfunddreissig Jahre alt, gekrümmt, völlig regungslos, gelähmt. Eine kurze Zeit konnte er noch zur Schule, bis die Lehrer ihn von Klassenzimmer zu Klassenzimmer tragen mussten. Auch mentale Schäden stellten sich ein. Seit fast zwei Jahrzehnten hat er das Bett nicht mehr verlassen können. Verloren hat Nghia auch sein Gehör und seine Sprache. Die Ärzte befürchten, dass seiner Schwester dasselbe Schicksal droht. Auch sie durfte einst zur Schule – bis auch sie aufgeben musste.

Nachdem ihr Mann aus vierjähriger Kriegsgefangenschaft heimkehrte, habe er im Wasserwerk gearbeitet und gut verdient, erzählt die Mutter. «Ich konnte mir sogar goldene Ohrringe kaufen. Doch dann wurden unsere Kinder krank. Wir fuhren zur Behandlung immer wieder ins weit

Die herzkranke Mutter Tran Thi Gai mit ihren beiden zerebral gelähmten Kindern Nguyen Thi Tuyet (vorn) und Nguyen Thi Tai. Sie leben im Dorf Tan Hiep im Distrikt Cam Lo (2015).

entfernte Saigon. Um die Rechnungen bezahlen zu können, mussten wir alles verkaufen: den Schmuck, das Haus, das Land.»

Heute ist alles weg. Geblieben ist ein Leben in grosser Armut. Es reicht nicht einmal für eine ausgewogene Ernährung und für Medikamente. Und geblieben sind Kinder, die nicht gesund geworden sind.

Aus dem Elend, wie es der Mutter in Da Nang widerfuhr, Profit schlagen – das ist eine perfide Spezialität religiöser Sekten. So tauchten 2012 in Hanoi Scientologen auf und organisierten für Agent-Orange-Opfer eine «Entgiftungskur» mit Sauna, Vitaminen und Sport. Der kanadische Agent-Orange-Experte Wayne Dwernychuk schrieb dazu: «Dioxinentgiftung des menschlichen Körpers (…) ist lächerlich. Keine der vorgeschlagenen Vorgehensweisen kann die Dioxinmoleküle aus dem Fettgewebe von Menschen herauslösen. Eine solche Behauptung erzeugt nur falsche Hoffnungen.» Und: «Für die Wirksamkeit der Methode gibt es keinerlei Beweise. (…) Die Medizin vertritt mehrheitlich die Auffassung, dass die natürliche Ausfilterung (von Schadstoffen) ein sehr langwieriger Prozess ist. Jedes Versprechen, dass auf diese Weise ein schnelles Ausscheiden von Dioxin erreicht werden könne, ist albern.» Und immer wieder die Sorge der betagten Mutter: «Ich werde älter und älter und sorge mich sehr um die Zukunft meiner Kinder. Wer wird sich einst um sie kümmern, wenn ich nicht mehr da bin? Das ist mein grösster Kummer.»

Eine Möglichkeit sind Verwandte. Doch meist ist die Bürde für sie zu gross. Spezialisierte Heime gibt es sehr wenige. Und so endet das ohnehin schwierige Leben vieler Agent-Orange-Opfer eines Tages vielleicht in weit entfernten Altersheimen, von denen es in Vietnam erst wenige gibt. Allerdings nur für zahlungskräftige Bürger. Vietnam ist in der Alltagsrealität noch immer ein armes Entwicklungsland. Nicht nur für betroffene Familien, auch für das Land ist das Erbe des Krieges so gigantisch, dass all das, was für die Opfer getan wird, bei weitem nicht ausreicht.

Drei Generationen Opfer

Heute leben in Vietnam bereits drei Generationen mit Agent-Orange-bedingten Schäden. Eine vierte, wie oft behauptet wird, gibt es nicht, zumindest nicht bis zum Zeitpunkt des Erscheinungstermins dieses Buches. Über wie viele weitere Generationen sich die Erbschäden auswirken werden, weiss niemand. Pham Thanh Tien von der lokalen Opfervereinigung DAVA in Da Nang: «Fast zwei Drittel der Agent-Orange-Kinder hier gehören zur ersten Generation; je knapp ein Viertel zur zweiten und dritten. Die Opfer der dritten Generation sind unter fünfzehn Jahre alt. Die meisten Betroffenen werden kaum älter als dreissig.»

Wie viele Agent-Orange-Vergiftete genau es im ganzen Land gibt, weiss niemand. Erst jetzt beginnt Vietnam, die Betroffenen flächendeckend zu erfassen. Bis heute existieren lediglich Schätzungen. Wichtigste Quellen für Opferzahlen im südostasiatischen Staat sind die nationale Opfervereinigung VAVA und das Vietnamesische Rote Kreuz, das eng an den Staat gebunden ist. In fast 20'000 Sprüheinsätzen kamen laut neueren Forschungen der Columbia-Universität New York zwischen 2,5 und mehr als vier Millionen Menschen mit dem Gift in direkte Berührung. Über 3000 Dörfer und Weiler wurden direkt besprüht. Das nationale Rote Kreuz sagt, im Land gebe es etwa eine Million Menschen, die wegen dieses Herbizides krank oder behindert seien, inbegriffen rund 150'000 Kinder, die seit Kriegsende 1975 behindert geboren worden seien. Überprüfbar sind diese Zahlen nicht. Die US-Regierung hält sie für «unrealistisch». Doch auch wenn es weit weniger Betroffene sein sollten: Die Geschichte ist und bleibt eine Tragödie, die mit unermesslichem Leid verbunden ist.

«Nebel», der aus dem Flugzeug kam

«Als Kind sah ich, wie Flugzeuge eine Art Nebel versprühten.» Nguyen Bong, hager und kränklich, erzählt von seinen frühen Kriegserlebnissen, die später für die Tragödie seines Lebens sorgen werden. Betroffene, die den Herbizidregen am eigenen Leib erfuhren, beschrieben einen Geruch «wie eine reife Guave», andere sahen ihn in der Luft hängen «wie Nebel», reden von einem «Puderstreifen» oder davon, dass es wie «gemahlener Kalkstein» ausgesehen habe. Eigentlich zu poetische Beschreibungen für das Ungeheuerliche, das später folgte.

Wir sind im Dorf Tan Hiep, in der Provinz Quang Tri. Nguyen Bong, geboren 1962, Tagelöhner, erzählt, wie rund um das Dorf gekämpft wurde, wie er manchmal mithelfen musste, gefallene Amerikaner wegzutragen. Sein Dorf war ein sogenanntes Wehrdorf. «Wir lebten mehr oder weniger eingeschlossen. Nachts gingen wir heimlich raus und holten im Fluss die Fische, die als Folge des Sprühnebels zu Hunderten tot auf der Oberfläche trieben. Zu Hause assen wir sie.» So gelangte das Gift in Nguyen Bongs Organismus.

Die Regierungen der USA und Südvietnams umzäunten damals Tausende von Dörfern mit Bambuspalisaden. Diese Wehrdörfer sollten die Südvietnamesen unter Kontrolle halten und vor nordvietnamesischen Angreifern beziehungsweise dem Einfluss der Befreiungsfront FNL schützen.

Nguyen Bong ist Vater zweier schwer cerebral gelähmter Töchter – die Folge der mit Agent Orange vergifteten Fische. Die zwei Kinder, beide über dreissig, liegen nebeneinander auf einer Pritsche. Ihre Sprache haben sie verloren. Die Mutter, Tran Gai, sitzt neben ihnen auf den Holzbrettern. Schwach und kaum fähig zu sprechen. Die jahrzehntelange Pflege der Kinder hat ihr die letzten Kräfte geraubt und sie herzkrank gemacht.

Die Geschichte des Admirals Zumwalt

Eines der prominentesten Agent-Orange-Opfer ist die Familie des US-Admirals Elmo Russell Zumwalt (1920–2000). In der Endphase des Vietnamkrieges war er Oberkommandierender der US Navy. In einem Interview beschrieb er, wie Agent Orange innerhalb von Tagen die Blätter der Vegetation sowie Fruchtfelder und Gras vernichtete. «Es vergingen zwanzig Jahre, bis ich meine Meinung änderte.» Dieses Geständnis machte Zumwalt 1991 auf dem ersten «Bürger-Dioxinkongress» in Chapel Hill in North Carolina, denn jahrzehntelang war er davon überzeugt, der Herbizideinsatz sei richtig gewesen. Einer seiner Söhne, der ebenfalls Elmo hiess, kommandierte eines der Kriegsboote.

Admiral Zumwalt beschrieb auf dem Kongress, wie sich seine Truppen durch schmale Flüsse und enge Kanäle bewegt hatten und seine Leute immer wieder unter Beschuss aus dem Ufergebüsch geraten waren. «Das bedeutete, dass die jungen Männer im Laufe eines Jahres mit einer durchschnittlichen Wahrscheinlichkeit von siebzig Prozent getötet oder verwundet wurden.» Da habe er befohlen, Agent Orange zu nutzen, um die Ufer zu entlauben. Dies habe die Verlustrate auf ein Prozent verringert. «Ich schloss daraus, dass so möglicherweise viele Tausend Leben gerettet werden könnten.» Erst lange danach realisierte Zumwalt, wie unendlich viele andere Menschenleben dadurch gefährdet und zerstört worden sind. Unter anderem erklärte er sich die späte Einsicht mit der langen Latenzzeit von Krebs, aber auch mit der mangelhaften Datenlage. Als sein Sohn Elmo, einst in Vietnam Agent-Orange-exponiert, im Januar 1983 die Krebsdiagnose erhielt (Hodgkin- und Non-Hodgkin-Lymphome, s. S. 29), änderte sich alles. Und erst recht, als zu dieser Zeit zwei Kinder des Erkrankten mit einer Missbildung zur Welt kamen. «In der genealogischen Geschichte unserer gesamten Verwandtschaft waren vorher nie Geburtsfehler aufgetaucht», sagte Admiral Zumwalt. Für ihn war klar: Das sind Folgen von Agent Orange. Er begann ein jahre- und jahrzehntelanges Durchforsten fast sämtlicher verfügbarer Studien zur Giftigkeit dioxinhaltiger Herbizide. Zumwalt wurde zum prominentesten Kämpfer auf dem Agent-Orange-Nachkriegsschlachtfeld. Er beklagte sich darüber, dass sich der Staat lange Zeit auf fehlerhafte Studien von Chemiefirmen abstützte, die wissenschaftlich seriöse Studien verunglimpften und die gesundheitlichen Schäden herunterspielten – mit aktiver behördlicher Schützenhilfe. Auf dem Dioxinkongress sagte er: «Ich erfuhr, dass das staatliche Zentrum für Krankheitskontrollen damit beauftragt wurde, Ergebnisse von Studien zu verschleiern.» Zumwalt trug massgeblich dazu bei, dass amerikanische herbizidvergiftete Veteranen entschädigt werden. 1988 starb sein Sohn an Krebs.

Von 1961 bis 1971 militärisch eingesetzte Herbizide im Vietnamkrieg

Name	Inhaltsstoffe	Wirkstoffkonzentration	Einsatzjahre	Total ausgebracht (Liter)*
Agent Pink ■	n-Butyl- und Isobutylester von 2,4,5-T ◐	961 bis 1081 g / Liter 2,4,5-T ◐	1961 und 1965	50'312 gesprayt; plus 41'3852 gelagert
Agent Green ■	n-Butylester von 2,4,5-T (1033 g / Liter)	Gleicher Anteil an 2,4,5-T	Unklar; aber etwa wie Agent Pink	31'026 Lagerbestände
Agent Purple ■	n-Butylester von 2,4-D, n-Butylester von 2,4,5-T und Isobutylester von 2,4,5-T	Gleicher Anteil an 2,4,5-T (1033 g / Liter)	1962–1965	1'892'773
Agent Orange I ■	n-Butylester von 2,4-D, n-Butylester von 2,4,5-T und Isobutylester von 2,4,5-T	1033 g / Liter Gewichtsanteile an 2,4-D und 2,4,5-T	1965–1970	45'677'937 (könnte das Agent Orange II enthalten haben)
Agent Orange II ■	n-Butylester von 2,4-D und Iso-octylester von 2,4,5-T	910 g / Liter 2,4-D und 2,4,5-T	Nach 1968?	Unbekannt; jedoch mind. 3'591'000 in Vietnam

Agent White ✖	Säuregewichtsanteil: 21,2% des Salzes mit Tri-isopropanolamin und 5,7% Picloram (= weiteres Herbizid)	240,2 g / Liter 2,4-D + 64,9 g / Liter Picloram	1966–1971	20'556'525
Agent Blue ◆ (Puder)	Cacodylsäure (= Dimethylarsinsäure (enthält Arsen!) und deren Natriumsalz	die Säure enthielt 65% Wirkstoffanteil; das Salz 70%	1962–1964	25'650
Agent Blue (in Wasser gelöst)	Cacodylsäure-Natriumsalz + Cacodylsäure, um mindestens 26% Gewichtsanteil der Cacodylsäure zu erhalten	Säureanteil 360,3 g / Liter	1964–1971	4'715'731

Weitere verwendete Chemikalien, die bei Testprogrammen ausserhalb Vietnams ebenfalls eingesetzt wurden: modifiziertes Agent Orange (4-Amino-3,5,6-trichlorpicolinsäure = Picloram), das Herbizid Dalapon, die Herbizide Tandex, Monuron und Diuron (alle mit anderer chemischer Struktur), Maleinsäurehydrazid (Wachstumshemmer für Pflanzen). Herbizid Dinoxol (1890) = Butoxyethylester von 2,4-D und 2,4,5-T, das Herbizid Trinoxol (14551) = 40% Ethylester von 2,4,5-T, das Herbizid 3781 Conc D (= 30% Ethylester von 2,4-D in Wasser).

* Üblich ausgebrachte Menge: 4,78 kg / ha.

■ Kontaminiert mit unterschiedlichen Gehalten an TCDD.

⊙ Das Säureäquivalent bei den «T-Säuren» 2,4-D und 2,4,5-T erhält man durch vollständige Esterspaltung oder Desaminierung von Salzen und Estern. Die

Gesamt-Estermenge liegt um etwa 20% höher.

◉ 80–20%-Mischung, wenn mit Agent Green gemischt. Agent Green wurde vor dem Ausbringen stets mit Agent Pink gemixt.

✖ Markenprodukt von Dow Chemical (Tordon 101).

◆ Produkt der Ansul Chemical Comp. Das Produkt Phytar 560 enthielt bis Juli 1969 Arsen.

Quelle: Jeanne Mager Stellman, Nature, Vol. 422, 2003

Agent Orange verursacht genetische Schäden

Tierversuche mit Hamstern und Mäusen beweisen, dass von TCDD verursachte Schäden von Eltern an die nächste Generation weitergegeben werden. Nachkommen werden teilweise mit schweren Missbildungen geboren oder sterben zu einem hohen Prozentsatz vor der Geburt.

Dass durch das Dioxin TCDD und durch andere Umweltgifte verursachte Gesundheitsschäden sich auf nächste Generationen vererben, zeigt eine 2012 publizierte Studie. Sie wurde unter der Leitung des Biologen und Genforschers Michael Skinner an der Washington State University durchgeführt. TCDD, das mit einer Halbwertszeit von zehn Jahren extrem lange im menschlichen Körper bleibt, kann laut Skinner selbst nach Jahrzehnten die Nachfolgegenerationen schädigen. TCDD verursacht nämlich sogenannte epigenetische Veränderungen: Grundbausteine der Erbsubstanz in einer Zelle werden abgeändert. Das Forscherteam wies bei Ratten nach, dass TCDD die Anzahl der Spermien verändert. Es sind Veränderungen, die über Generationen vererbt werden. Nachkommen – bis hin zu Urenkeln von TCDD-exponierten Ratten – zeigten dioxinbedingte Schäden wie Nieren- und Eierstockerkrankungen. Nachkommen notabene, die im Experiment mit keinerlei Schadstoffen in Kontakt kamen.

Skinners Arbeit stützt die Annahme, dass selbst dann, wenn Dioxin und andere toxische Chemikalien aus der Umgebung entfernt worden sind, sich Krankheiten über Generationen vererben. Allerdings, so Michael Skinner, lassen sich die Ergebnisse seiner Studie nicht eins zu eins auf Menschen übertragen, zumal die Ratten in seinen Versuchen höheren TCDD-Dosen ausgesetzt waren, als dies normalerweise Menschen sind. Zudem ist die Studie noch umstritten, da sie bisher noch nicht von unabhängiger Stelle wiederholt worden ist. Trotzdem muss man die Studienergebnisse ernst nehmen. Spätestens jetzt kann nicht mehr mit Sicherheit behauptet werden, Dioxin verursache beim Menschen keine genetischen Schäden.

Laut gegenwärtigem Stand des Wissens entstehen die geschilderten Erbschäden, ohne die DNA zu verändern. Vereinfacht und bildlich gesprochen: Stellt man sich die DNA, also die Erbinformation, als eine zu einem Wort geformte Buchstabenreihe vor und nimmt man einen der Buchstaben weg, ist das Wort unlesbar oder mindestens beschädigt. Das wäre eine Schädigung der DNA. Bei epigenetischen Schäden ist, um beim Buchstabenbild zu bleiben, eine milchige Folie über das Wort gelegt. Dieses ist zwar noch lesbar, doch es entsteht eine Irritation, die sich auf das Wort, auf die DNA auswirkt – jedoch ohne sie zu beschädigen. Beide Schäden können auf Nachfolgegenerationen übertragen werden, doch geht man davon aus, dass die Auswirkungen bei epigenetischen Schäden geringer sind. Um mit einem anderen Bild zu sprechen: Der Schleier lichtet sich allmählich – im Gegensatz zu den zerstörten «Wörtern», dem beschädigten Erbgut, das über viele Generationen weitergegeben werden kann.

Eine weitere Erklärung für gentoxische Wirkungen liefert der deutsche Toxikologe Otmar Wassermann: «Bei Agent Orange ging es ja nicht nur um TCDD, sondern um die gesamte wilde Mischung der Dioxine und anderer Verunreinigungen; denn für die Herstellung und Anwendung dieser Massenchemikalie setzte die chemische Industrie keine teureren hochgereinigten Ausgangsmaterialien ein. Ihr war dafür – chemisch-analytisch gesprochen – der billigste, letzte Dreck gerade gut genug» (siehe auch S. 58).

Agent Orange – eine Chemiewaffe

Agent Orange galt offiziell nicht als Chemiewaffe. Doch in Wirklichkeit wurde sie genau als solche eingesetzt, um dem Gegner die Deckung zu rauben und ihn somit leichter bekämpfen zu können. Niedergespritzt wurden Wälder sowie die Vegetation entlang von Telefonleitungen, Strassen und Eisenbahnlinien. Und es ging darum, Reis- und andere Fruchtfelder zu zerstören. Die Nahrungsgrundlagen des Gegners sollten vernichtet werden. Im März 1966 wurde erstmals offiziell bestätigt, dass das Entlaubungsprogramm auch gegen Getreideanbaugebiete gerichtet war. Etwa 8000 Hektar seien zerstört worden, liess das US-Aussenministerium verlauten. Im Juli desselben Jahres konnte man in der *New York Times* lesen, die Herbizidattacken auf Getreideanbauflächen in feindlichen Gebieten hätten zugenommen. Und: «Das 1961 begonnene Besprühen hat in Südvietnam etwa 52'000 Hektar Reis und anderes Getreide vernichtet.» Eingesetzt wurden auch arsenhaltige Chemikalien.

Acht Wochen danach hiess es, die Armee sei erfreut über die Erfolge und wolle diese Operationen intensivieren, um die Wirkung zu verdreifachen. Das deutsche Nachrichtenmagazin *Der Spiegel* schrieb in seiner Ausgabe vom 8. Dezember 1969: «Eine japanische Untersuchung der amerikanischen Methoden zur Getreidevernichtung und zur Entlaubung, die (…) 1967 veröffentlicht wurde, ergab, dass die amerikanischen Aktionen gegen Getreideanbauflächen mehr als 1,5 Millionen Hektar zerstört und zum Tode von fast 1000 Bauern und mehr als 13'000 Stück Vieh geführt hatten.» Wie das konkret vor sich ging, ist in derselben Ausgabe des *Spiegels* nachzulesen. Denn in der erwähnten Untersuchung, verfasst von Joitschi Fukuschima, Leiter der landwirtschaftlichen Abteilung im japanischen Wissenschaftsrat, werden Augenzeugen zitiert. So der vietnamesische Bauer Pham Duc Nam, der von einem dreitägigen chemischen Angriff vom 25. bis zum 27. Februar 1966 in der Nähe von Da Nang erzählt: «Die betroffenen Gebiete erstreckten sich 120 Kilometer in ostwestlicher und 150 Kilometer in nordsüdlicher Richtung. Nur fünf Minuten dauerte es, bis Tapioka, süsse Kartoffeln und Bananenpflanzen abstarben. Das Vieh erlitt schwere Schäden. Im Gegensatz zum Menschen, der mit Chemikalien besprühte Dinge nicht unbedingt anzufassen braucht, fressen Tiere alles. Die meisten Flussfische trieben tot an der Oberfläche der Gebirgsflüsse und Bäche. Der (…) chemische Angriff vergiftete Dutzende von Menschen, tötete etwa zehn und verursachte Krankheiten (mit Symptomen wie bei einem Hautausschlag) bei 18'000 Bewohnern.» *Der Spiegel* zitiert auch den Arzt Cao Van Nguyen, der einen chemischen Angriff in der Nähe von Saigon am 3. Oktober 1964 schildert: «Die Mehrzahl der vergifteten Leute hatte weder von dem besprühten Getreide gegessen noch von dem Wasser, das mit Pflanzenchemikalien bedeckt oder vermischt war, getrunken, sondern nur die verunreinigte Luft eingeatmet, oder das Gift hatte ihre Haut berührt. Zuerst war ihnen übel, und einige bekamen Durchfall; dann fiel ihnen das Atmen schwer, und ihr Blutdruck sank. Einige wurden sogar blind. Schwangere Frauen brachten ihre Kinder tot oder vorzeitig zur Welt.»

All diese Unmenschlichkeiten, all diese Attacken auf den Menschen und seine Natur waren nicht nur verbrecherisch, sie waren aus militärischer Sicht auch nutzlos. Denn in einem Memorandum des amerikanischen Think-Tanks RAND Corporation aus dem Jahr 1967 steht, dass der Herbizidangriff auf die Äcker militärisch kaum von Bedeutung sei. Nur etwa drei Prozent der ländlichen Bevölkerung bestünden nämlich aus «Vietcongs» (s. S. 159). Vernichtete Fruchtfelder träfen also fast nur die Zivilbevölkerung, während sich die vergleichsweise geringe Anzahl von Widerstandskämpfern problemlos weiter ernähren könne, da sie von den meisten Bauern unterstützt würden. Trotzdem vernichteten die Amerikaner und ihre Verbündeten während des Vietnamkrieges Hunderttausende Hektar Reis- und Gemüsefelder. Doch um dem Feind wirklich zu schaden, so das Memorandum, hätte man die Hälfte der Landwirtschaft zerstören müssen – oder gar mehr.

Kleinere Mengen Herbizide sind aus Helikoptern, Booten, Lastwagen und tragbaren Rucksackgeräten ausgebracht worden. Alle, die mit dem Gift hantierten, riskierten schwere Gesundheitsschäden oder gar den

Tod. Agent-Orange-Vergiftungen trugen auch Besatzungsmitglieder der Kriegsmarine davon, deren Schiffe in Küstennähe operierten, sei es durch die Inhalation verwehter Sprühnebel vom Land, durch Regenwasser, das die Gifte ins Meer spülte, oder durch Trinkwasser, das mit Destillationsanlagen aus dioxinverseuchtem Meerwasser gewonnen wurde. Obschon diese Leute nie einen Fuss auf vietnamesischen Boden setzten, waren nach dem Krieg viele mit Krebs und anderen Folgen des giftigen Entlaubungsmittels konfrontiert.

Die unheilvollen Folgen

1988 verfasste Otmar Wassermann für die Frankfurter Staatsanwaltschaft ein aufschlussreiches wissenschaftliches Gerichtsgutachten. Im Fokus standen Hersteller toxischer Holzschutzmittel. Wassermann leitete an der Kieler Christian-Albrechts-Universität die Abteilung Toxikologie des Universitätsklinikums und wurde später nebenamtlicher Leiter der Untersuchungsstelle für Umwelttoxikologie des Sozialministeriums Schleswig-Holstein. Wegen politisch unerwünschter Untersuchungen der Schadstoffbelastung von Menschen wurde dem mehrfach ausgezeichneten Toxikologen der Auftrag später jedoch entzogen. In seinem Gutachten hatte er auch die Frage zu beantworten, seit wann die Gesundheitsgefährdung durch diese Holzschutzmittel bekannt gewesen sei, und damit verbunden musste er die Rolle des deutschen Bundesgesundheitsamtes durchleuchten. Diese giftigen Holzschutzmittel enthalten nämlich PCP (Pentachlorphenol). Sie zeigen vergleichbare biologische und toxische Wirkungen wie gewisse Dioxine.

Dioxine besitzen eine ausgeprägte Fähigkeit zur Bioakkumulation, das heisst: Es können sich in Organismen von Lebewesen am Ende von Nahrungsketten «erhebliche Konzentrationen dieser Schadstoffe anreichern», schreibt Wassermann im Gutachten. Was dies bedeutet, musste Holzchemiker Sandermann schmerzlich am eigenen Leib erfahren. Nach intensivem Arbeiten mit toxischen Holzschutzmitteln litt er an Chlorakne, unter Mattigkeit, Schlaflosigkeit und extremem Gedächtnisschwund.

Einige seiner Mitarbeiter sowie Beschäftigte der Chemiefirma Boehringer Ingelheim in deren Zweigwerk Hamburg-Moorfleet zeigten dieselben Krankheitsbilder.

Wassermann berichtet im Gerichtsgutachten, wie der Dermatologe Karl-Heinz Schulz und andere 1956 und 1957 in der Universitäts-Hautklinik Hamburg-Eppendorf den Kausalzusammenhang zwischen den schweren Erkrankungen der Betroffenen und dem Kontakt mit TCDD nachwiesen, das ein paar Jahre später in Vietnam mit dem Herbizid Agent Orange furchtbaren Schaden anrichtete. Otmar Wassermann schrieb: «Da diese Entdeckung auch in international verbreiteten zentralen Informationsquellen der Chemie – *Chemisches Zentralblatt* 1958 (…) und *Chemical Abstracts* 1958 (…) – referiert wurde, war eine weltweite Informationsverbreitung garantiert.» Die Gefährdung des Menschen durch Dioxine sei somit spätestens seit 1957 weltöffentlich bekannt gewesen. «Es muss jedoch mit (…) Nachdruck darauf hingewiesen werden, dass schon damals die Kenntnis der Gefährlichkeit von Chlordibenzodioxinen vierzig Jahre altes Lehrbuchwissen war.» Wassermann weist auf Publikationen aus den Jahren 1911 und 1919 hin. Beschrieben wurden da etwa heftige Ausschläge im Gesicht und an Unterarmen, verbunden mit Erbrechen, Durchfall, Magenbeschwerden – alles Folgen des Umgangs mit Chlordibenzodioxinen. Die chemische Industrie hätte laut Wassermann daher schon seit Beginn des zwanzigsten Jahrhunderts die schweren Gesundheitsschäden – einschliesslich zahlreicher Todesfälle durch Chlordioxine – vermeiden können.

Im War Remnants Museum (Kriegsopfermuseum)
in Ho-Chi-Minh-Stadt, dem ehemaligen Saigon: Embryos mit
Missbildungen. Eine Folge der Herbizideinsätze (2013).

Tödliche Geheimhaltung

Wilhelm Sandermann beschrieb 1984 die Geheimhaltung dieser brisanten Fakten durch die chemische Industrie anschaulich: «Der um Aufklärung bemühte Industriechemiker Dr. Sorge (C. H. Boehringer Ingelheim, Zweigwerk Hamburg-Moorfleet) erhielt keine Publikationserlaubnis, immerhin informierte seine Firma 1954 nach einem schweren Dioxinunfall international alle Firmen mit gleichem Fabrikationsprogramm über die Risiken beim Umgang mit Chlorphenolen.» Aber der Autor dieser Information, der Chemiker und Boehringer-Werksleiter Werner Krum, habe gleichzeitig alles getan, um das Risiko der chlorierten aromatischen Kohlenwasserstoffe, insbesondere der Dioxine, «in verantwortungsloser Weise noch herunterzuspielen». Im *Hamburger Abendblatt* vom 12. April 1984 verkündete Krum: «Für mich selbst ist Dioxin in den heute beobachteten Konzentrationen ein Stoff, der mit Vorsicht zu handhaben ist, aber keine wirkliche Gefahr darstellt.» Nur zwei Monate später wurde das von ihm geleitete und, so Wassermann, «arbeitshygienisch in katastrophalem Zustand befindliche, stark dioxinverseuchte Werk Hamburg-Moorfleet von der Aufsichtsbehörde geschlossen». Laut Schätzungen, die sich auf Angaben der Umweltbehörde Hamburg stützen, sollen hier in der Pestizidfabrikation im Laufe von etwa zehn Jahren wegen «völlig veralteter Produktionsverfahren fast hundert Tonnen dioxinhaltige Abfälle völlig unsachgemäss entsorgt» worden sein. Krums Verhalten stiess auch seinem Berufskollegen Wilhelm Sandermann auf, der ihm 1984 vorwarf, die existierende Literatur zum Dioxin nicht studiert zu haben. Im gleichen Jahr stellte sich Werner Krum im *Spiegel* als Opfer von Halbwahrheiten und Medienberichten dar.

In den Reigen des Schweigens reihten sich im Laufe der Geschichte auch andere bedeutende Firmen ein, wie zum Beispiel die amerikanische Agent-Orange-Produzentin Dow Chemical. Otmar Wassermann schrieb in seinem Gutachten, diese Firma habe «vor 1965 sehr genau um die extreme Toxizität von Dioxinen» gewusst. 1965 schrieb laut dem Magazin *Time* ein Direktor der Dow Chemical in einem Brief an einen Mitarbeiter: «Dioxin ist ausserordentlich giftig. Es hat ein gewaltiges Potential, Chlorakne zu verursachen. (…) Ich vertraue darauf, dass Sie mit diesen Informationen sehr vernünftig umgehen. Es könnte ziemlich peinlich werden, wenn sie falsch interpretiert oder missbraucht würden. (…) Unter keinen Umständen darf dieser Brief kopiert, anderen gezeigt oder an jemanden ausserhalb von Dow geschickt werden.»

Behörden unter einer Decke

In Deutschlands Dioxin-Verschleierungsgeschichte spielten damals auch Behörden eine üble Rolle. Auch das deckte Otmar Wassermanns Gerichtsgutachten auf. Noch lange nach den Agent-Orange-Einsätzen in Vietnam verharmloste das Bundesgesundheitsamt (BGA) die Gefährlichkeit von Dioxinen. So wird der damalige BGA-Direktor Wolfgang Lingk zitiert, seinerzeit für die Bewertung von Pestiziden verantwortlich: «Die Dioxine in dem PCP sind nicht gefährlich, weil sie Enzyme induzieren und zur Entgiftung des Körpers beitragen.» Diese geradezu abenteuerliche Aussage spiegelt, so Wassermann, «unzureichende Fachkenntnisse wider und ignoriert zum Beispiel vollständig die (…) aussergewöhnlich hohe Giftigkeit einiger Dioxine. Die mit dieser Aussage verbundene Verharmlosung einer Dioxinbelastung des Menschen lässt präventives Denken im BGA nicht erkennen. Sollte Herrn Dr. Lingk gar die hohe Toxizität der Dioxine unbekannt (gewesen) sein, so ist die Frage seiner Kompetenz im BGA ernsthaft zu stellen. (…) Diese wissenschaftlich undifferenzierte Äusserung ignoriert bzw. missachtet die relevante weltweite Fachliteratur bis 1985.» Wassermanns Gutachten warf dem BGA vor, bei der Prophylaxe versagt zu haben und seiner Verpflichtung nicht nachgekommen zu sein, die Bevölkerung zu schützen. Als Gründe zählt das Gerichtsgutachten auf: mangelhafte Literaturauswertung und eine analytisch falsche und epidemiologisch unzureichende Studie, mit der die Gesundheitsrisiken falsch eingeschätzt worden seien. Zudem habe das BGA die frühzeitigen Warnungen unabhängiger Wissenschaftler einfach ignoriert.

(Fortsetzung S. 62)

Der Fall Seveso

Es dauerte lange, bis die Weltöffentlichkeit den Giftstoff in seiner ganzen Dramatik wahrnahm. Es war am 10. Juli 1976, als in der Firma Icmesa in Seveso bei Mailand ein Sicherheitsventil barst und eine beträchtliche Menge des Dioxins TCDD freigesetzt wurde. Zwar gab es vorher und nachher weitaus grössere Dioxinkatastrophen – man denke nur an Vietnam –, aber es war Seveso, das sich in den Schlagzeilen hielt. Dazu beigetragen hat die Tatsache, dass es mitten in Europa liegt und Icmesa zum schweizerischen Konzern Hoffmann-La Roche gehörte. Das «Seveso-Gift», wie es fortan hiess, entvölkerte einen Landstrich von 270 Hektar. Laut Roche hat das Dioxin 447 Fälle von Hautverätzungen und 193 Fälle von Chlorakne verursacht.

Die Zeit schrieb 1990 über Seveso: «Kinder bekamen schwere Hautausschläge, die Zahl der Tot- und Fehlgeburten stieg an. Seveso war der neunundzwanzigste Dioxin-Unfall nach 1949.» Insgesamt kamen bis Ende August 3281 Tiere, davon 2062 Hühner und Kaninchen, durch direkte oder indirekte Intoxikation zu Tode. Bis 1978 mussten 77'000 Tiere notgeschlachtet werden.

Lange war unklar, ob der Seveso-Unfall einen Einfluss auf das Krebsgeschehen hatte. In einer 1997 publizierten Studie von Bertazzi und Mitarbeitern wurde aber unter der belasteten Bevölkerung im Bereich des Magen-Darm-Traktes und der blutbildenden Organe eine erhöhte Krebsrate beschrieben. Neuere epidemiologische Studien an beruflich dioxinexponierten Personen unterstützen die These, dass Dioxin beim Menschen Krebs erzeugen kann. Steenland und Mitarbeiter publizierten 1999 die Ergebnisse einer Untersuchung von 5000 US-amerikanischen Chemiearbeitern, die einer Dioxinverbindung ausgesetzt waren, wie sie Agent Orange enthielt. Die Studie belegt unter den Betroffenen eine erhöhte allgemeine Krebsrate und eine erhöhte Häufigkeit von Lungenkrebs. Beunruhigend in Seveso ist zudem die dramatische Veränderung des Geschlechtergleichgewichtes. Allgemein sind einundfünfzig bis zweiundfünfzig Prozent der Neugeborenen männlichen Geschlechtes. Im Zeitraum zwischen neun Monaten und sieben Jahren nach dem Unfall gab es unter der am stärksten exponierten Bevölkerung (Zone A) nur noch fünfunddreissig Prozent Knaben. In den folgenden Jahren normalisierte sich die Lage wieder, was für einen Zusammenhang mit dem Unfall spricht. – Vergiftetes Land wurde in aufwendiger Arbeit dekontaminiert; dazu mussten jedoch die notwendigen Technologien erst entwickelt werden. Erst 1985 wurden einundvierzig Stahlfässer mit hochkontaminierter Erde in einem Spezialofen der damaligen Ciba-Geigy verbrannt und unschädlich gemacht, nachdem die Fässer mit einem Bruttogewicht von 6550 Kilogramm jahrelang spurlos verschwunden gewesen und schliesslich im Hinterhof eines Bauernhauses im nordfranzösischen Dörfchen Anguilcourt-le-Sart entdeckt worden waren. Die *Neue Zürcher Zeitung* schrieb später: «Das Personal, das in diesem skandalösen Schlusskapitel von ‹Seveso› zusammenfindet, ist illuster: Minister aus Frankreich, Italien, Deutschland und der DDR, ein Schweizer Bundesrat, Geheimdienstler, Chefbeamte, Konzernherren, Chemiker, Staatsanwälte.» Dieser Skandal hatte schliesslich auch noch eine gute Seite, was den Umgang mit Giftmüll betrifft. 1989 einigten sich 116 Staaten auf die Basler Konvention, die unter anderem grenzüberschreitende Giftmülltransporte stark einschränkt.

(Fortsetzung von S. 59)

Nobelpreisträger warnten

Warnungen vor gefährlichen Dioxinen und insbesondere auch vor Agent Orange und anderen Giften gab es immer wieder. Die Nachrichtenagentur AP berichtete am 20. September 1966 von einem Brief an Präsident Lyndon B. Johnson, unterzeichnet von zweiundzwanzig amerikanischen Wissenschaftlern, darunter sieben Nobelpreisträger. Sie forderten in diesem sechsten Jahr des Agent-Orange-Einsatzes von Johnson, dass er die Absicht der Vereinigten Staaten kategorisch bestätige, vom Gebrauch chemischer und bakteriologischer Waffen abzusehen. Sie verlangten von ihm ausdrücklich, den Befehl zu erteilen, derartige Waffen in Vietnam nicht mehr einzusetzen. Weiter stand im Brief: «Durch die ständige umfangreiche Verwendung von Chemikalien und Gas in Vietnam wird ein gefährlicher Präzedenzfall geschaffen.» Im Jahr darauf unterzeichneten rund 5000 Wissenschaftler, darunter siebzehn Nobelpreisträger und 129 Mitglieder der National Academy of Science, eine Petition an Präsident Johnson. Sie forderten den unverzüglichen Stopp der Herbizideinsätze. Trotz allen Warnungen hörte das Giftsprayen erst am 7. Januar 1971 auf – und wurde wider besseres Wissen stets verharmlost. Dabei hätte den Amerikanern und ihren Verbündeten bereits nach den ersten Sprühflügen auffallen müssen, dass neben den Pflanzen auch Tiere und Menschen unter der Chemikalie leiden. In Teichen und Bächen verendeten unzählige Fische, wie Nguyen Bong zu Beginn dieser Geschichte erzählte. Wie er wurden die meisten Agent-Orange-Opfer mit verseuchten Nahrungsmitten vergiftet. Da Dioxine im Körper praktisch nicht abgebaut werden, reichern sie sich über die Jahre im Fettgewebe von Mensch und Tier an. In einem US-Armeepapier aus den 1960er Jahren steht: «Das Herbizidprogramm birgt das Potential von schweren negativen ökonomischen, sozialen und psychologischen Folgen.» Generalmajor Davidson sagte laut dem *Viet Report* vom Juni 1966 über die hochgiftigen Entlaubungsmittel: «Es sind keine chemischen oder bakteriologischen Waffen. Es ist ein verhältnismässig mildes Mittel, um auf einen unerbittlichen Feind

Druck auszuüben.» Den Soldaten erzählte man, es sei ein Antimoskito-mittel. Tatsächlich nebelte die US-Armee ab 1967 in der «Operation Flys-watter» alle vierzehn Tage einige ihrer wichtigsten Stützpunkte jeweils kurz vor Sonnenuntergang und in der Dämmerung regelmässig mit dem Insektenvertilgungsmittel Malathion ein. Dieses Insektizid, von dem mit Fairchild-C-123-Flugzeugen Millionen von Litern ausgebracht wurden, kann das zentrale Nervensystem schädigen und in gewissen Fällen sogar zum Tod führen. Malathion ist übrigens, anders als in der Schweiz, in der EU zugelassen.

Deutsche Chemiefirmen mischten mit

Dass die Dioxinverbindung TCDD in Agent Orange hochgiftig ist, wusste man spätestens 1956 nicht nur im Chemiewerk C. H. Boehringer Ingel-heim. So hatte bereits 1953 ein Dioxinunfall bei der deutschen BASF bei zweiundvierzig Arbeitern schwere Hauterkrankungen verursacht. Auf der Liste der deutschen Firmen, die während des Vietnamkrieges mit der Herbizidproduktion in Verbindung waren, steht laut Jan Pehrke, Vor-standsmitglied der Coordination gegen Bayer-Gefahren (CBG), auch der Chemie- und Pharmakonzern Bayer. Während des Krieges produzierte das Unternehmen laut CBG jährlich um die 700 bis 800 Tonnen Agent-Orange-Bestandteile (2,4,5-D) und verkaufte die Produktion teilweise an die französische Firma Prodil. Diese wiederum verarbeitete die Trichlor-phenoxyessigsäure weiter zu Agent Orange und lieferte das Herbizid nach Asien. Jan Pehrke zitiert eine Boehringer-Aktennotiz von damals: «Bayer und Prodil haben auf dem 2,4,5-D-Sektor seit Jahren (Vietnam) zusammengearbeitet.»

Boehringer Ingelheim war während des Vietnamkrieges ebenfalls nicht untätig und lieferte Hunderte Tonnen Tetrachlorbenzol und Phenolat-lauge an die neuseeländische Chemiefirma Ivon Watkins-Dow. Dies schrieb Der Spiegel 1984. Seit 1955 hatte Boehringer eine Lieferbezie-hung zu dieser Firma, die später von Dow Chemical übernommen wurde.

(Fortsetzung S. 66)

10. August 1961 –
der erste Agent-Orange-Einsatz

Offiziell war es der 10. August 1961, als die amerikanische Luftwaffe auf Geheiss von Präsident John F. Kennedy erstmals Pflanzenvernichtungsmittel über den Wäldern Südvietnams versprühte. Andere Quellen sprechen vom 8. Januar. Der 10. August ist seit 2009 in Vietnam offizieller Agent-Orange-Gedenktag.

Laut Jeanne Mager Stellman von der New Yorker Columbia-Universität setzten das US-Militär und seine Verbündeten in Südvietnam von Januar 1961 bis Januar 1971 ungefähr zweiundsiebzig Millionen Liter Herbizide ein. Andere Quellen sprechen von siebenundsiebzig Millionen Litern. Genaue Zahlen wird es nie geben. Das zeigt auch eine Aussage des ehemaligen Navy-Kommandanten Elmo Zumwalt von 1991 am Dioxinkongress in North Carolina. Er berichtete, dass die Luftwaffe betont habe, es bestünden genaue Aufzeichnungen zu den besprayten Gebieten und darüber, welche und wie viele Herbizide ausgebracht worden seien. «Aber die Armee – auch Marinestreitkräfte – beschafften Agent Orange heimlich, um das Laub im Umkreis und um die Camps zu zerstören. Da wurden Hunderte und Tausende Gallonen versprüht, die in keinem Papier festgehalten sind.» Mit anderen Worten: Die kursierenden offiziellen Zahlen zur ausgebrachten Herbizidmenge können nicht stimmen. Die in der wissenschaftlichen Literatur anerkannten Berechnungen, die auf der Basis von Armeedokumenten vorgenommen wurden, stammen von der Columbia-Universität in New York (siehe Tabelle S. 48). Darauf angesprochen, meinte die einstige Studienleiterin Jeanne Mager Stellman im März 2016: «Nur ein kleiner Teil der Herbizide wurde auf diese Weise ausgebracht. Ob das signifikante Konsequenzen für die Gesundheit hatte, ist unklar.» Schätzungsweise 26'300 Quadratkilometer sind damit besprüht worden, eine Fläche mehr als halb so gross wie die Schweiz oder fast halb so gross wie das deutsche Bundesland Niedersachsen. Etwa sieben-undsechzig Prozent der versprühten Chemie enthielt Dioxin.

Die Sprayaktionen liefen unter dem Decknamen «Operation Ranch Hand» – frei übersetzt «Landarbeiter». Mehr als zwei Drittel des amerikanischen Sprühregens enthielten Agent Orange. Auf dem Programm standen mehr als dreissig verschiedene Herbizide, dar-unter zwei verschiedene Agents Orange, dann Agent Blue, Agent Pink, Agent Purple und Agent White. Die Decknamen waren von den Farben inspiriert, mit denen die Fässer gekennzeichnet waren. Manche nannten sie wegen der Farbbezeichnungen «Regenbogen-herbizide». Fünf davon waren dioxinhaltig. Agent Purple enthielt sogar mehr TCDD als Agent Orange.

Agent Orange mit seiner bräunlichen oder rötlich braunen Farbe sowie das braune Agent Green wurden mit Diesel gemischt. Andere «Agents» wurden in Wasser aufgelöst. Nachdem die ersten Sprühflüge zu wenig wirkten, verstärkte man die Konzentration der Chemikalien.

(Fortsetzung von S. 63)

Mit den erwähnten Chemikalien konnte Agent Orange hergestellt werden. *Der Spiegel* berichtete zudem, dass die Firma 1967 aus ihrem Herbizidwerk bei Hamburg auch Hunderte Tonnen von Herbizid-Ausgangsstoffen direkt an den Agent-Orange-Hersteller Dow Chemical lieferte, der das Entlaubungsmittel der US-Armee verkaufte. 1967 war Boehringer sogar bereit, Dow die Lizenz für den Bau einer T-Säure-Fabrik für die US-Armee zu geben. Der Vertrag kam allerdings nie zustande. Geliefert wurde laut *Spiegel* auch nach Australien. 1969 habe Boehringer 1197 Tonnen Tetrachlorbenzol produziert. Geschäftsführer und Mitinhaber war damals der spätere Bundespräsident Richard von Weizsäcker. «Mit grosser Betroffenheit» habe er erst viel später von Agent Orange erfahren, sagte er nach Kriegsende – eine Aussage, die nicht überall geglaubt wurde. Doch Beweise, dass er bereits während des Vietnamkrieges von Agent Orange wusste, gibt es nicht. Nach dem Krieg erklärte Boehringer, man habe nichts mit der Entlaubungsaktion zu tun gehabt. «Wir sind nicht für die Entscheidungen der amerikanischen Armee verantwortlich», liess der Hamburger Boehringer-Werksleiter Werner Krum verlauten. «Niemand kann eine Aussage darüber machen, wohin Produkte gelangen, die im Weltmarkt vertrieben werden.» C. H. Boehringer dürfe ruhigen Gewissens behaupten, so zitierte *Der Spiegel*, «die US Army in Vietnam zu keinem Zeitpunkt auf direktem Wege beliefert zu haben».

Viele Jahre später aber, 1992, tönte es plötzlich ganz anders. Boehringer publizierte im Eigenverlag die Broschüre *Unsere Dioxin-Geschichte*. Darin steht: «Boehringer Ingelheim war in die Vietnam-Problematik um Agent Orange involviert.» Die Firma spricht da von «einer unseligen

Vien Quang Tho-Pagode in Can Tho,
der grössten Stadt im Mekongdelta (2013).

Geschichte mit Fragen nach Schuld, Verantwortung, Nachlässigkeit und Wiedergutmachung» und gelobt, «diese auch für uns schlimme Erfahrung als dauerhafte Mahnung zu nehmen». Mitarbeitern der ehemaligen Herbizidfabrik in Hamburg, die an den Folgen von Dioxinunfällen litten, bot Boehringer laut *Spiegel* fünf Millionen D-Mark und eine «offene Entschuldigung» an. Anfang 2016 schreibt Boehringer an den Autor dieses Buches: «Die Mitarbeiter mit anerkannter Berufskrankheit haben von uns eine freiwillige Entschädigungszahlung erhalten. Insgesamt sind dies zwischenzeitlich mehr als drei Millionen Euro.» In der Broschüre von 1992 steht: «Mit dem Einsatz von Agent Orange in Vietnam jedoch hatte Boehringer Ingelheim nachweislich nichts zu tun. Dennoch bleibt aus heutiger Sicht die moralische Last, dass Boehringer Ingelheim sein Know-how für die Produktion von Agent Orange zur Verfügung gestellt hätte.»

Umso erstaunlicher ist das Gebaren der Ingelheimer heute, denn entgegen den Bekenntnissen in seiner Broschüre versucht das Unternehmen bis auf den heutigen Tag, den Firmennamen von Agent Orange fernzuhalten. Immer wieder bemüht sich die Firma, diesen Schandfleck in ihrer Geschichte zu vertuschen. 2014 berichteten verschiedene Medien, Boehringer habe Wikipedia-Einträge manipuliert. Auf der Seite des Pharmaunternehmens sei Agent Orange aus der Firmengeschichte getilgt worden. Das war schon 1984 Methode. *Der Spiegel* schrieb damals: «Die Strategie des Ingelheimer Topmanagements setzt nun auf Lautlosigkeit. Das Begriffspaar ‹C. H. Boehringer – Hamburg›, Synonym für eine ziemlich bedenkenlose chemische Industrie und bis in den hintersten Winkel des Landes mit dem verheerenden Image einer Art Giftküche der Nation versehen, soll sich aus den Köpfen verflüchtigen.»

Doch in der vernetzten Welt von heute gelingt dies kaum mehr: Die Wikipedia-Community bemerkte den Eingriff und schritt korrigierend ein. Im November 2015 schrieb die Kommunikations- und PR-Verantwortliche des Unternehmens nach einer Agent-Orange-Sendung des Autors dieses Buches an den Südwestrundfunk: «Boehringer Ingelheim hat weder direkt noch indirekt (...) zur Herstellung von Agent Orange während des Vietnamkrieges beigetragen.» Und Anfang 2016 schrieb Boehringer an denselben Autor: «Die von Boehringer Ingelheim an Dow Watkins gelieferten Ausgangsstoffe wurden nicht für die Produktion von Agent Orange verwendet. Die von Dow Watkins daraus hergestellte T-Säure war weder für die Produktion von Agent Orange vorgesehen, noch war sie dafür geeignet.» Und: «Wir haben auch zu keiner Zeit Bestandteile für die Herstellung von Agent Orange geliefert.» Das stimmt laut dem Toxikologen Otmar Wassermann allerdings nicht: «Die gelieferten Chemikalien können Ausgangsstoffe sein für Agent Orange und andere Herbizide.» Ob dies mit den Boehringer-Chemikalien auch tatsächlich geschah, konnte bis heute nicht nachgewiesen werden. Allerdings lieferte das Unternehmen seine Produkte in einer Zeit, als Agent Orange und andere Herbizide knapp wurden und der Bedarf in Vietnam kaum mehr gedeckt werden konnte. Das legt den Verdacht nahe, dass Endprodukte auch nach Vietnam gelangten. Zudem legten neuseeländische Kriegsveteranen Belege vor, die zeigten, dass ihr Land eben doch ins Giftgeschäft involviert war. Eine staatliche Untersuchung konnte dies aber nicht bestätigen. Wie verantwortungslos Boehringer damals handelte, zeigt auch ein Ausschnitt eines Briefes, den *Der Spiegel* veröffentlichte. Das Schreiben war an einen Geschäftspartner adressiert, es ging darin um die hohen Dioxinkonzentrationen in Chemikalien, die damals vom US-Kriegsministerium weltweit bei allen Herstellern aufgekauft wurden: «Angesichts der günstigen Weltmarktlage halten wir es für gerechtfertigt, die Reinheitsanforderungen an unser Produkt zu lockern.» Der Toxikologe Otmar Wassermann bemerkte dazu bitterböse:

1970. Ein Guerillakämpfer paddelt im Mekongdelta entlang von Mangrovenwäldern, die durch Agent Orange zerstört worden sind. Der Fotograf war entsetzt, als er dies sah, sind doch Mangrovenwälder wertvolle Gebiete für Fischerei und die Landwirtschaft. Foto Le Minh Truong / Another Vietnam / National Geographic.

«Im Klartext: Unser Produkt von Dioxinverunreinigungen weitestgehend zu befreien bedeutet höhere Kosten und Verlust an Zeit, in welcher man noch mehr hochtoxisches Produkt herstellen und den Amerikanern mit hohen Gewinnen verkaufen konnte. Für Vietnam war unser Produkt allemal gut genug ... Friedrich Schlegel sagte schon 1800 in seinen *Ideen*: ‹Wo Politik ist oder Ökonomie, da ist keine Moral.›» Und im Buch *Käufliche Wissenschaft* schrieb Wassermann 1994: «In den zurückliegenden drei Jahrzehnten meines Berufslebens machte ich eine Reihe von negativen, sehr bedrückenden Erfahrungen mit der Glaubwürdigkeit von ‹Wissenschaftlern›. Viele wissen um solche Missstände und machen sich schweigend mitschuldig.»

USA: Sie wussten, was sie tun

Das in Agent Orange enthaltene TCDD erwarb sich den Ruf eines «Supergiftes». Lange nach dem Krieg sagte James Clary, ein ehemaliger Wissenschaftler der US-Armee: «Als wir in Vietnam in den 60er Jahren mit dem Herbizidprogramm anfingen, waren wir über den Dioxingehalt und das gefährliche Potential informiert. Wir wussten auch, dass die militärische Form (von Agent Orange) eine höhere Dioxinkonzentration enthielt als die Mischung, die für die zivile Landwirtschaft verwendet worden ist. Dies wegen Kosteneinsparungen und weil es schnell gehen musste. Doch weil das Herbizid gegen den Feind eingesetzt wurde, kümmerte uns das nicht. Wir dachten auch nie daran, dass unsere eigenen Leute damit vergiftet werden könnten.» Wilhelm Sandermann schrieb Jahrzehnte nach seinen Forschungen, er habe den Eindruck gehabt, dass man in den USA über das TCDD in Agent Orange informiert gewesen sei, jedoch keine schlafenden Hunde habe wecken wollen und deshalb schwieg. Weshalb Sandermann nicht deutlicher wurde, ist unklar. Es ist anzunehmen, dass er genau wusste, dass auch in den USA seriöse Chemiker informiert waren. Ein Beleg dafür ist das Gerichtsgutachten von Otmar Wassermann, das nachwies: Jeder, der die ab etwa 1911 existierende Literatur zur Toxizität von Dioxinen studierte, war über die Gefährlichkeit gewisser Dioxine informiert. Wassermann berichtet in diesem Zusammenhang, wie Chemiker die Nomenklatur chemischer Stoffe immer wieder veränderten. 1911 seien auf der Suche nach neuen Farbstoffen «chlorierte Diphenylendioxide» hergestellt worden, die bei beteiligten Laboranten und Chemikern gravierende Gesundheitsschäden verursachten. Nach den verheerenden Explosionskatastrophen bei BASF und Boehringer in den 1950er Jahren bekamen dieselben Substanzen den Namen «chlorierte Dibenzodioxine». Otmar Wassermann: «Gewissenhaft informierte, gründlich die weltweite Fachliteratur recherchierende Chemiker hätten daher mühelos erkennen müssen, dass die Publikationen ab 1911 bis Anfang der 1920er Jahre eindeutig ‹Dibenzodioxine› bedeuteten.» Mit anderen Worten: Sie wussten um den Dioxingehalt.

Zusammenfassend kann festgestellt werden: Die Gefährlichkeit von Dioxinen war lange vor dem ersten Agent-Orange-Einsatz von 1961 bekannt! In den Vereinigten Staaten muss man um die Toxizität dieses TCDD-haltigen Herbizides gewusst haben. Das Verschweigen, das Ignorieren wissenschaftlicher Literatur ist eine schwerwiegende Ungeheuerlichkeit. Wie viele Hunderttausend Menschen wären vor unendlichem Leid bewahrt worden, hätten Manager von Chemiefirmen, Behörden und die Armee verantwortungsvoll gehandelt. Es muss aber auch die Frage gestellt werden, ob nicht auch Hanoi zumindest eine Mitschuld an der Vergiftung der eigenen Bevölkerung trägt. Millionen Menschen wurden nämlich in sogenannte Neue ökonomische Zonen umgesiedelt, um die Landwirtschaft zu fördern. Dabei hat die Regierung auch in Gebiete zwangsumgesiedelt, die mit Agent Orange verseucht waren. In einer Zeit, als dessen Giftigkeit bereits bekannt war.

Irreparable ökologische Schäden

Der Chemiewaffeneinsatz verursachte vielerorts irreparable Schäden an Ökosystemen. Der vietnamesische Ökologe Vo Quy, Mitbegründer der Universität Hanoi, prägte in den 1960er Jahren für dieses Kriegsverbrechen den Begriff Ökozid. Beispiel Provinz Quang Tri in der ehemaligen entmilitarisierten Zone in Vietnam: Vor dem Krieg standen dort grosse Naturwälder. Nach dem Krieg waren zwei Drittel davon zerstört. Um Wasser und Böden zu schützen, begann die Regierung nach 1975 mit der Wiederaufforstung. Mit der Vernichtung ging auch der Artenreichtum von Flora und Fauna verloren. Früher lebten in diesen Naturparadiesen Tiger, Malaienbären und Makaken. Doch auch die Vielfalt anderer Säuger und von Vogelarten wurde in verseuchten Regionen stark dezimiert. Die Nachrichtenagentur Reuters meldete Anfang 1967 aus Saigon, dem heutigen Ho-Chi-Minh-Stadt: «Chemische Sprühmittel haben Verheerungen unter der Vogelwelt angerichtet sowie die Vegetation und alle Insekten vernichtet, von denen die Vögel leben. Auswirkungen zeigten sich ausserdem bei Affen und Rotwild.»

Vo Quy schreibt, dass im Vietnamkrieg etwa zwei Millionen Hektar Regenwald vernichtet wurden. Viele Baumarten von einst gibt es nicht mehr. Insgesamt sind im Krieg schätzungsweise über fünf Millionen Hektar Wald zu Tode gespritzt worden. Niedergesprayte Wälder verursachen Erosionen, Samen und fruchtbares Land gehen zugrunde. In vielen zerstörten Wäldern siedelten sich rasant aggressive Pionierpflanzen, wie Bambus und Silberhaargras, an und machten eine Wiederaufforstung schwierig oder gar unmöglich. Beispiel Mekongdelta: Dort wurden grossflächig Mangrovenwälder niedergespritzt. Fast ein Drittel von Vietnams Mangroven sind im Krieg durch Herbizide vernichtet worden. Die Wiederaufforstung dauert noch immer an. Diese Wälder gehören zu den produktivsten Ökosystemen der Welt. Sie bilden die Kinderstube zahlreicher

Meerestiere und Pflanzen. Mangroven und andere Wälder zu vernichten bedeutet auch den Entzug von Nahrungsgrundlagen für unzählige Tierarten. Mit anderen Worten: Mangroven zu töten heisst, komplexe Lebenssysteme zerstören. Es wird Jahrhunderte dauern, bis sich die Natur vom Gift erholt haben wird. Und der Regierung Vietnams fehlt das Geld für grossflächige Reinigungen.

Dioxinhotspot auf dem Flughafenareal von Da Nang.
Bauarbeiter auf dem Monsterofen, in dem die dioxinhaltige Erde
mit Heizstäben erhitzt wird (2013).

Die Geister, die ich rief –
der Dioxinhotspot von Da Nang

Einer der weltweit am schlimmsten vergifteten Orte liegt im zentralvietnamesischen Da Nang, dort, wo die siebenundsiebzig Jahre alte Hoang The mit ihren schwerbehinderten Kindern lebt. Von diesem ehemaligen US-Militärstützpunkt aus starteten einst die Flugzeuge mit ihrer tödlichen Fracht. Von hier starteten die meisten Agent-Orange-Flüge.

Beim Umladen des gefährlichen Stoffes versickerten unbekannte Mengen im Boden. Die Erde des Flughafens ist derart mit Dioxin kontaminiert, dass dieses via Trinkwasser, Fische und Enten ins Essen der Menschen gelangte. TCDD befindet sich teilweise noch immer in Nahrungsketten. Mit Dioxinen werden heute weit über hundert Gesundheitsschäden in Verbindung gebracht (s. S. 28). Jetzt, mehr als vier Jahrzehnte nach Kriegsende, wird Da Nang saniert. Ein Unterfangen mit ungewissem Ausgang.

Bevor wir das Gelände an der Peripherie des Flughafens betreten dürfen, gibt der Sicherheitsbeauftragte der amerikanischen Baufirma an jeden einen Schutzhelm aus. Dann liest er uns eine ziemliche lange Litanei von Sicherheitsregeln vor. Wir hören: «Es könnten Blindgänger aus dem Krieg auf dem Areal liegen. Sollte etwas passieren, haben wir einen Erste-Hilfe-Koffer.» Das Gefährlichste jedoch, was hier lagert, ist unsichtbar.

Der Flughafen Da Nang war Hauptumlade- und Lagerplatz für Agent Orange. Bodenproben zeigen, dass im Flughafengebiet, wo einst das Gift gemischt und umgeladen wurde, der Dioxingrenzwert bis zum 365fachen überschritten ist: die Erklärung dafür, dass laut der örtlichen Opfervereinigung DAVA in der Region von Da Nang noch immer um die 5000 Menschen leben, die an den Spätfolgen des Agent-Orange-Einsatzes leiden – so wie die Kinder von Hoang The. 2015 veröffentlichte Vietnam eine Untersuchung, die zeigte, dass Kinder mit Geburtsgebrechen in den Regionen Da Nang und Bien Hoa – einem weiteren Hotspot

– hohe Dioxinspuren im Blut aufweisen. In Da Nang wurden Werte gemessen, die bis zum Hundertfachen über der international «tolerierten» Dioxinkonzentration im Blut liegen. Mehr als ein Fünftel sämtlicher Agent-Orange-Opfer der Gegend gilt als sehr schwer behindert. Frauen, die in der Nähe von Da Nang wohnen, haben in ihrer Muttermilch drei- bis viermal mehr Dioxin als jene, die in Agent-Orange-unbelasteten Gebieten leben. Somit nehmen Säuglinge in Da Nang gegenüber jenen in anderen Regionen teilweise das Mehrfache an Dioxin auf. In der Nähe von Da Nang und anderen Hotspots wurden zudem hormonelle Veränderungen aufgrund von Fehlfunktionen der Schilddrüse, der Nebennieren und der Bauchspeicheldrüse gefunden.

Recherchen auf dem abgesperrten Gelände wären vom Chef der amerikanischen Baufirma, die hier an der Dioxinreinigung arbeitet, beinahe verunmöglicht worden. Trotz Zusage der US-Botschaft verweigerte der Bauleiter eine Audioaufzeichnung des Interviews, er wollte uns sogar des Platzes verweisen. Als wir protestierten, drohte er: Entweder sollten wir auf der Stelle das Gelände verlassen, oder das Tonband bleibe aus. Auch unsere vietnamesischen Begleiter wunderten sich, immerhin ist es vietnamesisches Territorium.

Schliesslich führt uns der Bauleiter, der mit seinem Bürstenschnitt und seiner muskulösen Statur an einen Haudegen aus einem Kriegsfilm erinnert, mit einem Tross amerikanischer Mitarbeiter durchs Areal. Mit dabei schweigsame vietnamesische Armeeangehörige, die uns dauernd fotografieren.

Riesentauchsieder gegen Dioxin

Die Anlage erinnert an eine surrealistische, gigantische Fabrik. Am Rand des Zivilflughafens von Da Nang sind auf einer fussballfeldgrossen Fläche 8000 tonnenschwere Betonklötze zu einem gewaltigen Ofen aufgetürmt, darin eingeschlossen einige Tausend Kubikmeter Erde, die mit Dioxin vergiftet ist. Aus den Klötzen ragen Hunderte von Stäben: eine Art überdimensionale Tauchsieder, 335 Grad Celsius heiss. Die Stäbe erhitzen die kontaminierte Erde während jeweils fast eines Monats. Die grosse Hitze, so sagt man uns, zersetze das Dioxin in unschädliche Bestandteile. Die gereinigte Erde bleibt als Füllmaterial auf dem Gelände und dient der Flughafenerweiterung.

Die USA realisieren die Sanierung und tragen mit vierundachtzig Millionen Dollar fast die gesamten Kosten, Vietnam beteiligt sich mit rund 1,7 Millionen Dollar. Das Projekt ist fast doppelt so teuer wie ursprünglich budgetiert. Und es dauert auch länger als geplant. Bei Redaktionsschluss dieses Buches sprach man von einem Sanierungsende im Laufe des Jahres 2017. Seit 2012, dem Beginn der Reinigungsaktion, leitet die amerikanische Baufirma die Arbeiten. Dass der Grossauftrag von einem US-Unternehmen durchgeführt wird, stösst in Vietnam vielen auf.

Die damalige Aussenministerin Hillary Clinton und ihr Mann, Expräsident Bill Clinton, sowie andere US-Prominenz liessen sich in Da Nang blicken und nutzten die Gelegenheit für lautstarke PR. Die Botschaft: Welt, schau her, wir tun etwas für Vietnam!

Joakim Parker ist in Hanoi Missionschef von USAID, der amerikanischen Behörde für Entwicklungszusammenarbeit. Er hat die Oberaufsicht über das Da-Nang-Projekt. Der Weg zu ihm in den fünfzehnten Stock eines Bürohochhauses in der vietnamesischen Hauptstadt ist ein Sicherheitsparcours: gepanzerte Eingangstür, Bodycheck, Gepäck röntgen, Pass abgeben, Formular ausfüllen, das abverlangte Einverständnis, dass das Interview mitgeschnitten werden darf und dass verwendete Passagen vor der Veröffentlichung vorgelegt werden. Diesen Punkt streicht die Presseverantwortliche, als sie erfährt, dass die Geschichte in der ihr nicht geläufigen deutschen Sprache erscheinen wird. Frage an Joakim Parker: Wieso engagieren sich die USA in Da Nang erst Jahrzehnte nach dem Krieg? Es sei nie zu spät, sagt er. Und weiter: «Unser erstes Ziel ist es, einen sichtbaren Beitrag an die wachsende positive Zusammenarbeit zwischen den USA und Vietnam zu leisten. Zudem haben wir es hier mit einer Gesundheitsgefährdung der Bevölkerung zu tun. Auch will Vietnam den Flughafen in dieser schnell wachsenden Stadt erweitern. Das ist ein weiterer Grund für unser Engagement.»

Wie beurteilen die Dioxinopfer das Engagement? Dazu der Leiter der örtlichen Agent-Orange-Opfer-Vereinigung DAVA, Pham Thanh Tien: «Das Wichtigste für sie ist nicht diese Reinigung, viel wichtiger wäre die Unterstützung der betroffenen Familien, die es alle sehr, sehr schwer haben. Es fehlt an Geld, um ein menschenwürdiges Leben zu führen. Ihnen sollten die USA zuerst helfen.» Natürlich sei für die Zukunft ein dekontaminierter Boden ebenfalls wichtig, um neue Giftgeschädigte zu vermeiden.

Die Sanierung setzt Dioxin frei

Die Da Nang-Sanierung begann in der Amtszeit von Le Ke Son. Er war zehn Jahre lang sozusagen der oberste Agent-Orange-Beamte Vietnams. In Hanoi leitete er bis 2014 das nationale Steering Committee 33, die Agent-Orange-Koordinationsstelle der Regierung. Le Ke Son macht auf skandalträchtige Sicherheitslücken aufmerksam, die der Öffentlichkeit nicht bekannt sind: «Die Technologie, die von den USA in Da Nang angewendet wird, ist nicht optimal. Die Erhitzung der kontaminierten Erde erzeugt Abluft, Abwässer und Sedimente, die erneut mit Dioxin verseucht werden.» Das Dioxin wird also keineswegs vollständig vernichtet, wie offiziell verkündet wird. Zudem dauert die Reinigung viel länger. Zuerst sagten die Verantwortlichen, sie sei 2016 zu Ende. «So wie es jetzt ausschaut, wird es um Jahre länger gehen», sagt Le Ke Son. Neben Da Nang gibt es im Land über dreissig weitere ehemalige Militäranlagen, die mit Dioxin belastet sind (s. Tabelle S. 84). Saniert wurde kürzlich bereits der Hotspot auf dem ehemaligen zentralvietnamesischen Luftwaffenstützpunkt Phu Cat. Auch dort fand man im Boden extrem hohe Dioxinwerte, die internationale Standards um das Mehrhundertfache übertreffen. Mit dem Verlagern von 7300 Kubikmetern verseuchter Erde in eine Deponie löste man das Problem. «Sicher für Mensch und Umwelt», wie Le Ke Son sagt.

Lange Zeit hielt das Pentagon die genaue geographische Lage all dieser Orte geheim. Ich erinnere mich an eine Begegnung in Hanoi Ende der

1990er Jahre mit Le Ke Sons Vorgänger Le Cao Dai. Der Kriegsveteran und damals führende unabhängige Agent-Orange-Wissenschaftler beklagte sich bitterlich darüber, dass die Vereinigten Staaten sich weigerten, eine vollständige Liste aller Agent-Orange-Hotspots in Vietnam herauszurücken. So trug das Pentagon dazu bei, dass es unnötigerweise weitere Opfer gab.

Ein weiterer ehemaliger südvietnamesischer Luftwaffenstützpunkt – wie die anderen in einer dichtbesiedelten Gegend – soll in den kommenden Jahren ebenfalls saniert werden: Bien Hoa östlich von Ho-Chi-Minh-Stadt. 2008, mehr als drei Jahrzehnte nach Kriegsende, entdeckte man dort im Boden einen Dioxinwert, der etwa um das 260fache über Normalwerten lag. Allein auf dieser Basis waren 98'000 Fässer mit Agent Orange sowie 45'000 mit Agent White und 16'000 mit Agent Blue gelagert und umgeladen worden. Auch in Bien Hoa ist TCDD wegen der belasteten Böden und Sedimente noch immer in Nahrungsketten. Die Menschen werden weiter vergiftet. Le Ken Son schätzt, dass dort zurzeit (2016) noch immer eine halbe Million Kubikmeter verseuchte Erde und Sedimente liegen. Nach den Fehlern in Da Nang wurde klar, dass es hier zur Sanierung andere Technologien braucht. Die stecken jedoch erst im Entwicklungsstadium. «Wir kennen sie noch nicht», sagt Le Ke Son. Und deshalb weiss man auch nicht, wie kostspielig die Sache werden und wer bezahlen wird. Der offizielle Fahrplan, wonach bis 2020 sämtliche Hotspots sauber sein sollen, erscheint Le Ke Son nach vorliegender Faktenlage ziemlich unrealistisch.

Ungewiss ist, wie sich die andauernde Weigerung der USA auswirken wird, substantiell für die angerichteten Schäden zu bezahlen. Le Ke Son sieht es so: «Das ist eine sehr komplizierte Sache. Es gibt hier Leute, die sagen, Agent Orange sei das Gespenst in der Beziehung zwischen Vietnam und den USA. Etwas, was wir sehen und doch nicht sehen. Agent Orange ist eine komplizierte Geschichte, die mit humanitären, politischen und ökonomischen Fakten zusammenhängt.» Die Stimme der Ökonomie wird wohl am Ende die lauteste sein. So sagte 2015 US-Aussenminister John Kerry während seines Vietnambesuches, das bilaterale Handelsvolumen beider Länder sei von 450 Millionen Dollar im Jahr 1995 auf heute sechsunddreissig Milliarden Dollar gestiegen. Zudem sei die Zahl der US-Besucher in Vietnam ebenso wie die der vietnamesischen Studenten in den USA stark gestiegen. Beide Nationen hätten in den vergangenen zwanzig Jahren gezeigt, dass «frühere Feinde wirklich Partner werden können», so der Vietnamkriegsveteran Kerry.

C-123 – Agent Orange flog auch nach dem Krieg mit

Zurück an die Agent-Orange-Front in Vietnam. Meist am frühen Morgen versprühten Fairchild-C-123-Flugzeuge ihre Giftfracht, manchmal aus nur etwa fünfzig Metern Höhe. Es dauerte um die vier Minuten, bis ein voller Herbizidtank jeweils eine circa achtzig Meter breite und vierzehn Kilometer lange Giftspur gelegt hatte. Je nach Windverhältnissen traf der gefährliche Regen auch Regionen, die mehr als zehn Kilometer entfernt lagen.

Wie Agent Orange unter den Spraypiloten auch noch lange nach Kriegsende seine Opfer fordert, zeigt eine Untersuchung von 2015. Ein Team um C. Ola Landgren vom Memorial Sloan Kettering Cancer Center in New York untersuchte 479 US-Veteranen, die damals in Vietnam giftige Herbizide ausgebracht hatten. Die Forscher verglichen die Ergebnisse mit einer gleichen Anzahl ehemaliger Piloten, die nie Agent Orange versprüht hatten. Dabei fand man im Blut der Spraypiloten Veränderungen, die auf eine zweimal höhere Krebsanfälligkeit hindeuten als bei anderen Piloten. Schon früher untersuchte man Spätfolgen im Zusammenhang mit den ehemaligen Sprühflugzeugen Fairchild C-123. In den USA flogen bis 1982 rund zwei Dutzend dieser Maschinen als Frachter. Über die Jahre fiel auf, dass Menschen, die auf diesen fliegenden Transportern arbeiteten, ähnliche Krankheiten bekamen wie US-Veteranen, die in Vietnam direkt den Herbiziden ausgesetzt waren.

(Fortsetzung S. 86)

Dioxinhotspots in Vietnam

	Provinz / Ort	Dioxingefährdung
1	Da Nang (Flughafen)	hoch
2	Binh Dinh (Phu Cat, Flughafen)	hoch
3	Dong Nai (Bien Hoa, Flughafen)	hoch
4	Da Nang Marble Mountain (Flughafen)	vermutet
5	An Dong (Herbizidlager)	vermutet
6	Tien Sa (Hafen in Da Nang)	niedrig
7	Binh Dinh (Qui Nhon, Lager)	niedrig
8	Long My (Herbizidlager)	niedrig
9	Dong Nai Long Binh (Herbizidlager)	niedrig
10	Xuan Loc (Flugpiste)	niedrig
11	Quang Tri (Ta Con, Flugpiste)	unbekannt
12	Thua Thien-Hue (A Luoi, A Shau, Ta Bat, Flugpisten)	hoch
13	Khe-Loi-See (Abfallgrube)	unbekannt
14	Phu Bai (Flughafen)	unbekannt
15	Quang Nam (Chu Lai, Flugpiste)	vermutet
16	Kon Tum (Dak To 2, Flugpiste)	vermutet
17	Dak To 1 (Flugpiste)	niedrig
18	Gai Lai (Pleiku, Flughafen)	vermutet
19	Ia Bang (Pleiku-Logistikzentrum)	niedrig
20	Bien-Ho-See (5 km von Pleiku entfernt)	niedrig
21	Pleiku, Camp Holloway (Flugpiste)	niedrig

22	Pleiku / An Khe POL (Herbizidlager)	niedrig
23	Phu Yen (Tuy Hoa Süd, Flugpiste)	vermutet
24	Tuy Hoa Nord (Flughafen)	niedrig
25	Dak Nong (Nhon Co, Flughafen)	vermutet
26	Khanh Hoa (Cam-Ranh-Bucht, Flughafen)	vermutet
27	Dong Ba Thin (Flugpiste)	niedrig
28	Nha Trang (Flugpiste)	vermutet
29	Ninh Thuan (Phan Rang, Flugpiste)	vermutet
30	Bien Phuoc (Song Be / Nui Ba Ra, Flugpiste)	niedrig
31	Ho-Chi-Minh-Stadt (Tan Son Nhat, Flughafen)	vermutet
32	Can Tho (Flugpiste)	hoch
33	Ca Mau Bac Lieu (Flugpiste)	unbekannt

Laut Dr. Le Ken Son spricht man seit 2016 nur noch von drei wirklichen Hotspots (1, 2 und 3).

Quelle: Hatfield Consultants

(Fortsetzung von S. 83)

Das Innere der Maschinen war mit Agent Orange kontaminiert. Bis 1986 leisteten insgesamt mehr als 2000 Veteranen und Zivilisten auf diesen Maschinen Dienst. Die US-Regierung bestritt jahrzehntelang einen Zusammenhang zwischen Krankheiten und der Arbeit mit den zivilen Frachtflügen und begründete dies damit, dass die Betroffenen nie in Vietnam gewesen seien. Nur wenige Besatzungsmitglieder, die mit der C-123 in den USA unterwegs waren, hatten erfolgreich rekurriert. Zumindest ein Veteran, Paul Bailey, wurde entschädigt. Er starb jedoch kurz nach dem Entscheid an Krebs. Im Juni 2015 berichtete die *Washington Post* von einem weiteren Erfolg. Nach «langem erbittertem Kampf» erreichte ehemaliges C-123-Personal eine finanzielle Wiedergutmachung: Das amerikanische Kriegsveteranenministerium sprach ein millionenschweres Budget. Es war das erste Mal in der leidvollen Geschichte der amerikanischen Agent-Orange-Opfer, dass Krankheiten auch dann anerkannt wurden, wenn sie nicht durch einen Bodeneinsatz in Vietnam entstanden waren.

Wie gross die Schäden im eigenen Land sind, die im Laufe der Zeit durch amerikanische Militäraktionen verursacht wurden, hat der US-Journalist Jon Mitchell recherchiert: Bis heute habe das Pentagon mit seinen Aktivitäten in den USA rund 40'000 Orte vergiftet, viele davon mit chemischen Waffen, Pflanzengiften und abgereichertem Uran. 140 dieser Orte seien als sehr gefährlich eingestuft. Vor und während des Vietnamkrieges testete Washington auf Feldern und in Wäldern in nicht weniger als zwanzig Bundesstaaten und anderen Territorien Agent Orange und viele weitere gefährliche Herbizide, so etwa in Florida, Kalifornien, Hawaii, Texas und Puerto Rico, aber auch in Thailand und Kanada.

Giftgas im Vietnamkrieg

Agent Orange war nicht die einzige Giftattacke in diesem Krieg. Es tauchten auch Kampfgase auf, von denen anfänglich behauptet wurde, es handle sich um «gewöhnliches Tränengas». Doch es stellte sich heraus, dass einige davon Menschen lähmen, sie blind machen und zu Blutungen führen, ja sogar tödlich sein können.

Anfang 1963 enthüllte das Rote Kreuz der Befreiungsfront von Südvietnam, dass in der Tat noch viel gefährlichere chemische Substanzen ausgebracht worden waren, beispielsweise das hochgiftige Dinitro-Orthokresol, das sowohl als Herbizid als auch als Pestizid verwendet werden kann. Ab 1964 verwendete man in Südvietnam Tränengase – eigentliche Kampfgase – des Typs CM und DM, so am 15. Dezember 1964 in Tay Minh und am 23. Dezember 1964 in Ca Mau im Mekongdelta. Ein paar Wochen später, im Januar 1965, setzten US-Soldaten die Giftgase zusammen mit Spreng- und Napalmbomben gegen die Bevölkerung des Dorfes Phu Lac ein.

Dass in Südvietnam Kampfgase eingesetzt wurden, entfesselte weltweit eine Welle der Entrüstung. Washington versprach daraufhin ein Verbot von Giftgasen. Doch dieses war von kurzer Dauer. Am 5. September 1965 entleerte ein Bataillon der Marine unter dem Kommando von Oberstleutnant Leon Utte während eines Angriffs auf das Dorf Vinh Quang in der Provinz Binh Dinh achtundvierzig Container mit Giftgas. Es traf Menschen, die in Luftschutzgräben Zuflucht suchten. Die Bilanz: fünfunddreissig Tote und neunzehn Verwundete – Frauen und Kinder.

Juni 1972. Angehörige einer Miliz durchsuchen in einem Vorort
von Hanoi ein US-Flugzeug, das sie mit ihren Gewehren
abgeschossen haben. Der Pilot flog sehr niedrig, um dem Radar
zu entkommen. Doch auf dieser Höhe reichen auch kleine Waffen
aus, um das Flugzeug vom Himmel zu holen. Die US-Bomber
griffen Industriequartiere an; doch damals waren die meisten
Betriebe aufs Land verlegt worden.
Foto Doan Cong Tinh / Another Vietnam / National Geographic.

Der Gaskrieg in Südvietnam forderte unzählige unschuldige Opfer. Gemäss einer Erklärung des Chemie- und Friedensnobelpreisträgers Linus Pauling «sind die Hauptopfer des Vietnamkrieges nicht die Kämpfenden, sondern die Zivilbevölkerung. Wenn die Reisernte durch chemische Produkte zerstört wird, wenn Gas verwendet wird, so ist es die Zivilbevölkerung, vor allem Frauen, Kranke, Kinder und alte Leute, die infolge von Vergiftungen oder Hunger umkommt.»

Das Pentagon schob die Verantwortung für den Vorfall zunächst einem jungen Offizier in die Schuhe, Leon Utter. Er habe eigenmächtig gehandelt, wurde behauptet. Die Lüge offenbarte die wahre Haltung gegenüber unerlaubten Chemiewaffen. Die *New York Herald Tribune* berichtete am 27. September 1965, wie General William Westmoreland, damals Oberkommandierender der US-amerikanischen Truppen in Vietnam, die Aufhebung des Giftgasverbotes verlangte.

Das Pentagon antwortete: «General Westmoreland war immer und ist auch weiterhin voll ermächtigt, den Gebrauch von Tränengasen gegen den Vietcong zu gestatten.»

Kampfgas – eine normale Ausrüstung

Seit diesem Tag gehörten Kampfgase laut der *New York Times* zur normalen Ausrüstung der Marines. Sonderabteilungen erhielten Zerstäubungsapparate, um Partisanen «auszuräuchern», die sich in den unterirdischen Tunneln verschanzten. Das berichtete die amerikanische Presseagentur UPI. Truppenangehörige waren mit Giftgasgranaten ausgestattet, mit denen sich die US-Offiziere vom Unterleutnant an aufwärts wie in einem Selbstbedienungsladen frei versorgen durften, so die Nachrichtenagentur AFP am 8. Oktober 1965. Am Ende wusste das Pentagon nicht mehr, wann und weshalb diese Granaten verwendet wurden.

Cyrus Vance, damals stellvertretender Verteidigungsminister und später Aussenminister unter US-Präsident Jimmy Carter, antwortete im Spätherbst 1965 während einer Pressekonferenz auf die Frage, ob die Vereinigten Staaten in Vietnam Arsenik und Zyanverbindungen einsetzen würden: «Wir machen davon in Südvietnam beschränkt Gebrauch, jedoch noch nicht im Norden des Landes.»

Eine regelrechte Verteidigungsrede für den militärischen Gebrauch von Giftgasen und biologischen Waffen hielt Generalbrigadier J. H. Rothschild in seinem 1964 erschienenen Buch *Tomorrow's Weapons (Die Waffen von morgen)*. Er hatte das Kommando über alle Dienstzweige der Armee der Vereinigten Staaten für die chemische und bakteriologische Kriegführung, war Professor für Chemie an der Militärakademie in West Point und Mitarbeiter des *Bulletin of the Atomic Scientists*. Zahlreiche amerikanische Militärs teilten seine Ansichten. Rothschild fasste in seinem Buch die Vorteile dieser verbotenen Waffen so zusammen:

«Die Wirkung der Giftgase erstreckt sich auf sehr weite Gebiete. Die chemischen Stoffe können während eines einzigen Angriffs Dutzende von Quadratkilometern treffen, die bakteriologischen Agenzien können sogar Hunderttausende von Quadratkilometern verseuchen. (…) Es sind Suchwaffen. Werden sie vom Wind fortgetragen, so dringen sie in Wohnhäuser, Schutzstätten und andere Festungswerke ein und treffen deren Insassen. Sie sind auch wirksam gegen Truppen, die weit über ein offenes Gelände zerstreut sind. (…) Es ist sehr schwierig, sich dagegen zu verteidigen. Wenn der Angriff in ausreichend grosser Entfernung, jedoch in Windrichtung des Zielpunktes ausgelöst wird, wenn das verwendete Produkt geruch- oder farblos ist, wenn die ersten Symptome erst dann auftreten, wenn die ‹wirksame› Dosis vom Körper bereits absorbiert worden ist, hat der Betroffene nur wenig Aussichten, seinen Schutzanzug rechtzeitig anzuziehen. (…) Sie sichern einen hohen Ertrag betroffener

Reisfeld in Vinh Phuoc, Provinz An Giang.
Um Nahrungsgrundlagen des Feindes zu zerstören, wurden
Reisfelder mit giftigen Herbiziden niedergespritzt (2013).

Personen, an die dreissig Prozent und mehr … Wenn ein Waffentyp alle diese Vorteile hat, ist es offensichtlich, dass man mit ihm rechnen muss.»

Selbst Wissenschaftler zögerten nicht, die Anwendung solcher Waffen zu empfehlen, So schrieb zum Beispiel Richard L. Kenyon, Direktor der Publikationsabteilung der American Chemical Society, in den *Chemical & Engineering News* vom 16. August 1965: «Ohne uns hier auf die Polemik über die Wünschbarkeit einer aktiven Teilnahme der Vereinigten Staaten am Vietnamkrieg einzulassen, ist es dennoch angebracht, eine systematischere Verwendung von Chemikalien und bakteriologischen Mitteln im Guerillakrieg, der gegenwärtig in diesem Land stattfindet, zu befürworten.»

Die USA forcierten im Rahmen des Vietnamkrieges die Entwicklung neuer Giftstoffe. Forschungen liefen unter anderem auf dem Gebiet von Nervengasen wie Tabun, Sarin und Soman. Darunter ist Sarin das gefährlichste, es ist um ein Vielfaches giftiger als Tabun. Die Substanz wurde im Zweiten Weltkrieg von den Nazis hergestellt, kam jedoch nie zur Anwendung. Je nach absorbierter Dosis kann der Tod bereits nach einer Minute eintreten. Tabun wurde später von Saddam Hussein im Iran-Irak-Krieg und 1988 gegen die eigene Bevölkerung im kurdischen Nordirak beim Giftgasangriff auf Halabdscha eingesetzt. Dabei starben zwischen 3200 und 5000 Menschen. In Newport (Indiana) stellte eine Fabrik mit 300 Arbeitern dieses Gas ab 1960 rund um die Uhr her und lud damit Raketen, Minen und Artilleriegeschosse (*Science*, 20.1.1967). Giftgase sind auch anderswo in den USA fabriziert worden, so in Pine Bluff (Arkansas), Edgewood (Maryland) und Commerce City (Colorado). Neben den bereits erwähnten phosphororganischen Giftstoffen befasste man sich mit der militärischen Verwendung weiterer neurotoxischer Gifte, wie beispielsweise Botulinustoxin, wie *Science* am 13. und 20. Januar 1967 schrieb. Botulinustoxin zählt wegen seiner ausserordentlichen Giftigkeit zu den gefährlichsten Biowaffen.

Der New Yorker *Viet Report* vom Sommer 1966 berichtete von einer ganzen Reihe chemischer Kampfstoffe, die von der US-Regierung für den Einsatz in Vietnam bewilligt wurden. Neben den dioxinhaltigen Ent-

laubungsmitteln – unter anderen Agent Orange – und giftigen Unkraut-
vertilgungschemikalien waren es die brechreizerregenden Gase DM,
CN-DM und CD: Substanzen, die teilweise bleibende Schädigungen des
Verdauungstraktes und andere nicht heilbare Verletzungen verursachen.

Versuche an eigenen Soldaten?

Dem Pentagon waren offenbar selbst eigene Soldaten nicht dafür zu
schade, chemische Kampfstoffe an ihnen auszuprobieren. In Vietnam
erhielten zwischen 1959 und 1975 rund 2800 US-Soldaten 3-Chinu-
clidinylbenzilat (BZ). Dies behauptet Ronald Rippchen in seinem 2010
erschienenen Buch *Operation Erleuchtung – 60 Jahre LSD-Experimente*.
Die Aussage ist jedoch umstritten. BZ löst bereits in minimalen Dosen
meist Horrorvisionen aus – dies bis zu fünf Tage lang und ohne dass man
sich nachher daran erinnert. In geheimen Aktionen experimentierte der
amerikanische Geheimdienst CIA auch mit LSD – häufig ohne Wissen der
Opfer und in zumindest einem bekannten Fall mit Todesfolge. Ziel der
BZ- und LSD-Experimente war die Vorhersage, Steuerung und Kontrolle
menschlichen Verhaltens.

Bereits vor dem offiziellen Ausbruch des amerikanischen Krieges in
Vietnam, im September 1959, kündigte sich eine weitere schreckliche
Gefahr an: der bakteriologische Krieg. Der Kongressabgeordnete Robert
William Kastenmeier aus Wisconsin legte eine Resolution vor, die ver-
langte, dass «der Kongress die Politik der Vereinigten Staaten bestätigt,
wonach die Vereinigten Staaten im Falle eines Konfliktes nie als Erste
zu den chemischen oder bakteriologischen Waffen greifen werden». Die
Resolution wurde abgeschmettert. Als Folge stieg das Entwicklungs-
und Forschungsbudget für chemische und biologische Waffen von 36,3
Millionen Dollar im Jahre 1959 auf 170 Millionen im Jahre 1964.

Diese Forschungsaufträge erhielten private Unternehmen und Universitäten. 1965 schloss die Firma Travelers Research Corporation aus Hart-
ford (Connecticut) einen Vertrag mit dem Verteidigungsministerium ab.
Ziel: die Verbreitung der Beulenpest in Südvietnam auf dem Luftweg

zu ermöglichen. Nach den Aussagen eines Forschers dieser Firma sah der Vertrag die Massenproduktion von Mikroben der Beulenpest und der Tularämie vor. Robert Ellis, Direktor der Abteilung für bakteriologische Waffen der Travelers Research Corporation, bestätigte, dass sein Unternehmen «das Verhalten der Giftstoffe in der Atmosphäre und die Verwendung der Luftströme für den Transport toxischer Wolken auf ein gewünschtes Ziel hin erforschte». Das Pentagon, das zunächst die Existenz dieses Vertrages leugnete, gab schliesslich zu, diese Firma mit dem Studium gewisser bakteriologischer Waffen beauftragt zu haben. Etwas später erläuterte ein Verantwortlicher des Aussenministeriums, dass nicht die Beulenpest, sondern die Tularämie untersucht werde, eine Krankheit, die häufig eine tödlich verlaufende Pneumonie hervorrufen kann.

Laut *Science* vom 13. Januar 1967 erforschten die USA die mögliche Verbreitung einer grossen Zahl von Krankheiten: bakterielle Infektionen, wie Milzbrand, Ruhr, Maltafieber, Rotz, Pest, Tularämie, die Papageienkrankheit, Q-Fieber und das Rocky-Mountain-Fleckfieber; Viruserkrankungen, wie Denguefieber, Gehirnentzündungen und das Gelbfieber. Überdies wurde eine Krankheit erwähnt, die durch Pilze verursacht wird, die Coccidioidomykose, die zu schweren Lungenentzündungen mit hohem Fieber führen kann. Generalbrigadier J. H. Rothschild zählt in seinem Buch *Tomorrow's Weapons* zweiunddreissig Krankheiten auf, die für den bakteriologischen Krieg von Interesse seien.

Monsanto – der Agent-Orange-Produzent ist zurück in Vietnam

Monsanto ist heute der weltweit grösste Saatguthersteller. Der amerikanische Chemiemulti, einst ein Hauptproduzent von Agent Orange, ist heute auch in Vietnam tätig. Dabei könnte man sich gut vorstellen, dass das Land nichts mehr mit einem Unternehmen zu tun haben möchte, das so viel Unglück ins Land gebracht hat. Doch das Gegenteil ist der Fall: Das Geschäft floriert, Tendenz steigend. So bewilligte Vietnam 2014 die Einfuhr von gentechnisch verändertem Monsanto-Mais-Saatgut mit der Bezeichnung GA 21. Derart veränderte Maissorten bedingen giftige Agrarchemie, darunter Glyphosat, ein Hauptbestandteil einiger Breitbandherbizide. Es ist auch im Monsanto-Herbizid-Bestseller «Roundup» enthalten. Das Unternehmen macht mit Glyphosatprodukten vermutlich mindestens 8,5 Milliarden Dollar Jahresumsatz – etwa die Hälfte des Gesamtumsatzes. Die chronische Zufuhr von Glyphosat macht Mensch und Tier krank und schädigt das Erbgut.

Da der gentechnisch manipulierte Monsanto-Mais zwingend «Roundup» braucht, ist das Herbizid auch in Vietnam im Einsatz. Glyphosat ist der weltweit in Herbiziden am häufigsten verwendete Wirkstoff. Er wird nicht nur bei gentechnisch veränderten Pflanzen benutzt, sondern auch als Allround-Pflanzengift in der Landwirtschaft. Das Unternehmen liess Glyphosat bereits 1974 patentieren. Mittlerweile sind die Patente in den meisten Ländern abgelaufen, so dass auch die Konkurrenz ihre eigenen glyphosathaltigen Herbizide auf den Markt bringt – auch in Vietnams Nachbarland China, wo Agrarchemie billiger zu haben ist. Im Norden Burmas habe ich beobachtet, wie Bauern Agrarchemie aus China in Originalverpackungen geliefert bekommen. Sie können die Warnungen und Gebrauchsanleitungen auf den Etiketten nicht lesen und verwenden das Gift nach Gutdünken.

Die USA setzten Glyphosat auf Drogenanbaugebieten in Kolumbien, Afghanistan und anderen Ländern auch als Chemiekampfstoff ein. Kritiker sagen, Glyphosat sei in einer gewissen Weise das Agent Orange unserer Zeit. So schreibt Christina Sarich in *Natural Society*: «Die Wahrheit ist, dass Glyphosat in ‹Roundup› (...) in der Evolutionskette von Agent Orange steht. Wenn wir nicht aufwachen (...), wird Monsanto mit Hilfe seiner Verfilzung mit der Regierung die Nahrungsgrundlagen des Planeten zerstören.» Wissenschaftler fanden den «Roundup»-Bestandteil Glyphosat sowie seine Abbauprodukte in drei Vierteln aller Regen- und Luftproben, die 2007 in den Landwirtschaftsregionen entlang des Mississippideltas gesammelt wurden. Eine Studie, 2014 im *Journal of Organic Systems* publiziert, bringt «Roundup» bzw. Glyphosat mit der Zunahme chronischer Krankheiten quer durch die USA in Verbindung. Es gebe einen direkten Zusammenhang zwischen einer Glyphosatbelastung des Menschen und Diabetes, Fettsucht, Alzheimer, Parkinson, multipler Sklerose, Krebs und weiteren Gesundheitsschäden.

Das amerikanische *Journal of Environmental & Analytical Toxicology* veröffentlichte Ende 2014 eine Studie, wonach von neunundsechzig untersuchten Honigproben aus Philadelphia neunundfünfzig Prozent den Glyphosatgrenzwert überschritten. Selbst biologisch deklarierter Honig enthielt grösstenteils zu viel davon. Forscher der Universität Leipzig entdeckten das Ackergift auch im Urin von Kühen.

Anfang 2016 publizierte das Umweltinstitut München die Analyseresultate der vierzehn meistgetrunkenen deutschen Biere: Alle enthielten Glyphosat. Zitat aus der Studie: «Die gefundenen Werte lagen zwischen 0,46 Mikrogramm pro Liter (μg/L) und 29,74 μg/L, im Extremfall also fast 300fach über dem gesetzlichen Grenzwert für Trinkwasser von 0,1 μg/L.» In absoluten Zahlen seien diese Mengen zwar klein, meinte das Institut, dennoch seien die Testergebnisse wegen der möglichen karzinogenen Wirkung von Glyphosat besorgniserregend. Der Stoff stehe zudem unter Verdacht, hormonell wirksam zu sein. Bei krebserregenden und hormonwirksamen Stoffen gebe es keine Untergrenze, unter der sie ungefährlich seien. «Sie können selbst in kleinsten Mengen eine gesundheitsschädigende Wirkung entfalten.» Ausserdem bestehe nun der Verdacht, dass alle Biersorten und -marken von einer Glyphosatbelastung betroffen sein könnten. Auch in Getreide und Backwaren sei der Stoff bereits nachgewiesen worden. Dies sei ein weiterer Indikator dafür, dass der verbreitete Einsatz von Glyphosat letztlich dazu führe, dass das Pestizid über die Nahrung wieder bei uns Menschen lande. Die Vergiftung ist allgegenwärtig. Deswegen haben El Salvador, Bermuda und Sri Lanka Glyphosat bereits verboten. Weitere Länder werden wohl folgen.

Wie Glyphosat allmählich die Menschen verseucht, zeigte 2015 auch eine Studie in achtzehn europäischen Städten: Mehr als die Hälfte der Untersuchten hatten das Gift in ihrem Urin. Ende Juli desselben Jahres deckte eine von den deutschen Grünen lancierte Untersuchung auf, dass Glyphosat in der Muttermilch von sechzehn stillenden Frauen aus verschiedenen Bundesländern nachgewiesen werden konnte – mit Werten, die höher lagen als die zugelassenen Grenzwerte für Trinkwasser. Anfang 2016 dann das erschreckende Studienergebnis der Heinrich-Böll-Stiftung: Drei Viertel der deutschen Bevölkerung sind mit Glyphosat belastet. Die gefundenen Rückstände im Urin zeigten, dass fünfundsiebzig Prozent der untersuchten Menschen fünfmal mehr belastet sind, als es der Trinkwasser-Grenzwert zulässt. Ein Drittel der Bevölkerung hat sogar eine zehn- bis zu zweiundvierzigfache Menge der für Trinkwasser zulässigen Grenzwerte im Urin. Bei 99,6 Prozent von 2009 Probanden liessen sich eindeutig Glyphosatrückstände nachweisen. Die höchsten Belastungen fanden sich unter Landwirten, ausserdem bei Kindern bis neun Jahren und bei zehn- bis neunzehnjährigen Jugendlichen. Studienteilnehmer, die Fleisch konsumieren, wiesen höhere Belastungen auf als Vegetarier und Veganer. Die Resultate bestätigten frühere Ergebnisse des Umweltbundesamtes.

Behörden in Deutschland und der Schweiz spielen solche Befunde herunter. So sieht das deutsche Bundesinstitut für Risikobewertung (BfR) keine Gefahr für die Gesundheit. Glyphosatnachweise im Urin seien in geringen Konzentrationen zwar zu erwarten, der Stoff werde aber vorwiegend mit dem Urin rasch wieder ausgeschieden. Ähnlich tönt es in der Schweiz. Der Leiter eines staatlichen Lebensmittellabors antwortet auf die Frage, ob es auch in seinem Land Glyphosatuntersuchungen gebe, zum Beispiel bei Bier wie in Deutschland: «Glyphosatrückstände im Bier sind grundsätzlich zu erwarten, da Glyphosat ein zugelassener Pflanzenschutzmittel-Wirkstoff für Getreide ist.» Dann beschwichtigt er und beruft sich auf deutsche Untersuchungen, die zeigten, «dass selbst die höchsten bekannten Gehalte (dreissig Mikrogramm pro Liter) so niedrig sind, dass die hieraus rechnerisch resultierende Aufnahmemenge bei einem Erwachsenen mehr als 1000fach niedriger liegen würde als die derzeit als unbedenklich geltende lebenslänglich duldbare (ADI) oder einmalig duldbare (ARfD) tägliche Aufnahmemenge».

Es ist die typische Antwort eines Behördenvertreters, der an politisch festgelegte Grenzwerte glaubt oder gegenüber der Öffentlichkeit daran glauben muss. «Die ‹derzeit als unbedenklich geltenden, lebenslänglich duldbaren ADI ...› basieren alle noch auf der Annahme, dass Glypho-sat so ‹sicher› ist wie Tafelsalz», schreibt Angelika Hilbeck, Gentechnik-expertin und Leiterin der Forschungsgruppe zu Umweltbiosicherheit und Agrarökologie an der ETH Zürich. Dies, «weil sich die Behörden standhaft weigern, zu akzeptieren, dass diese Produkte teilweise auch weit unter den ‹derzeit als unbedenklich geltenden, lebenslänglich duldbaren ADI› als ‹wahrscheinlich krebserregend› gelten». Dies treffe sowohl für die Ein-zelsubstanz Glyphosat als auch für das Monsanto-Herbizid «Roundup» zu. Hinzu kämen viele andere «derzeit als unbedenklich geltende, lebens-länglich duldbare ADI», Fungizide etwa, Nematiziden (Pestizide) und weitere Herbizide, dann hochwirksame Insektizide, wie Neonicotinoide, sowie sonstige Kontaminationen. Sie enthalten Umweltschadstoffe aller Art. Diese seien nie von Herstellern unabhängig auf chronische Lang-zeitwirkungen wissenschaftlich belastbar und experimentell untersucht worden, weder als Einzelsubstanz noch in der gesamten Breite der Kom-binationsmöglichkeiten. Angelika Hilbeck: «Grenzwerte sind da einfach Limiten aufgrund technischer Machbarkeit und um die Anwendung der Substanzen zu ermöglichen, genau entlang der justitiablen und einklag-baren Grenzen unserer Gesetze. Politik eben – nicht Wissenschaft.» Wis-senschaftler aus Neuseeland und Mexiko wiesen einen Zusammenhang zwischen Glyphosat und Antibiotikaresistenzen nach. 2015 kamen Krebsforscher aus elf Ländern in einer Studie der Weltgesundheitsorganisation zum Schluss, dass Glyphosat beim Menschen wahrscheinlich Krebs erzeugt. 2016 überraschten WHO und die UNO-Ernährungs- und Landwirtschaftsorganisation FAO mit einer neuen Studie, die behauptete, Glyphosat sei doch nicht krebserregend. Dann deckte der *Guardian* in seiner Ausgabe vom 17. Mai 2016 auf, dass Alan Boobis, der zuständige Vorsitzende der FAO/WHO-Arbeitsgruppe, gleichzeitig für das europäische International Life Sciences Institute (ILSI) arbeitet. Das ILSI erhielt 2012 eine 500'000-Dollar-Spende von Monsanto und eine weitere über 528'500 Dollar von der Pestizidlobby CropLife International, in der unter anderem Monsanto, Dow und Syngenta vertreten sind. Gerald Neubauer von der deutschen Bürgerbewegung Campact zeigte sich empört: «Der Glyphosat-Freispruch von FAO/WHO war anscheinend von Monsanto mitfinanziert. Das grenzt an Korruption.»

Auch in der Schweiz waren 2015 rund 120 Herbizidprodukte zugelassen, die dieses Gift enthalten. Jährlich werden allein in diesem kleinen Land rund 300 Tonnen davon in der Landwirtschaft und in privaten Gärten ausgebracht.

Die USA liessen gentechnisch veränderten Mais zu, der gegen das dioxinhaltige Unkrautvertilgungsmittel 2,4-D (Dichlorphenoxyessigsäure) resistent ist. Auch Agent Orange enthielt 2,4-D. «Mit dem Anbau von 2,4-D-resistenten Pflanzen wird der Einsatz dieser Chemikalie massiv zunehmen. Das ist ja der Sinn und Zweck dieser Pflanzen und das Geschäftsmodell dahinter. Dies wird möglicherweise mit schwerwiegenden Folgen für Umwelt, Mensch und Tier einhergehen», sagt Angelika Hilbeck. Forscher berichten im Juni 2015 in der medizinischen Fachzeitschrift *Lancet*, dass 2,4-D oxidativen Stress verursachen könne und die Immunabwehr schwäche. Beides sind bekannte Auslöser für die Entwicklung von Krebszellen.

Man könnte also sagen: Agent Orange ist zurück in Vietnam. Dazu der US-Vietnamkriegs-Veteran Chuck Palazzo: «Es ist einfach unglaublich. Dieselbe Firma, die einst Vietnam mit Agent Orange vergiftete, ist nun wieder in Vietnam. Jetzt versucht sie, zuständige Ministerien sowie

Agrarstudenten einer Gehirnwäsche gleich zu beeinflussen.» So kündigte Monsanto Ende 2014 an, sie werde vietnamesische Biotechnologiestudenten mit millionenschweren Stipendien unterstützen. Erwartet wird, dass die jungen Talente die gentechnisch veränderte Landwirtschaftszukunft des Landes stützen.

Monsanto wusste Bescheid

Wohin übermässiger Glyphosateinsatz führt, zeigt sich im Mittleren Westen der USA. Dort gibt es bereits etliche «Superunkräuter», die gegen das Gift resistent sind. Jetzt bekämpft die Industrie das Problem mit einem neuentwickelten Saatgut und noch wirksamerer Chemie. Der Teufelskreis wird immer grösser – mit unabsehbaren Konsequenzen für den Menschen und seine Lebensräume. Angelika Hilbeck: «Die Belastung von Mensch und Umwelt mit immer mehr Pestiziden eskaliert.»

Wie aggressiv Monsanto seine Produkte vertreibt, schildert die *Süddeutsche Zeitung* im Juli 2013: «Die Amerikaner spionieren mithilfe ihrer Geheimdienste nicht nur Regierungen, Behörden und Privatpersonen in der ganzen Welt aus. Sondern sie verstehen es auch, die Interessen ihrer Konzerne mit aller Macht in der Welt durchzusetzen.» Monsanto verfüge dazu über enge Kontakte zur Regierung und zum Geheimdienst. Ehemalige Monsanto-Angestellte besetzen wichtige Ämter bei der Regierung, in Ministerien und an Universitäten. Bekannt sind Monsanto-Kontakte zu Ex-CIA-Mitarbeitern, die unter anderem im Verdacht stehen, Computer von Gentechgegnern, Tierschützern und anderen Konzernkritikern lahmzulegen. Bereits 2007 habe Craig Stapleton, damaliger US-Botschafter in Frankreich, der Regierung in Washington vorgeschlagen, eine Strafliste für jene EU-Staaten zu erstellen, die den Anbau von Gentechpflanzen amerikanischer Unternehmen verbieten wollen. Stapleton schrieb eine Liste mit Vergeltungsmassnahmen, «die Europa einige Schmerzen bereiten werden».

Entgegen seinen Beteuerungen, Glyphosat sei nicht gesundheitsgefährdend, wusste Monsanto schon lange über die Gefährlichkeit von Glyphosat – wie damals bei Agent Orange. Dies schrieb das Umweltinstitut München Ende 2015 und zitierte eine Publikation der beiden amerikanischen Wissenschaftler Anthony Samsel und Stephanie Seneff. Monsanto habe seit Beginn der 1980er Jahre von der wahrscheinlich krebserregenden Wirkung von Glyphosat gewusst. Um diese Tatsachen zu verschleiern und eine Zulassung für seinen Wirkstoff zu erhalten, habe der Konzern absichtlich Studien manipuliert. Um die Unbedenklichkeit zu «belegen», habe Monsanto Daten aus belastenden Studien mit Ergebnissen aus eigenen Untersuchungen ausgetauscht.

Die meisten Menschen in Vietnam wissen nichts über Monsanto

Wie aber ist es zu erklären, dass das Land ausgerechnet jener Firma den roten Teppich auslegt, die einst Agent Orange herstellte – und Vietnam nun wiederum vergiftet? Nguyen Le ist einer der wenigen Journalisten in Vietnam, die zum Thema recherchieren. Er heisst mit richtigem Namen anders, aus Angst vor Repressalien will er anonym bleiben. Auf die Frage, weshalb Vietnam Monsanto willkommen heisst, meint er: «Ironisch gesagt: Vietnamesen sind halt gut im Vergeben. Im Ernst: Ich befragte dazu die Leser unserer Zeitung. Jene, die wussten, was Monsanto anrichtete, scheinen einfach vergessen zu wollen. Was vorbei ist, ist vorbei. Das scheint allgemein der Tenor zu sein.» Die Mehrheit der Leser jedoch habe keine Ahnung, dass Monsanto Hauptproduzent von Agent Orange war. Dazu komme, dass es in Vietnam, im Gegensatz zu Europa, keine wahrnehmbare Opposition gegen genveränderte Organismen gebe. Vietnam könnte mit der Klimaerwärmung einen sehr grossen Teil des fruchtbaren Bodens verlieren. Vor allem im Mekongdelta und an den Küsten Zentralvietnams. Viele glaubten deshalb, dass mit gentechnisch veränderten Pflanzen und ihren höheren Erträgen der Verlust an fruchtbaren Böden kompensiert werden könnte. Durch diese Unwissenheit habe Monsanto in Vietnam freie Bahn, sagt der Journalist. «Es gibt zwar eine Handvoll Wissenschaftler, die Alarm schlagen. Doch leider stossen sie auf taube Ohren.» Vietnam sollte Monsanto nicht von dieser Ahnungslosigkeit profitieren lassen, meint Nguyen Le. «Natürlich kann diese Firma nach Vietnam zurückkehren; doch dann sollten die Menschen darüber informiert werden, dass sie Agent Orange herstellte und weltweit in der Kritik steht. Leider aber informieren weder unsere Medien noch die Verantwortlichen der Regierung darüber.»

Kampf um Recht und Gerechtigkeit – auch juristisch ein Krieg ohne Ende

Der Vietnamkrieg ist auch auf dem juristischen Feld ein Krieg ohne Ende und hat für Agent-Orange-Opfer ein bis heute andauerndes Leid zur Folge.

Nicht weniger als siebenunddreissig US-Konzerne stellten die Herbizide her. Hauptlieferanten waren Monsanto und Dow Chemical. Dow hat den europäischen Sitz in der Schweiz, in Horgen am Zürichsee. Das Unternehmen lieferte damals auch Napalm nach Vietnam. 2015 beschlossen Dow und die amerikanische DuPont die grösste Fusion der Chemiegeschichte mit dem neuen Firmennamen DowDuPont.

Seit den 1970er Jahren gab es Hunderte von Wiedergutmachungsklagen gegen die Herstellerfirmen von Agent Orange, allen voran gegen Monsanto und Dow Chemical. Fast alle Klagen wurden mit der Begründung abgewiesen, dass ein direkter Zusammenhang von Agent Orange mit Krankheiten und Missbildungen nicht bewiesen sei.

Die ersten zivilrechtlichen Haftungsklagen kamen 1970 nicht von vietnamesischen, sondern von amerikanischen Dioxinopfern, denn auch Hunderttausende von Soldaten aus den USA waren mit dem Herbizid in Kontakt gekommen, ebenso viele Kämpfer von Verbündeten aus Australien, Südkorea, Neuseeland, Thailand und anderen Ländern. Auch unter ihnen gibt es heute solche mit Kindern oder sogar Enkeln mit Behinderungen.

Am 20. Juli 1978 klagte erstmals ein amerikanischer Veteran gegen Agent-Orange-Hersteller: Paul Reutershan verlangte eine Wiedergutmachung. Bis heute jedoch haben US-Gerichte sämtliche zivilrechtlichen Klagen abgewiesen oder die Verfahren eingestellt. Nur zweimal erreichten die Kläger das Ziel – allerdings ohne Richterspruch: 1984 stimmten in den USA beklagte Konzerne einer aussergerichtlichen Einigung zu. Ein

Fonds wurde geäufnet, in den die Agent-Orange-Hersteller proportional zur jeweils hergestellten Herbizidmenge und dem Dioxingehalt einzahlten. Bis 1997, als die Kasse schliesslich leer war, erhielten 52'000 betroffene amerikanische Veteranen insgesamt 197 Millionen Dollar.

Südkoreanische Veteranen reichten 1999 gegen Monsanto und Dow Chemical zwei Sammelklagen ein. Es ging um 4,9 Milliarden Dollar Wiedergutmachung. Die erste Instanz wies die Klage ab, in der zweiten bekamen die Kläger 46,1 Millionen Dollar zugesprochen. Die beiden Unternehmen zogen das Urteil weiter und bekamen recht: Das höchste Gericht des Landes wies die Sammelklage ab, und die Kläger gingen leer aus.

2013 sprach das höchste südkoreanische Gericht neununddreissig Agent-Orange-geschädigten Menschen eine Wiedergutmachungssumme von insgesamt 415'000 Dollar zu. Geklagt hatten jedoch mit Unterstützung einer grossen Gruppe von Parlamentariern 16'579. Dass nur so wenige Kläger erfolgreich waren, liegt daran, dass das Gericht, «anders als noch die Vorinstanz, zwischen ‹spezifischen› und ‹unspezifischen› Gesundheitsschäden differenziert, deren Ursache Dioxin sein kann. In die erste Gruppe fiel dabei allein die Chlorakne (…)», schreibt Christian Förster, Rechtsgelehrter an der Universität Heidelberg. Nur bei der Chlorakne sah das Gericht den Kausalitätsnachweis als ausreichend gegeben, und dies betraf eben nur neununddreissig Kläger. Die weit schwereren Erkrankungen, wie etwa Krebs, berücksichtigten die Richter nicht – weil ein ursächlicher Zusammenhang nicht bewiesen sei.

2004 klagten die Vietnamesische Vereinigung der Agent-Orange-Opfer sowie Dutzende vietnamesische Staatsangehörige bei einem erstinstanzlichen Gericht auf Bundesebene in New York. Monsanto und andere Hersteller sollten endlich ihre Schuld anerkennen. Richter Jack B. Weinstein kam zum Schluss, dass die Kläger weder nach nationalem noch nach internationalem Recht einen Anspruch auf Entschädigung hätten. Am Ende verweigerte auch das oberste amerikanische Gericht eine Anhörung zu diesem Fall und zu anderen Fällen amerikanischer Veteranen.

Schwierige Beweisführung

In den USA muss der Kläger den Beweis erbringen, dass ein Produkt fehlerhaft und schädlich ist – im Gegensatz etwa zum schweizerischen Recht, das in gewissen Fällen eine sogenannte Beweislastumkehr zulässt: Hier muss der Hersteller beweisen, dass sein Erzeugnis unschädlich ist. Dass in den USA die Beweislast beim Kläger liegt, versetzt ihn vor Gericht in eine beinahe aussichtslose Position. Deswegen werden die meisten Klagen stets mit dem Argument des fehlenden Kausalzusammenhangs von Agent Orange, Gesundheitsschäden und Missbildungen abgewiesen. Ein weiteres Argument der US-Richter: Der Einsatz von Agent Orange sei nicht mit der Absicht geschehen, Menschen zu vergiften. Aber auch Haftungsausschlussregeln werden angeführt. Wegen einer solchen (Government contractor defense) können Vertragspartner der Regierung nicht ohne weiteres belangt werden.

Le Ke Son, Vietnams ehemaliger oberster Agent-Orange-Mann, spricht über eine weitere Hürde auf dem Weg der Beweisführung: «Unser Land hat zu wenig Geld, um die Beweise zu beschaffen. Der Nachweis von Dioxin im Blut eines Menschen ist sehr teuer.» In der Literatur werden bis zu 2000 Dollar pro Patient genannt.

Doch selbst wenn im Blut Dioxin nachgewiesen wird, kann nicht ermittelt werden, wie viel davon auf das Konto von Herbiziden geht und wie viel von anderen Umweltgiften stammt. So sind dioxinhaltige Gifte etwa in einigen Pflanzenschutzmitteln enthalten, die auch von vietnamesischen Bauern intensiv verwendet werden.

Juli 1967. Junge Rekruten beim medizinischen Eintrittscheck in Haiphong. Das nordvietnamesische Freiwilligensystem wurde 1973 zu einem obligatorischen. Alle tauglichen Männer hatten einzurücken. Die nordvietnamesische Armee wuchs von etwa 35'000 im Jahr 1950 auf über eine halbe Million Mitte der 1970er Jahre.
Foto Bao Hanh / Another Vietnam / National Geographic.

«Es ist nicht möglich, den klaren Beweis zu erbringen»

Christian Förster schreibt in einem 2015 publizierten Aufsatz über den Rechtsstreit südkoreanischer Veteranen: «Wie die US-Gerichte zutreffend immer wieder betont haben, genügt es aber nicht, lediglich nachzuweisen, dass Dioxin gewisse Krankheiten verursachen kann, sondern es ist zu beweisen, dass das in Agent Orange enthaltene Dioxin tatsächlich eine bestimmte Krankheit bei einer bestimmten Person ausgelöst hat. Dieser Beweis wiederum ist deshalb so schwer zu führen, weil dabei zahllose andere Individualfaktoren zu berücksichtigen sind, wie beispielsweise die genetische Disposition, der allgemeine Gesundheitszustand und vor allem die Lebensumstände des Betroffenen hinsichtlich Alter, Beruf, Umgebung, Ess- und Trinkgewohnheiten.» Die gleiche Problematik gibt es auch bei anderen Chemikalien, bei denen ein Kausalzusammenhang mit einer Krankheit bewiesen werden sollte.

Zu den Agent-Orange-Opferzahlen sagt der in Vietnam tätige US-Kriegsveteran Chuck Searcy: «Wie diese Schätzungen zustande kommen, ist unklar. Wie kann man wissen, ob eine bestimmte Krankheit oder eine Missbildung wegen Agent Orange entstand oder nicht? Es ist nicht möglich, den klaren Beweis zu erbringen.» Trotzdem: Die Indizien seien unmissverständlich, etwa wenn ein Vater oder eine Mutter während des Krieges immer wieder mit dem Herbizid in Kontakt kamen und sie Eltern zweier oder mehrerer Kinder mit schweren Behinderungen werden. «Da können Sie sich Ihren eigenen Reim darauf machen», meint Chuck Searcy. Der Streit über mangelnde, streng wissenschaftliche Beweise sei vergleichbar mit der jahrzehntelangen Debatte darüber, ob Rauchen Krebs errege oder nicht. «Auch da gilt: Die Indizien sind doch ziemlich überzeugend.»

Die Diskussionen über zweifelsfreie direkte Zusammenhänge sind schwierig, mühsam und alt. Ein anderes Beispiel ist Tschernobyl. In der Zeit nach dem Reaktorunfall von 1986 im ukrainischen Atommeiler starben rund 4000 Menschen an Schilddrüsenkrebs. Auch andere Krebsarten häuften sich. In diesem Fall argumentierte vor allem die Atomlobby, ein direkter

Zusammenhang mit dem Radioaktivitäts-GAU sei nicht bewiesen. In den betroffenen Gebieten der Ukraine und vor allem in der Republik Belarus leiden auch heute noch Menschen an den Folgen der radioaktiven Belastung.

Oder das Beispiel Bhopal in Nordindien. Am 3. Dezember 1984 entwichen aus einem Tank der amerikanischen Pestizidfabrik Union Carbide giftige Gase. Das Unternehmen ist eine Tochtergesellschaft von Dow Chemical, die für den Vietnamkrieg Agent Orange und Napalm herstellte. Bis heute sind in Bhopal 25'000 Menschen an den Folgen gestorben. Etwa 100'000 Überlebende leiden noch heute an den Folgen. Und auch hier warten Zehntausende von Opfern vergeblich auf Wiedergutmachungszahlungen, weil ein direkter Zusammenhang zwischen ihren Krankheiten und der Chemiekatastrophe von damals nicht nachweisbar sei. Dow Chemical weigert sich bis heute, die Opfer von Bhopal zu entschädigen. Das Beweisdrama wiederholt sich immer wieder.

Die USA entschädigen nur ihre eigenen Veteranen

Für ihre Vietnamkriegs-Veteranen, die an Agent-Orange-Spätfolgen und anderen Kriegsschäden leiden, bezahlten die USA bisher rund viereinhalb Milliarden Dollar an Hilfeleistungen. Davon können vietnamesische Veteranen und die zivilen Opfer im Land nur träumen. Für Vietnam stellten die USA laut dem amerikanischen Aspen Institute bis 2014 Hilfsmittel im Umfang von nur gerade 136 Millionen Dollar bereit. Davon sind 105,5 Millionen Dollar für die Sanierung verseuchter Böden vorgesehen. Weitere 30,5 Millionen sollen in Gesundheitsprojekte fliessen, 31 Millionen Dollar kommen von privaten Stiftern. Alles in allem ein Tropfen auf den heissen Stein. Im Juni 2015 forderten der demokratische Senator Patrick Leahy und der renommierte Think-Tank Center for Strategic and International Studies (CSIS) die Regierung in Washington auf, die Mittel für die Beseitigung der Agent-Orange-Folgen in Vietnam zu erhöhen. Merle Ratner von der Vietnam Agent Orange Relief & Responsibility Campaign kritisiert, dass lediglich ein kleiner Teil der Gelder die Bevölkerung erreicht habe. Der Löwenanteil gehe an internationale Organisationen, die mit den Arbeiten vor Ort beauftragt seien. Ratner plädiert dafür, die Mittel vietnamesischen Vereinigungen zu geben.

In den USA erhielten bis jetzt etwas über 2300 Kinder, die an gewissen Formen von Spina bifida leiden, Wiedergutmachungszahlungen. Die unabhängige Organisation Birth Defect Research for Children aber hat weit mehr Kinder mit Missbildungen registriert, die mit Agent Orange in Zusammenhang gebracht werden, nämlich rund 4500. Der Veteran Paul Sutton schätzt, dass die wirkliche Zahl in allen betroffenen Ländern zehnmal grösser ist.

Wenn es um eigene Leute, um die eigenen Agent-Orange-Opfer geht, stehen die USA zu ihrer Verantwortung – zumindest teilweise. So haben nicht alle behinderten und kranken Kinder von «Agent-Orange-Eltern» Anspruch auf Leistungen. Betroffene Kinder von Paaren, bei denen der Vater in Vietnam diente, bekommen nichts, ausser bei gewissen Formen von Spina bifida. War hingegen die Mutter in Vietnam, gibt es bei einer ganzen Anzahl von Geburtsgebrechen eine Entschädigung.

Der amerikanische Staat erkennt heute über ein Dutzend verschiedene Krankheiten als Folgen dieses Chemiewaffeneinsatzes an. Wer eines dieser Leiden hat, bekommt eine Kompensation – mit den erwähnten Einschränkungen (s. S. 28). Chuck Searcy sagt: «Die USA legen bei ihren eigenen Agent-Orange-geschädigten Veteranen völlig andere Massstäbe an als bei vietnamesischen.» In den USA muss ein Veteran keine Beweise erbringen, dass Agent Orange an seinem Leiden schuld ist. Es genügt der Nachweis, dass er im Vietnamkrieg war, und die medizinische Behandlung wird bezahlt. Von vietnamesischen Agent-Orange-Opfern hingegen verlangen die USA einen Beweis. Ein Beweis eben, der nicht zu erbringen ist – und der Grund, weshalb Washington und die US-Gerichte bis heute alle Forderungen nach Kompensation abgelehnt haben. Für das offizielle Amerika gibt es also zwei Klassen von Agent-Orange-Opfern: die eigenen, denen teilweise Agent-Orange-Krankheiten zugestanden werden, und die vietnamesischen, die Washington nicht als Giftopfer anerkennt. «Das ist eine kriminelle Doppelmoral, das ist unhaltbar und eine Schande», sagt Chuck Searcy. Was die fehlende amerikanische Kompensation für vietnamesische Agent-Orange-Opfer angehe, brauche es Hartnäckigkeit, man müsse auf breiter Front beharrlich auf diese Ungerechtigkeit hinweisen, sagt der deutsche Agent-Orange-Rechtsexperte Felix Klickermann von der Europa-Universität Viadrina in Frankfurt (Oder). Und Christian Förster ergänzt, die teilweise Entschädigung US-amerikanischer Veteranen zeige, dass wissenschaftliche Zweifel allein dem Zweck dienten, sich der Verantwortung gegenüber vietnamesischen Opfern zu entziehen. Felix Klickermann hofft, dass sich letztlich auf internationaler Ebene die Rechtsansicht durchsetzt, dass bereits der «mutmassliche Schaden» ausreicht, um zur Verantwortung gezogen werden zu können.

«Hanoi lässt seine Opfer im Stich»

Die Regierung in Hanoi hat ein Hilfsprogramm aufgebaut und von geschätzten über vier Millionen Betroffenen 600'000 als Agent-Orange-Opfer anerkannt. Davon erhalten bis jetzt (Stand 2015) rund 236'000 kranke und behinderte Menschen Hilfszahlungen in Höhe von maximal zwei Millionen Dong im Monat (laut aktuellem Kurs knapp achtzig Euro), was sehr wenig ist. Dem vietnamesischen Staat fehlt es an Mitteln, um ihnen ein Leben ausserhalb der Armut zu ermöglichen, so zumindest heisst es von offizieller Seite. Klickermann sieht das allerdings anders: «Vietnam könnte mehr tun.» Dass die vietnamesischen Opfer zu kurz kommen, dürfe nicht nur den USA und den Herbizidproduzenten angelastet werden. Hanoi trage eine Fürsorgepflicht für seine Staatsangehörigen. Klickermanns Vorwurf: «Vietnam lässt die Opfer im Stich.» So unterstütze die Regierung die Agent-Orange-Geschädigten nach politischen Kriterien. Nur wer sich damals am Umsturz des südvietnamesischen Regimes beteiligte, hat Anspruch auf Zahlungen. Dieser politische Unterscheidungsgrundsatz schlägt sogar auf die Kinder Betroffener durch. «Zum von Vietnam 2014 ratifizierten UNO-Übereinkommen über die Rechte von Menschen mit Behinderungen steht diese Politik im Widerspruch.» Zudem heisst es in der vietnamesischen Verfassung: «Alle

Menschen sind vor dem Gesetz gleich.» Und weiter: «Niemand darf im politischen, gesellschaftlichen, wirtschaftlichen, kulturellen und sozialen Leben unterschiedlich behandelt werden.» Klickermann meint, die gegenwärtige Agent-Orange-Politik sei mit der Verfassung unvereinbar. Auch fänden in der vietnamesischen Gesellschaft die Opfer nur wenig Beachtung, vielerorts gebe es Diskriminierungen. «Ich glaube, es ist zu einfach gedacht, sich hier allein auf die USA und die Herbizidproduzenten zu versteifen.»

Die mangelnde Beweislage ist ein Hauptgrund dafür, dass die juristische Aufarbeitung der Agent-Orange-Schäden höchst kompliziert ist. Weil bei der Regierung bis jetzt nichts zu holen war, müssen sich die Opfer an die Hersteller halten. Dass nur diese Giftproduzenten zur Verantwortung gezogen werden, stösst in Fachkreisen auf Kritik. «Obwohl eigentlich klar ist, dass aus juristischer Sicht die amerikanische Regierung die Verantwortung für den Einsatz von Agent Orange trägt und nicht die Hersteller», wird der Jurist Harald Koch von der Berliner Humboldt-Universität in der *Süddeutschen Zeitung* vom 30. Juni 2015 zitiert.

Christian Förster macht darauf aufmerksam, dass die US-Regierung historisch bereits 1961 den Standpunkt einnahm, der Einsatz eines Entlaubungsmittels wie Agent Orange verstosse nicht gegen internationales Recht. «Konsequent lehnte man 1969 auch eine Erweiterung des Genfer Protokolls von 1925 zum Verbot der Verwendung von Giftgasen (...) im Krieg auf einzelne Pflanzenvernichtungsmittel ab, die damals noch nicht existierten.» Hier gehe es um eine juristische «Spitzfindigkeit», meint Förster, nämlich um die Trennung chemischer Kampfstoffe von Pflanzenvernichtungsmitteln mit unbeabsichtigter menschenschädigender Wirkung. Diese sind nicht wörtlich im Genfer Protokoll erfasst.

Tran To Ngas Einzelklage in Frankreich

Im Juni 2014 schliesslich begann der bisher letzte Versuch, Gerechtigkeit zu erringen, diesmal mit einer Einzelklage in Frankreich. Verklagt werden Monsanto und fünfundzwanzig weitere Hersteller des verheerenden Entlaubungsmittels. Klägerin ist Tran To Nga, französische Staatsangehörige vietnamesischer Abstammung, geboren 1942 in Saigon, die heute in Paris wohnt. Jahrelang lebte sie in Agent-Orange-verseuchten Gebieten und wurde mehrmals besprüht. Ihr erstes Kind starb mit nur siebzehn Monaten, zwei weitere leiden an verschiedenen Krankheiten, mehrere ihrer Enkel sind ebenfalls erkrankt, es sind Kinder ihrer zweiten Tochter.

Ihre Klage stützt sich auf die Artikel 1382 und 1383 des französischen Zivilgesetzbuches. Das Gesetz verlangt die Wiedergutmachung von Schäden durch die Verursacher, inbegriffen Schäden, die durch Fahrlässigkeit und Unvorsichtigkeit entstanden. Weil Tran To Nga Französin ist und es sich hier nicht um eine Sammelklage handelt, glauben ihre Anwälte an einen Erfolg. Felix Klickermann meint zudem, französische Gerichte seien bezüglich Agent Orange unbefangener als jene in den USA, «wo die Agent-Orange-Rechtsprechung offensichtlich nicht frei von Zwängen der US-Politik ist».

Die Regeln des Krieges – zahlreiche internationale Abkommen

Nicht nur mit dem Herbizidkrieg verstiess Amerika in Vietnam gegen internationales Recht, sondern auch mit Giftgas. Es gibt viele Quellen, die Giftgaseinsätze während des «amerikanischen Krieges» belegen. In Vietnam setzte das Pentagon CS-Gas ein und pumpte es in die Tunnelsysteme der Aufständischen (s. S. 236): ein klarer Verstoss gegen das Genfer Protokoll von 1925 über das Verbot der Verwendung von erstickenden, giftigen oder ähnlichen Gasen sowie von bakteriologischen Mitteln im Krieg. 1997 trat die Chemiewaffenkonvention der Vereinten Nationen in Kraft. Auch sie verbietet den Einsatz solcher Waffen in kriegerischen Auseinandersetzungen. 2003 setzten die USA CS-Gas jedoch auch im Irakkrieg ein.

Zahlreiche internationale Verträge und Abkommen verurteilen die Herstellung und Verwendung chemischer und bakteriologischer Waffen, neben dem Genfer Protokoll von 1925 etwa auch die Haager Landkriegsordnung (HLKO) von 1899 und 1907. Die USA haben die HLKO unterzeichnet, ebenso das Genfer Protokoll, dieses hat Washington jedoch erst 1975 ratifiziert. Die USA arbeiteten mit den anderen Siegermächten des Zweiten Weltkrieges das Statut für den Internationalen Militärgerichtshof in Nürnberg aus, das Kriegsverbrechen definiert. Unterzeichnet wurde es 1945 von den USA, der Sowjetunion, Grossbritannien und Frankreich.

Internationale Übereinkunft betreffend die Gesetze und Gebräuche des Landkriegs

– (Art. 22) Die Kriegsparteien haben kein unbeschränktes Recht in der Wahl der Mittel zur Schädigung des Feindes.

– (Art. 23) Abgesehen von den durch Sonderverträge aufgestellten Verboten, ist namentlich untersagt:
a. die Verwendung von Gift oder vergifteten Waffen,
(...)
e. der Gebrauch von Waffen, Geschossen oder Stoffen, die geeignet sind, unnötigerweise Leiden zu verursachen,
(...).

– (Art. 25) Es ist verboten, unverteidigte Städte, Dörfer, Wohnungen oder Gebäude anzugreifen oder zu beschiessen.

Statut für den Internationalen Militärgerichtshof

– (Art. 6) Die folgenden Handlungen, oder jede einzelne von ihnen, stellen Verbrechen dar, für deren Aburteilung der Gerichtshof zuständig ist. Der Täter solcher Verbrechen ist persönlich verantwortlich:

a) VERBRECHEN GEGEN DEN FRIEDEN. Nämlich: Planen, Vorbereitung, Einleitung oder Durchführung eines Angriffskrieges oder eines Krieges unter Verletzung internationaler Verträge, Abkommen oder Zusicherungen oder Beteiligung an einem gemeinsamen Plan oder an einer Verschwörung zur Ausführung einer der vorgenannten Handlungen;

b) KRIEGSVERBRECHEN. Nämlich: Verletzungen der Kriegsgesetze oder -gebräuche. Solche Verletzungen umfassen, ohne jedoch darauf beschränkt zu sein, Mord, Misshandlungen, oder Deportation zur Sklavenarbeit oder für irgendeinen anderen Zweck, von Angehörigen der Zivilbevölkerung von oder in besetzten Gebieten, Mord oder Misshandlungen von Kriegsgefangenen oder Personen auf hoher See, Töten von Geiseln, Plünderung öffentlichen oder privaten Eigentums, die mutwillige Zerstörung von Städten, Märkten oder Dörfern oder jede durch militärische Notwendigkeit nicht gerechtfertigte Verwüstung;

c) VERBRECHEN GEGEN DIE MENSCHLICHKEIT. Nämlich: Mord, Ausrottung, Versklavung, Deportation oder andere unmenschliche Handlungen, begangen an irgendeiner Zivilbevölkerung vor oder während des Krieges, Verfolgung aus politischen, rassischen oder religiösen Gründen, begangen in Ausführung eines Verbrechens oder in Verbindung mit einem Verbrechen, für das der Gerichtshof zuständig ist, und zwar unabhängig davon, ob die Handlung gegen das Recht des Landes verstiess, in dem sie begangen wurde, oder nicht. Anführer, Organisatoren, Anstifter und Teilnehmer, die am Entwurf oder der Ausführung eines gemeinsamen Planes oder einer Verschwörung zur Begehung eines der vorgenannten Verbrechen teilgenommen haben, sind für alle Handlungen verantwortlich, die von irgendeiner Person in Ausführung eines solchen Planes begangen worden sind.

– (Art. 7) Die amtliche Stellung eines Angeklagten, sei es als Oberhaupt eines Staates oder als verantwortlicher Beamter in einer Regierungsabteilung, soll weder als Strafausschliessungsgrund noch als Strafmilderungsgrund gelten.

Schon diese Auszüge aus der Haager Landkriegsordnung und dem Londoner Statut offenbaren, dass der Vietnamkrieg ein einziger und eklatanter Verstoss gegen internationale Abkommen war. Trotzdem wurden US-Bürger dafür nie juristisch zur Rechenschaft gezogen.

Bereits bevor der Vietnamkrieg begann, bekannte sich das US-Verteidigungsministerium im Juli 1956 im *Army Field Manual* No. 27-10 zum Einsatz unerlaubter Kampfmittel: «Die Vereinigten Staaten stimmen gegenwärtig keinem gültigen Vertrag zu, welcher im Falle eines Konflikts die Anwendung von giftigen oder ungiftigen Gasen, von Zünd- oder nebelerzeugendem Material oder auch biologischen Waffen verbietet oder einschränkt.»

Dass sich die USA auch später nicht um internationale Abkommen kümmerten, belegen zwei Untersuchungen, die von der Armeeführung selbst lanciert worden waren. Laut diesen begann die Missachtung von Kriegsrecht schon vor der Haustür. 1967 kamen Ermittler in der Offiziersschule Fort Benning in Georgia nämlich zum Schluss, dass ein grosser Teil der Mannschaften einen schnellen militärischen Erfolg deutlich höher gewichtete als gesetzliche Vorgaben. Etwa die Hälfte von 149 Befragten war der Meinung, man dürfe Folter zur Beschaffung von Informationen anwenden. Ein Fünftel zeigte sich bereit, Kriegsgefangene zu erschiessen, sollte die Einheit in einen Hinterhalt geraten. Der amerikanische Historiker und Jurist Telford Taylor schrieb 1970 am Ende seines Buches *Nürnberg und Vietnam – eine amerikanische Tragödie:* «Wir haben es irgendwie nicht geschafft, die Lektionen zu lernen, die wir in Nürnberg lernen wollten, und genau dieses Versagen ist die Tragödie des heutigen Amerika.»

Dass die USA im Vietnamkrieg bereits von Anfang an gegen völkerrechtliche Bestimmungen verstiessen, zeigt auch die Tatsache, dass es für ihre Interventionen in Vietnam, Laos und Kambodscha ebenso wenig eine Kriegserklärung gab wie später 1991 für den Golfkrieg. Eine solche schreiben jedoch die Haager Abkommen vor. Doch auch unabhängig von einer Kriegserklärung missachtete Washington das Völkerrecht. So regelt die Charta der Vereinten Nationen von 1945 in Art. 2 Nr. 4 das allgemeine Gewaltverbot. Allerdings gibt es zwei Ausnahmen für militärische Gewaltanwendung: einmal die Selbstverteidigung und zum anderen eine Bedrohung des Friedens oder ein Angriff von aussen. Doch für den Beginn des Bombardements in Nordvietnam, das den Krieg auslöste

(s. S. 164), gab es keinen Selbstverteidigungsgrund und keinen Angriff auf den Frieden.

Flächendeckende Bombardierungen verboten

Für den Vietnamkrieg waren flächendeckende Bombardierungen charakteristisch. Die USA wussten genau, dass sie dabei auch zahlreiche zivile Ziele trafen. Auch das erste Zusatzprotokoll zu den Genfer Abkommen über den Schutz der Opfer internationaler bewaffneter Konflikte verbietet in Art. 51 Abs. 2 ausdrücklich Angriffe auf die Zivilbevölkerung. Ebenso untersagt das vierte Genfer Abkommen über den Schutz von Zivilpersonen in Kriegszeiten von 1949 solche Attacken. Obschon also das Völkerrecht die Flächenbombardements wegen ihrer unkontrollierbaren Wirkung nicht zulässt, setzten sich die Amerikaner auch hier immer wieder darüber hinweg.

Ähnliche Verbote gelten für Brandbomben wie Napalm. Die Haager Landkriegsordnung von 1907 verbietet den Gebrauch von Waffen, die unnötiges Leiden verursachen. Napalm gehört zweifelsfrei dazu (s. S. 142). Die damit verbundenen unaufhörlichen Schmerzen sind als unnötiges Leiden zu qualifizieren. Die USA haben mit dem Abwurf Tausender Napalmbomben das humanitäre Völkerrecht in seinem Kern verletzt. Das Verbot von Brandwaffen gegen die Zivilbevölkerung wurde später, im Jahre 1980, im Protokoll III der UN-Waffenkonvention erneut bestätigt.

Massaker sind schwerste Verstösse

Während des Vietnamkriegs begingen die USA und ihre Alliierten wiederholt Massaker. Das berüchtigtste war 1968 jenes von My Lai (s. S. 180), wo Hunderte unschuldiger Dorfbewohner ermordet wurden. Verbrechen wie dieses sind schwerste Verstösse gegen das vierte Genfer Abkommen. Das Völkerrecht macht die Bediensteten eines Staates selbst dann verantwortlich, wenn diese gegen Anweisungen handeln. Und zwar persönlich.

Eine Taktik der US-Armee hiess «search and destroy» – suchen und vernichten. Die Soldaten hatten den Befehl, Verdächtige zu erschiessen – selbst dann, wenn sie sich ergeben hatten. Dieses verbrecherische Tun verstiess gegen den gemeinsamen Artikel 3 der Genfer Abkommen von 1949, der die Tötung von Kriegsgefangenen verbietet. «Gemeinsam» deshalb, weil dieser Artikel in allen vier Genfer Konventionen mit identischem Wortlaut enthalten ist. Ähnliche Bestimmungen gelten für die «Free-fire Zones», das blindwütige Töten von Menschen in bestimmten Gebieten – unabhängig davon, ob es Militärs oder Zivilpersonen waren (s. S. 238).

1976, kurz nach Kriegsende, verabschiedeten die Vereinten Nationen das Übereinkommen über das Verbot der militärischen oder einer sonstigen feindseligen Nutzung umweltverändernder Techniken (ENMOD-Konvention) und schlossen damit eine Rechtslücke. Diese hatte den USA während des Vietnamkrieges die «Operation Popeye» ermöglicht, ohne dass sie hätten befürchten müssen, juristisch dafür belangt zu werden. Amerikanische Flieger impften über dem Ho-Chi-Minh-Pfad die Wolken (s. S. 160). So erzeugten sie starke Niederschläge, die diesen Nachschubweg des Gegners überschwemmten. Die ENMOD-Konvention verbietet militärische Eingriffe in natürliche Abläufe der Natur sowie das Beeinflussen der natürlichen Umwelt als Waffe in einem Krieg. Siebenundsiebzig Staaten haben den Vertrag bisher ratifiziert, darunter auch die USA, China, Deutschland und die Schweiz. Bisher nicht unterzeichnet haben nebst vielen anderen Israel und Frankreich (Stand 2016).

Agent Orange – eigentlich seit 1907 verboten

Mit Agent Orange und anderen eingesetzten Herbiziden wurden im Vietnamkrieg militärische Ziele erreicht (s. S. 52). Deshalb seien die Gifte in dieser konkreten Verwendungsform als Waffen nach der Haager Landkriegsordnung von 1907 zu qualifizieren, sagt Felix Klickermann. Konkret betrifft es Artikel 23a, der die Verwendung von Gift oder vergifteten Waffen untersagt.

Fachjuristen sagen, dass die US-Rechtsprechung, die bisher alle Klagen abschmetterte, nicht mit dem Völkerrecht vereinbar sei. Dieses verbietet den Einsatz von Kriegsmethoden, deren Ziele nicht zwischen Armee und Zivilbevölkerung unterscheiden. Das Völkerrecht verlangt, dass mutmassliche Kriegsverbrechen und Verbrechen gegen die Menschlichkeit geahndet werden. Aber, so Felix Klickermann: «Es braucht endlich einen starken internationalen Mechanismus zur Durchsetzung bestehender Prinzipien des humanitären Völkerrechts und des internationalen Menschenrechtsschutzes.» Drittstaaten sollten Rechtsverletzungen konsequent ächten. «So könnten betroffene Staaten dazu gedrängt werden, bestimmte Waffen nicht mehr einzusetzen.»

Eine Neubewertung der Agent-Orange-Haftungsfrage könnte sich seiner Meinung nach auch deshalb aufdrängen, weil die USA mittlerweile damit begonnen haben, in Vietnam freiwillig Millionenbeträge zur Reinigung von Agent-Orange-verseuchten Hotspots zu investieren (s. S. 84). Man könnte dies als indirektes beziehungsweise konkludentes, also stillschweigendes Schuldeingeständnis interpretieren, meint Felix Klickermann. Ausserdem hätten die Giftlieferanten nach amerikanischem Recht informieren müssen, dass der Entlaubungscocktail Agent Orange Dioxin enthält. «Das hatten sie jedoch nicht getan.» Es sei in diesem Zusammenhang auch wichtig, zu erwähnen, dass die Verantwortlichen vermutlich wussten, wie gefährlich die ausgebrachten Stoffe waren (s. S. 48). Alternativ zu einer erneuten Klage in den USA könnte laut Klickermann versucht werden, einen «Superfonds» einzurichten, in den Konzerne und Regierungen einzahlen, so wie dies bereits 1984 für US-Veteranen geschah.

Um juristisch endlich zum Erfolg zu kommen, müssten sich, so sagt Felix Klickermann, neben Nichtregierungsorganisationen auch die Wissenschaft, der Journalismus und die Kunst des Themas intensiver annehmen, um immer mehr Menschen dafür zu sensibilisieren. Weltweit bewege sich bereits einiges – doch alles im Kleinformat und kaum koordiniert. Es sei wichtig, dass Akteure aus verschiedenen Disziplinen international zusammenarbeiteten. Zudem: «Die Aufarbeitung geht uns alle etwas an. Wer kann garantieren, dass sich Katastrophen wie in Vietnam nicht wiederholen? Will man derartige Gefahren ausschliessen, muss man den Agent-Orange-Fall umfassend aufarbeiten. Die Produktion und der Einsatz solcher Mittel müssen konsequent geächtet werden und dürfen sich für die Hersteller nicht mehr lohnen.» Dass die Herbizidattacken für die Verantwortlichen bis heute keine spürbaren Konsequenzen hatten, zeige, «dass im internationalen Rechtssystem eine Lücke in der Durchsetzung klafft, die uns allen zu denken geben sollte». Der Agent-Orange-Fall könne als Chance und Motivation begriffen werden, Recht durchzusetzen und allgemein zu stärken «sowie Massstäbe zu setzen für weitere grenzüberschreitende Fälle mit haftungsrechtlichen Aspekten». Klickermann denkt da auch an andere giftige Hinterlassenschaften von Kriegen. Es brauche einen Präzedenzfall; diese seien schliesslich ein Motor des Rechts. Die Geschichte habe gezeigt, dass einzelne Fälle einen erheblichen Einfluss auf das gesamte Rechtsgerüst haben können und zu seiner Weiterentwicklung beitragen. «So waren beispielsweise die Nürnberger Prozesse von zentraler Bedeutung für das Ausformen des heutigen Völkerstrafrechts, auch wenn es noch immer defizitär ist.»

«Eine der schlimmsten kriminellen Taten der Geschichte»

Chuck Palazzo, der sich in Da Nang um vietnamesische Agent-Orange-Opfer kümmert (s. S. 200), schrieb dem Autor dieses Buches im Mai 2015: «Was wir mit diesem Krieg angerichtet haben, wird für immer Spuren hinterlassen. Die USA verursachten ihn, Monsanto und andere Chemiefirmen halfen kräftig mit. Und keiner wird dafür die Verantwortung übernehmen. Der Einsatz der chemischen Waffen verletzt sämtliche internationalen Vereinbarungen und Verträge. Dieser Krieg war eine der schlimmsten kriminellen Taten der Geschichte. Ehemalige Soldaten und Mitglieder ihrer Familien werden weiterhin an den Folgen sterben.» Die Chancen, dass die US-Regierung je bereit sein wird, Schadenersatz an Vietnam zu zahlen, schätzt auch Kenneth Feinberg als sehr gering ein. Er ist in den USA einer der bekanntesten Anwälte. Die *Süddeutsche Zeitung* zitierte ihn im Juni 2015 so: «Das ist eine politische und keine juristische

Frage.» Er könne sich kaum vorstellen, dass die USA hier jemals einlenken werden. Felix Klickermann ist da optimistischer und listet «vier Argumente für Zuversicht» auf:

- Die politischen Verhältnisse zwischen Vietnam und den USA wandeln sich, das zeigen unter anderem die Zahlungen aus Washington (Finanzierung der Hotspotsanierung in Da Nang).

- 2005 meinte ein Gericht in den USA, die Dioxinreinigung sei nicht machbar. Jetzt aber werden Hotspots gereinigt (s. S. 78).

- Die Zusammenhänge zwischen Dioxin und Krankheiten sind in den letzten Jahren klarer geworden.

- Das Urteil des höchsten südkoreanischen Gerichts (2013) zeigt, dass die Kausalitätsfrage nicht unlösbar ist (s. S. 106).

Uranmunition: Die giftigen Kriege dauern an

Das Vergiften von Mensch und Umwelt charakterisiert auch heute noch Kriege. So setzten die USA 1991 im Golfkrieg panzerbrechende Granaten mit abgereichertem Uran ein, das als Abfall bei der Kernbrennstoff-Produktion für Atomkraftwerke anfällt. Die Dichte von Uran ist sehr viel höher als jene von Blei, deshalb haben die mit abgereichertem Uran bestückten Geschosse eine enorme Durchschlagskraft. Bei einem Treffer entzündet sich das auf über 3000 Grad Celsius erhitzte Metall selbst, das getroffene Ziel verbrennt. Dabei entsteht ein Uranoxidaerosol mit Partikelgrössen im Nanobereich, das der Wind fortträgt und weiträumig

Die Idylle trügt. Manche Landstriche Vietnams sind noch immer mit Blindgängern aus dem Krieg verseucht (2015).

verteilt. Menschen nehmen die winzigen radioaktiven Schwermetall-Uranpartikel mit der Atemluft, mit dem Essen und Trinken in ihren Körper auf (Inkorporation). Die Teilchen gelangen über die Blutbahn in sämtliche Organe. Via Plazenta erreichen sie auch das ungeborene Kind. Über Wunden können sie ebenfalls in den Körper gelangen. Uransplitter, die dort verbleiben, sind langfristig besonders gefährlich.

Laut einer neueren Analyse der Internationalen Koalition zur Ächtung von Uranwaffen (ICBUW) schädigt abgereichertes Uran die DNA, und zwar gleich zweifach: Als Schwermetall wirkt es chemotoxisch und durch seine Radioaktivität radiotoxisch. Für die Analyse wurden laut ICBUW über fünfzig Studien ausgewertet. Die veränderten Chromosomen gelten als Krebsvorstufen. Sie wirken sich in Form einer stark erhöhten Fehlbildungsrate der Neugeborenen auf folgende Generationen aus. So weisen Kinder von Golfkriegsveteranen sowie die Kinder aus Basra und Falludscha im Irak bestimmte Fehlbildungen besonders häufig auf, darunter krankhafte Erweiterungen der Hohlräume im Gehirn («Wasserkopf»), Spina bifida, angeborene Herzfehler und Fehlbildungen von Gliedern, ähnlich dem Thalidomid-Syndrom.

Im Golfkrieg waren je nach Quellen zwischen 650'000 und 750'000 amerikanische Soldaten und Soldatinnen vor Ort im Einsatz, auf irakischer Seite ebenfalls Hunderttausende. Offizielle Zahlen sind nicht erhältlich. Rund 100'000 amerikanische Soldaten beklagten sich nach ihren Irak-Einsätzen über Hautausschlag, Gedächtnisschwierigkeiten, Muskel- und Gelenkschmerzen, Herzbeschwerden, Unruhe, Albträume, Depressionen, Aggressionen, Magen-Darm-Beschwerden, permanente Müdigkeit. Als Ursachen des Syndroms vermutete man auch den Rauch brennender Ölquellen, Nebenwirkungen von Medikamenten und Impfungen. Die einzige wirklich überzeugende Ursache des Syndroms ist jedoch die Inkorporation abgereicherten Urans. Die Beschwerden gingen als «Golfkriegssyndrom» in die Geschichte ein.

Trotz aller Erkenntnisse und Indizien bestreiten Briten und Amerikaner, die radioaktive Projektile seit Jahrzehnten verschiessen, bis heute einen Zusammenhang zwischen Uranmunition und Gesundheitsschäden. Auch laut der WHO und der Internationalen Atomenergie-Organisation (IAEO) liegt keine besondere Gefährdung vor. Kritiker bemängeln die Methodik und unzureichende Unabhängigkeit der zitierten Studien. Gegner der Uranmunition fordern neue Auswertungen und Bewertungen. Der Lloyd-Bericht über Gesundheitsschäden bei britischen Golfkriegsveteranen zeigte die Existenz des Golfkriegssyndroms auf und untersuchte eine Reihe potentieller Auslöser dafür. Uranmunition wurde als einer davon ausgemacht. Die amerikanische Medizinhistorikerin Elaine Showalter hingegen hält das «Golfkriegssyndrom» für ein Massenphänomen, für eine hysterische Epidemie. Das ist – in Variationen – auch die Haltung Washingtons. Tatsache ist: Das Syndrom existiert und damit auch die Leiden. Eine wissenschaftliche Publikation aus dem Jahre 2009 liefert mögliche Erklärungen: Uran reichert sich auch im Gehirn an. Im Tierversuch mit Ratten führte dies zu schweren Störungen des Fress- und Schlafverhaltens. In einer anderen Arbeit entwickelten Ratten, denen über Monate Uran ins Trinkwasser gemischt wurde, groteske Verhaltensauffälligkeiten beim Fellreinigen, beim Urinieren und bei der Defäkation, man beobachtete zudem sinnloses Aufbäumen sowie Aggressivität.

Heute unterstützt der amerikanische Staat eine grosse Anzahl von Golfkriegern mit Renten- und anderen Wiedergutmachungszahlungen und wendet dabei dasselbe Prinzip an wie bei Vietnam-Veteranen (s. S. 27): Die Regierung erkennt eine bestimmte Anzahl von Krankheiten an und betont, ein Zusammenhang mit dem Golfeinsatz sei nicht bewiesen. Für ein Unterstützungsgesuch reicht der Nachweis, damals im Irak gewesen zu sein.

Irak gilt heute als das am stärksten durch Uranwaffen kontaminierte Land der Welt. Die Uranmunition wirkt auch heute nach. Sie ist möglicherweise auch für alle gefährlich, die sich den Wracks nähern. Im Boden liegende Uranmunition kann vermutlich in fünf bis zehn Jahren korrodieren und Uran ins Grundwasser abgeben.

Wie viele Menschen aus der irakischen Zivilbevölkerung von Spätfolgen betroffen sind, weiss man nicht. Es dürften Hunderttausende sein. Es wurde nie über die möglichen Spätfolgen des Uraneinsatzes informiert.

Wie anfänglich in Vietnam weigern sich die USA, genaue Orts- und Mengenangaben über die verschossene Munition zu liefern. Damit werden Feldstudien stark behindert und wird die Bevölkerung unnötigerweise weiter gefährdet. Die Friedensorganisation PAX hatte vom niederländischen Verteidigungsministerium im Rahmen des Freedom of Information Act einige wenige US-Koordinaten erhalten. Aus diesen geht hervor, dass die amerikanische Armee 2003 auch in Wohngebieten Uranmunition einsetzte. Die Anzahl der Krebserkrankungen im Gouvernement Babil südlich von Bagdad stieg von 500 diagnostizierten Fällen im Jahr 2004 auf über 9000 Fälle im Jahr 2009.

Wie lange Uran im Körper bleibt und seine gefährliche Wirkung entfalten kann, ist nicht eindeutig. Es gibt keine einheitliche biologische Halbwertszeit, weil Aufnahmewege und Löslichkeit verschiedener Uranverbindungen sehr unterschiedlich sind. Im Blut gelöstes Uran verlässt den Körper über die Nieren innerhalb von Tagen. Ist es aber im Skelett deponiert, wird es nur sehr langsam, im Verlauf vieler Jahre, herausgelöst und ausgeschieden. Deshalb kann bei entsprechend belasteten Menschen noch nach zehn Jahren Uran im Urin nachgewiesen werden. Uranpartikel in der Lunge und in den Lymphknoten können dort lebenslang bleiben. Ähnliches gilt für Splitter, die in den Körper eingedrungen sind. Aus diesen entweicht lebenslang Uran ins Blut. Der Kinderarzt Winfried Eisenberg, Mitglied der IPPNW (Internationale Ärzte für die Verhütung des Atomkrieges – Ärzte in sozialer Verantwortung), schreibt: «Uran ist für die Gesundheit so gefährlich, dass seine Verwendung von niemandem verantwortet werden kann. Diese Munition muss geächtet werden.»

Napalm oder das zweite Leben des Doan Son

Son ist zehn Jahre alt, als im Vietnamkrieg eine Napalmbombe sein Leben für immer verändert. Sons Geschichte ist eine Geschichte über Schmerzen, über den Verlust der Heimat und das Finden einer neuen. Und es ist die Geschichte eines Menschen, der sich trotz allem nie in einer Opferrolle sah und beharrlich seinen Weg ging.

Der zehnjährige Son schaut nicht auf, spielt weiter mit seinem Freund Dinh an der Feuerstelle, wo seine Mutter Thi Tho in ihrer Freiluftküche Reis kocht. Kampfjets, Kanonendonner, Maschinengewehrsalven, Helikopter – die Geräuschkulisse des Krieges ist im kleinen zentralvietnamesischen Bauerndorf Truyen Nam allgegenwärtig. Deshalb kriechen die drei nicht sofort in die mit Reissäcken überdeckten Schutzlöcher im Garten. Seit Tagen toben Kämpfe, fallen Bomben: die Antwort auf spektakuläre Angriffe der Befreiungsfront FNL und nordvietnamesischer Kampfeinheiten auf US-Militärbasen und südvietnamesische Truppenverbände. Später werden sie als Tet-Offensive in die Geschichte eingehen. Als dann plötzlich die Flugzeuge auftauchen, erkennt die Mutter die Gefahr. Sie packt die Kinder, rennt davon. Doch es ist zu spät.

«Plötzlich war die Bombe da», sagt Doan Son (58). Er sitzt achtundvierzig Jahre später im Garten in Truyen Nam, wo er als Kind beinahe umgekommen wäre. Das kleine Haus von damals ist vollständig überwachsen mit der Himmelsblume, die jedes Jahr riesige Blüten hervorbringt – eine natürliche Klimaanlage. Sie macht die Zeit des Monsuns mit manchmal fast vierzig Grad Hitze erträglicher. Zudem bietet der Pflanzenteppich einen Schutzwall gegen Herbststürme, die hier in der Nähe des Ostchinesischen Meeres häufig eine gefährliche Orkanstärke erreichen. In dem über 1000 Quadratmeter grossen Garten gedeihen seltene Bambusarten, Bananen, Papayas, Ananas und Mangos.

Son hat den grössten Teil seines Lebens in der Schweiz verbracht, hat geheiratet, eine Familie gegründet, während das Haus in Vietnam fast vier Jahrzehnte leer stand. Bis Son am 11. Januar 2008, knapp nach seinem fünfzigsten Geburtstag, gemeinsam mit seiner Frau Christina Eva alias Sissi zurückkehrt. Seither bewirtschaftet das Ehepaar Doan das Land und lebt hier zusammen mit einem Kater, sechs Hunden, Enten, Tauben und Hühnern.

Und in seinem Garten versucht Doan Son nun, sich an den 2. Februar 1968 zu erinnern, an den Tag, als hier eine Napalmbombe niederging. Wie er reflexartig beide Hände vors Gesicht schlug und so sein Augenlicht rettete und vermutlich auch sein Leben. Die Erinnerungen an den Angriff sind bruchstückhaft. Was er hingegen nicht vergessen kann, was sich buchstäblich eingebrannt hat: «Das Napalm brannte auf den Armen und den Händen weiter. Es brannte einfach. Ich konnte es nicht löschen. Es war die Hölle.»

Im Vietnamkrieg wurden Millionen von Bomben abgeworfen, darunter mehrere Hunderttausend Tonnen Napalm. Der Krieg, der vor vierzig Jahren endete, kostete drei Millionen Vietnamesinnen und Vietnamesen das Leben, darunter auch jenes von Sons Mutter Thi Tho. Noch am selben Tag stirbt sie an schwersten Verbrennungen. Der Vater war bereits früher im Krieg unter ungeklärten Umständen umgekommen, Son war damals erst drei Jahre alt.

Es grenzt an ein Wunder, dass er es schwer verletzt schafft, sich in Sicherheit zu bringen: Hände, Arme, Schultern und Gesicht gezeichnet von tiefen Brandwunden, ein Ohr völlig verbrannt, das andere teilweise, die Augenlider versengt. Trotzdem schleppt er sich zu seiner Tante Than, die ein paar Häuser weiter wohnt. Dort bricht er ohnmächtig zusammen.

Doan Son wurde als Zehnjähriger in der Nähe von Hué von einer Napalmbombe schwer verletzt (2015).

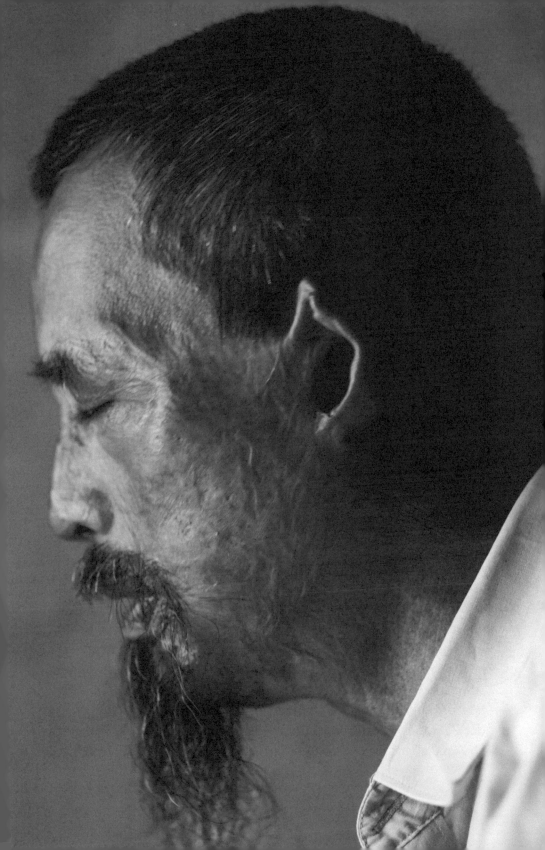

Than ist heute fünfundachtzig Jahre alt, eine zierliche, zerbrechlich wirkende Frau, die erzählt, wie rund um das Dorf immer wieder heftige Kämpfe aufflammten. Sie weiss noch, dass es kaum mehr Verbandstoff gab und an dessen Stelle Spinnennetze verwendet wurden. Dass einer von Sons Onkeln das schwerverletzte Kind trotzdem ins Spital im nahen Hué fahren konnte, in die einstige Hauptstadt des Landes. In der Klinik wurden dann die ersten Hauttransplantationen vorgenommen. Son erinnert sich: «Man musste häufig die Verbände wechseln, die Gaze klebte auf den Wunden, das tat grauenhaft weh. Doch schmerzlindernde Medikamente oder gar Betäubungsmittel gab es keine mehr.»

Wochen nach dem verheerenden Angriff tauchte der Schweizer Edmond Kaiser im Spital auf. Der ehemalige Journalist hatte das Kinderhilfswerk Terre des Hommes gegründet. In Hué begegnete Kaiser dem schwerverletzten Son, der als Waisenkind ein Kandidat dafür war, ausgeflogen zu werden. Weil Son gern Eis mochte und um ihm die Reise schmackhaft zu machen, erzählte man ihm im Spital in Hué, in der Schweiz liege Glacé sogar auf der Strasse. «Stimmt ja im Winter auch irgendwie», lacht er heute. Und so begann seine abenteuerliche Lebensreise. «Bereits am ersten Tag in Europa wollte ich wieder heim in die vertraute Umgebung, wo ich mich frei fühlte.» Dass er beinahe ein halbes Jahrhundert auf diese Heimkehr würde warten müssen, ahnte er damals nicht.

Im Herbst 1968 traf Son mit sieben anderen kriegsversehrten Kindern in der Schweiz ein und wurde in Zürich bei der Familie Goldstein untergebracht. Vater Branko war im besetzten Jugoslawien vor der deutschen Wehrmacht in die Schweiz geflohen – die Deutschen hatten ihn wegen seiner Mitgliedschaft im antifaschistischen Widerstand steckbrieflich gesucht. Er soll gesagt haben: «Den Buben, der am schwersten verletzt ist, nehmen wir zu uns. Wir wissen, was Krieg bedeutet.» Und so sah Sons neue Familie aus: Branko, seine Frau Els, ein Terre des Hommes-Mitglied, sowie die Töchter Anjuska, Vietnamkriegsgegnerin und später Präsidentin der Vereinigung Schweiz-Vietnam (VSV), Branka, später Gründerin der IG Sozialhilfe, des Vereins zur Verwirklichung der Menschenrechte für Armutsbetroffene in der Schweiz, und Jva-Mariana. Zwei Jahre nach seiner Ankunft starb der Vater an Blutkrebs. Son sprach danach lange kaum mehr ein Wort. «Schon wieder den Vater verloren, das war schwer für mich.»

In den ersten Jahren in Zürich waren das Neumünsterspital und das Kantonsspital seine Hoffnungs- und Leidensstationen. Martha Clodius, damals erste Oberschwester und spätere Frau des Arztes Leo Clodius, erinnert sich: «Ich erschrak, denn Sons Hände sahen sehr schlimm aus. Ich dachte, da kann man nichts mehr machen.» Doch Leo Clodius, damals eine Koryphäe der plastischen Wiederherstellungschirurgie, brachte das Kunststück fertig, Sons Hände zu retten. «Durch die Napalmverbrennungen waren seine Finger teilweise wie zusammengebacken. Die musste man trennen», sagt der heute Fünfundachtzigjährige. Napalm brennt sich tief ein und zerstört Muskeln, Nerven, Sehnen, Gelenke. Die Fingergelenke des jungen Patienten mussten versteift und die Finger mit einoperierten Metallstäbchen einigermassen begradigt werden. Seine Hände wurden nacheinander operativ unter die Bauchhaut gelegt, so dass diese über die Handrücken wachsen konnte. Die dann fehlende Haut auf dem Bauch wird von Sons Oberschenkeln transplantiert. Er erinnert sich: «Das Schlimmste war, dass ich monatelang ruhig liegen musste.» Sechzehn Operationen, verteilt über sechs Jahre, musste er über sich ergehen lassen. Arzt und Spital verlangten dafür kein Geld.

Neben den Schmerzen plagten Son jahrelang Albträume und Ängste: Angst vor dem Lachgas, dessen Geruch er bis heute nicht ertragen kann – noch immer macht er einen Bogen um jedes Spital –; die Angst, nicht mehr aufzuwachen; die Angst vor Fluglärm. Hörte Son ein Flugzeug, reagierte er panisch, flüchtete von zu Hause. «Wir suchten ihn stundenlang im ganzen Quartier», sagt seine Schweizer Schwester Branka. Und Anjuska erzählt, wie ihr vietnamesischer Bruder im Spital einmal sämtliche Infusionsschläuche herausriss, aus dem Bett sprang und sich im Wandschrank versteckte. «Wir nahmen ihn dann mitsamt Apparaten und Schläuchen nach Hause.» Sons Schweizer Schwester Jva-Mariana, damals in seinem Alter, entsinnt sich: «Tauchte ein Flugzeug auf, zog er mich unters Bett. Draussen riss er mich mal in eine Betonröhre. Er wollte

133

uns schützen.» In solchen Momenten habe er sich nicht mehr kontrollieren können. «Er rastete aus.» An vieles aus seinen ersten Jahren in der Schweiz erinnert Son sich nicht mehr, auch nicht an die Panikattacken und seine oft überfallsartigen Ausbrüche. Traumaforscher sagen, Verdrängung bilde bei Menschen, die Furchtbares erlebt haben, einen Schutzwall.

Son hatte nach der Ankunft in der Schweiz sogar seine Muttersprache verloren. Er sprach sie selbst dann nicht, wenn er auf Vietnamesisch angesprochen wurde. Ob auch das ein Schutzmechanismus war, blieb offen. Erst im Erwachsenenalter eroberte er sich die verlorene Sprache mühsam zurück. Heute sind seine Panikattacken und die nächtlichen Horrorträume weitgehend verschwunden. «Die hörten langsam auf, als ich Sissi kennenlernte», sagt Son.

Wo man auch hinhört, ist nur Zuneigung zu Son zu spüren. So erzählt Jva-Mariana, die heute als Übersetzerin bei Gerichten und im Paraplegiker-Zentrum in Nottwil arbeitet, wie Son ihr nach ihrem schweren Autounfall geholfen habe. Sie war nach einer Auffahrkollision stundenlang im Wrack eingeschlossen gewesen und trug ein schweres Trauma davon. Seit diesem Unfall muss sie mit Lähmungen leben. Son habe ihr gezeigt, dass es auch mit einer schweren Traumatisierung weitergehe. «Mit seiner Geschichte konnte er aus ureigener Erfahrung reden. Einmal sagte er: ‹Das Trauma, das Geschehene findet jetzt nur noch im Kopf statt. In der Realität ist es vorbei.› Das hat mir unglaublich weitergeholfen.»

Doan Son mit seiner alten Tante Than, zu der er nach dem Napalmangriff schwer verletzt flüchtete (2015).

Sissi sagt von sich selbst, sie sei ein «Seemädchen aus Obermeilen». Mit wirklichem Namen heisst sie Christina Eva, doch seit ihrer Kindheit wird sie Sissi gerufen. Die gelernte Buchhändlerin, die lieber Gärtnerin geworden wäre und «in die weite Welt» hinausgewollt hätte, hütete manchmal Jva-Marianas Sohn, der fast gleich alt war wie ihre Tochter. So lernte sie ihren zukünftigen Mann kennen. «Ich sass in der Küche und entdeckte durch einen Türspalt Sons Gesicht im Badezimmerspiegel. Er machte sich eben parat für den Ausgang.» Beim Erzählen gerät ihre Stimme ins Stocken. Ihre Augen füllen sich mit Tränen. «Da sah ich die liebsten Augen der ganzen Welt. Liebe auf den ersten Blick.» Seine Narben an Gesicht und Händen übersieht Sissi. Sie habe auch nie danach gefragt, bis er ihr seine Geschichte von sich aus erzählte. Als beide einundzwanzig waren, fragte er, ob sie ihn heiraten wolle. Altmodisch und herzig sei es gewesen. «Ich war total gerührt.»

Son steckte damals noch in einer Gärtnerlehre, obwohl der Chirurg ihm dringend davon abgeraten hatte: Das schaffe er mit seinen Fingern nie. Er aber setzte sich durch, denn er hatte ein Ziel: Als Gärtner wollte er zurück nach Vietnam und Lebensmittel anbauen.

Schon früh entschied Mutter Els Goldstein, ihren Pflegesohn zu adoptieren. Doch der lehnte ab. «Ich wehrte mich, ich wollte meine Identität nicht verlieren.» Es sei leichter, in Vietnam Doan zu heissen als Goldstein, sagt er heute. Später wurde ihm der Flüchtlingsstatus angeboten. Auch den lehnte er ab. Er sei ja kein Flüchtling, sondern ein Kriegsopfer, er wolle wieder zurück in die alte Heimat. Er besass damals ein sogenanntes humanitäres Visum zwecks medizinischer Behandlung.

Son hat sich nie geschont und sich auch nicht unterkriegen lassen. «Er haderte nie mit seinem Schicksal, er hat sich nie in einer Opferrolle gesehen», sagt Branka Goldstein. «Unglaublich, dieser Wille.» Er sei einer, der anpacke, der mit bewundernswerter Beharrlichkeit seinen Weg gegangen sei. Auch wenn es manchmal schwerfiel und er unter seinem verbrannten Gesicht litt. «Viele Leute hatten Angst vor mir, sie empfanden Ekel oder sahen mich als geistig behindert und dumm an», erzählt Son. «Mit meinen Narben im Gesicht musste ich zusehen, wie andere bessere

Jobs als ich bekamen – obwohl ich bessere Qualifikationen hatte.» Son arbeitete nach seiner Lehre als Topf- und Zierpflanzengärtner, baute sich mit Sissi ein Leben auf, wurde dreifacher Vater – immer mit der Gewissheit, eines Tages nach Vietnam zurückzukehren. Die Rückkehr wurde dann zu einer behutsamen Wiederannäherung in mehreren Etappen. Der Anfang war schockierend, denn als er sich mit zweiunddreissig Jahren erstmals ein Herz fasste, die alte Heimat zu besuchen, sah er sein Dorf und seine Geschwister in grosser Armut. Seine Schwestern lebten unter dem Vordach der Kirche, einer seiner beiden Brüder in einem Bambushäuschen. Also schleppte er auf seiner nächsten Reise ein halbes Warenhaus mit nach Truyen Nam. «Er kaufte für seine Schwestern und Brüder alles Mögliche und Unmögliche ein», erzählt Sissi, «sogar eine Kuckucksuhr für seine Tante. Das Übergepäck kostete ein Vermögen.» Für Sissi und Son war klar: Sie würden auswandern – jedoch erst, wenn die Kinder Lea, Fanjo und Mera auf eigenen Beinen stünden.

Alle drei Kinder sind in der Schweiz geblieben. Lea Doan (38) ist gelernte Hauspflegerin, Fanjo Doan (36) Heilpädagoge und Mera Doan (29) Verkaufsberaterin. Lea kommen die Tränen, wenn sie über ihren Vater spricht. Was er habe aushalten müssen, all die vielen Jahre der Schmerzen, das sei unmenschlich, sagt sie. «Und er ist ein so guter Vater, ein so guter Mensch. Für mich ist er ein Held.» Lea ist die Tochter aus Sissis erster Ehe. «Son hat mich ohne Wenn und Aber adoptiert und behandelte mich stets wie sein eigenes Kind. Zudem gab er mir nie das Gefühl, ich könne etwas nicht, nur weil ich ein Mädchen bin.»

Es sind ihre Kinder, die Son und Sissi in Vietnam am meisten vermissen. «Es wäre hier schöner, wenn wir mit ihnen zusammen sein könnten. Aber das ist der Preis, den wir bezahlen», sagt er. Und Sissi wird traurig, während sie den Blick über ihren Garten in Truyen Nam schweifen lässt. Hier erinnert sie sich auch an diese Geschichte:

Als die Napalmbombe Sons Mutter tötete, konnte sie nicht auf dem Friedhof begraben werden, das war im umkämpften Gebiet viel zu gefährlich. Man konnte auch die Felder nicht mehr bewirtschaften. An manchen Tagen gab es nichts zu essen. So ging man nachts, mit Karbidlampen ausgerüstet, heimlich Fische und Frösche fangen. Um also nicht in ein Gefecht zu geraten, wurde Mutter im Garten beerdigt. Das Grab geriet später in Vergessenheit. Ahnungslos legte Sissi Jahrzehnte später genau dort einen Kräutergarten an. In der vietnamesischen Küche spielen frische Kräuter eine Hauptrolle. Als Nachbarn sich an das Grab erinnerten, habe man die Kräuter nicht mehr angerührt. Später wurde die Mutter umgebettet und neben ihrem Mann auf dem katholischen Dorffriedhof beigesetzt. Das Bauerndorf ist der einzige katholische Ort weit und breit. Etwa 1000 Menschen leben hier. Reisfelder bis zum Horizont, Entenfarmen, Wasserbüffel, Bambus, Süsskartoffelgärten und viele kleine Läden prägen das Bild. Im Dorf werden Räucherstäbchen, Grabbeigaben und die typischen spitzen Strohhüte fabriziert. Es ist eine arme Gegend, und jeder versucht mit einem Miniladen zusätzlich ein paar Dong zu verdienen. Son hilft den Dorfbewohnern als ehemaliger Gärtner mit seinen Maschinen aus.

Wie in allen vietnamesischen Häusern steht auch bei den Doans hinter dem Eingang der Ahnenaltar: ein Buffet aus massivem Holz, darauf Räucherstäbchen, eine Jesusfigur und die beiden einzigen Fotos, die es von Sons Vater und Mutter noch gibt. Alle anderen Bilder – auch Sons Kinderfotos – hat der Krieg vernichtet.

Son und Sissi fühlen sich wohl in der neuen alten Heimat. Ihre Tage beginnen um vier Uhr in der Früh. Um sieben bricht Son mit seinen Hunden zu einem ausgedehnten Spaziergang durch die Reisfelder auf, wo Tai-Chi auf dem Programm steht. Die meiste Zeit arbeiten die beiden im Garten. Sie haben das Ziel, eines Tages Selbstversorger zu sein. Weil Son sich frühpensionieren liess und beide noch keine AHV-Rente beziehen, müssen sie sich bescheiden. «Von den Viet Kieu, wie man hier Auslandvietnamesen nennt, erwarten die Leute aber Geld», sagt Son. «Wenn du nichts geben kannst oder möchtest, giltst du als geizig. Aber wir können unmöglich allen helfen. Dafür können sie auf meine Fertigkeiten zählen, auf mein Mitgefühl und meine Hilfsbereitschaft.»

Nicht alles läuft so, wie es sich das Ehepaar vor der Auswanderung vorgestellt hat. In all den Jahren, in denen Son in der Schweiz lebte, hat er ein verklärt-romantisches Bild seiner alten Heimat entwickelt. «Kommunismus, Gleichberechtigung, ein gerechteres Gesellschaftssystem: Wir wollten hier ein gutes sozialistisches Modell kennenlernen und mithelfen, es weiter aufzubauen», sagt er. Doch davon spüre man nichts. «Die Macht und das Sagen haben die Reichen. Meiner Meinung nach aber müsste das Volk entscheiden, wer die Macht bekommt.»

Ein Blick zurück: 1984 wurde Son Schweizer. Sissi erinnert sich an den Einbürgerungsprozess – was heute als amüsante Geschichte daherkommt, war damals ein ziemliches Ärgernis. «Beamte durchsuchten sogar unsere Kehrichtsäcke. Sie forschten danach, was wir essen, was wir wegwerfen. Es interessierte aber auch: Wo kaufe ich ein? Bezahlt sie die Ware? Wo und wie arbeitet sie?» Ein Dorn im Auge der Schweizermacher war Sons politisches Engagement in der Bewegung Kämpfendes Afrika, die sich für die medizinische Versorgung des angolanischen Volkes einsetzte. Um die Beamten nicht zu provozieren, wurde zu Hause die halbe Hausbibliothek mit Marx, Lenin & Co. aus den Bücherregalen in den Keller verbannt. «Ich beschaffte im Brockenhaus herzige Väschen und füllte damit die entstandenen Lücken.» Sissi und Son lachen, wenn sie daran zurückdenken.

Fast fünf Jahrzehnte nach der Bombe sagt Son: «Ich hatte als Kind nicht am Krieg teilgenommen. Ich habe nicht geschossen, nicht getötet, nichts Böses getan, ich war ein unschuldiges Kind. Und dann diese Bombe.» Trotz allem: Gegenüber den USA, die unendlich viel Leid über das Land brachten, hegt Son keinen Groll. Damit ist er nicht allein. Kaum jemand in Vietnam äussert heute am einstigen Erzfeind öffentlich Kritik. Vietnam muss nach vorn schauen, der Krieg ist Geschichte. Vielleicht sei der Grund für die Vergebung auch «die Hoffnung auf eine wirtschaftlich bessere Zukunft», meint Son. Die Amerikaner seien heute in Vietnam so willkommen, weil die USA der grösste Abnehmer vietnamesischer Produkte sind. Eines jedoch verzeiht Son und verzeihen Millionen von Vietnamesen nicht: dass es aus Washington bis heute keine offizielle Entschuldigung gibt. Und keine Wiedergutmachung für einen Krieg, der noch Jahrzehnte danach für unsägliches Leid sorgt.

Ein paar Häuser von Son entfernt wohnt Dinh, sein Freund aus Kindertagen, der mit ihm spielte, als die Bombe fiel, und dessen Hände ebenfalls schwer verletzt wurden. Auch er erinnert sich an das Napalm: «Nie vergesse ich den ungeheuren Schmerz.» Noch heute quälen ihn Albträume. «Ich sehe meine Hände brennen, fühle den Schmerz, schreie. Dann erwache ich.» Im Gegensatz zu Sons Händen sind seine noch immer verklumpt, die Finger bizarr verbogen. Seine Mutter wollte damals nicht, dass er nach Europa reist, um seine Hände operieren zu lassen. Sie hatte Angst, dass er nie mehr zurückkehren würde. Dinh arbeitet als Entenhüter, seine Frau Thuy flicht Strohhüte. Was sie verdienen, reicht kaum zum Leben. Son und Sissi unterstützen das Paar, genauso wie die alte Tante Than, zu der Son als Kind flüchtete. Sissi kocht für sie und bringt ihr das Essen. «In der Schweiz», sagt Son, «habe ich gelernt, wie wichtig Solidarität ist. Und Mitgefühl für Menschen, Tiere und Pflanzen.»

Ho Dinh geriet als Kind im Dorf Truyen Nam beim Spielen
in einen Napalmbomben-Angriff (2015).

Was ist Napalm?

«Napalm ist ein chemisches Produkt, das unablässig brennt und nur schwer mit Erde oder Wasser zu löschen ist. Das Napalmopfer wird vor den Augen der vor Schrecken gelähmten Betrachter verzehrt, und der Zweck dieser Waffe ist sowohl die Peinigung des Opfers wie die Brechung des Widerstandswillens der Überlebenden. Die USA benutzen dieses Benzingelee, um in Vietnam ganze Dörfer zu verbrennen, und es dient seit langem als Routinewaffe gegen die Zivilbevölkerung. In Vietnam hat man Krankenhäuser, Schulen, Sanatorien und Polikliniken durch Napalm in Flammen aufgehen lassen.» Dies schrieb der britische Friedensaktivist Bertrand Russell 1966 in einem Brief unter dem Titel *Napalm und Massenmord.* Der deutsche Sozialreporter und Enthüllungsjournalist Günter Wallraff zitiert in seinem Buch *13 unerwünschte Reportagen* eine schwedische Napalmdokumentation: «Napalm haftet leicht an Menschenhaut, verbrennt dort unlöschbar und langsam, bis zu 15 Minuten. (…) Die Sterblichkeit bei Napalmverbrennungen ist hoch (im Durchschnitt beträgt sie 35 Prozent an den Brandherden und weitere 21,8 Prozent in den Krankenhäusern). Die Brandverletzungen durch Napalm sind Verletzungen dritten Grades, also tiefe Wunden. (…) Brandwunden, die bis auf den Knochen reichen, sind ziemlich häufig.» Wen es traf, der erlitt meist einen qualvollen Tod, da sich das Gemisch tief in den Körper einbrennt. Das explosive Feuer breitet sich relativ unkontrolliert in alle Richtungen aus und verbraucht die Luft so stark, dass der Erstickungstod eine typische Folge ist. Napalm-Brandwunden heilen langsam und hinterlassen entstellende Narben. Wer überlebt, ist lebenslänglich gezeichnet, Brandwunden arten oft krebsartig aus.

Die Brandwaffe Napalm besteht im Wesentlichen aus Benzin und Aluminium. Mit Zusätzen wie etwa Kokosöl, Orangensaftkonzentrat oder öligen Säuren erhält es eine klebrige, gallertartige Konsistenz.

So haftet es an seinem Ziel und verursacht eine starke Brandwirkung. Selbst kleinste Spritzer hinterlassen schwere, schlecht heilende Brandwunden. Eine 500 Kilogramm schwere Napalmbombe erzeugt eine etwa sechzig Meter breite, «rollende, dumpf dröhnende Feuerwand, die alles brät, was ihr in den Weg kommt», schrieb Prof. Franklin von der amerikanischen Stanford-Universität.

Auch bei einem nur indirekten Treffer wirkt Napalm äusserst zerstörerisch. Je nach Zusammensetzung erreicht es eine Temperatur von bis zu 1200 Grad Celsius. Napalmbomben, die häufigste Einsatzform des Brandstoffes, sind mit Napalm gefüllte Metallkanister. Zünder an beiden Enden lösen beim Aufschlag kleine Explosivladungen aus, wodurch der Inhalt der Behälter über eine grosse Fläche verteilt wird. Napalm kann auch mit Flammenwerfern eingesetzt werden. Eine Version von Napalmbomben enthielt Phosphor. Diese Mischung lässt sich kaum löschen und brennt selbst unter Wasser weiter.

Napalmlieferanten für den Vietnamkrieg waren unter anderen die amerikanische Dow Chemical und der I.G.-Farben-Nachfolgekonzern Badische Anilin- & Soda-Fabrik (BASF), Ludwigshafen. Die USA warfen fast 100'000 Tonnen Napalm über Vietnam ab. Die ersten Napalmbomben in Vietnam setzten 1951 die Franzosen in der Nähe von Hanoi ein. Der erste aufgezeichnete strategische Brandbombeneinsatz der Geschichte trägt das Datum vom 6. März 1944. Es war ein Abwurf der US-Luftwaffe auf Berlin. Napalm wurde bis in die Neuzeit in zahlreichen Kriegen eingesetzt. Die Vereinigten Staaten haben nach eigenen Angaben ihre Napalmbestände im Jahr 2001 zerstört.

Der Napalmeinsatz der Amerikaner in Vietnam löste weltweites Entsetzen und Proteste aus. Viele Intellektuelle meldeten sich zu Wort, so Günter Grass mit seinem Gedicht *In Ohnmacht gefallen*. Legendär wurde Günter Wallraffs Geschichte *Napalm? Ja und Amen* in seinem Buch *13 unerwünschte Reportagen*. Wallraff gibt sich da als gläubiger Katholik und Napalmproduzent aus, der ein besonders billiges Herstellungsverfahren für diese Brandwaffe entwickelt und einen Grossauftrag der US-Armee in der Tasche hat. Allerdings quälen ihn moralische Bedenken. Deswegen macht er sich 1967 auf zu einer Reise zum deutschen Klerus. Darf ich? Soll ich? – Das Ergebnis ist erschütternd. Ein junger Kaplan antwortet auf die Frage, ob er, Wallraff, sich mitschuldig machen würde: «Nein, von Schuld kann keine Rede sein. Es ist lediglich eine Entscheidung, die man wirklich persönlich fällen muss und mit Gott beratschlagen.» Ein Klostermönch: «Da brauchen Sie eigentlich keine Gewissensbisse zu haben, denn Sie setzen die Bombe ja nicht ein.» Ein Vertreter eines Bischofs: «Die Bischöfliche Weinkellerei in Trier, die liefern ja auch den Wein in die ganze Welt, und die können ja auch nichts dafür, wenn er dann in sündhaften Nachtlokalen ausgeschenkt wird.» Ein Moraltheologe: «Ich meine, man kann eben Napalmbomben durchaus sicher in einer menschlich korrekten Kriegführung anwenden.» Ein anderer prominenter Moraltheologe: «Ich würde doch sagen, dass die Amerikaner echte Gründe haben, positive Gründe, diesen Krieg zu führen.» Einer sagt, er könne ja vom Gewinn eine Spende für die Kirche machen.

Die Nichtablehnung von Gewalt hat in der katholischen Kirche eine lange Tradition. So verkündete der spätere deutsche Kardinal Joseph Höffner 1958, damals noch Theologieprofessor in Münster, «in einem gerechtfertigten Verteidigungskampf» widerspreche auch der Einsatz von Atomwaffen «nicht notwendig der sittlichen Ordnung» und sei «nicht in jedem Fall Sünde».

Die Geschichte des Vietnamkrieges

Der Vietnamkrieg entsteht mit einer Lüge. Rechnet man den französischen Kolonialkrieg und den Bürgerkrieg dazu, war es mit rund drei Jahrzehnten die längste kriegerische Auseinandersetzung des zwanzigsten Jahrhunderts. Es ist ein Krieg, der rücksichtslos auf Kosten der Zivilbevölkerung ausgetragen wird. Er endet 1975 mit Millionen von Toten. Je nach Standpunkt wird in Vietnam der «freie Westen» gegen den «Kommunismus» verteidigt oder ein Befreiungskrieg gegen ausländische Mächte geführt. In Vietnam wurde der Kalte Krieg zum heissen Stellvertreterkrieg zwischen West und Ost.

Am Anfang steht Frankreich – unbeschreibliches Elend

Die Tragödie hat einen europäischen Ursprung. Sie beginnt Mitte des neunzehnten Jahrhunderts mit der Eroberung des Landes durch Frankreich und der Installierung seiner Kolonie Indochinesische Union (Französisch-Indochina). Dazu gehören die heute unabhängigen Staaten Vietnam, Laos und Kambodscha. Der vietnamesische Historiker Le Thanh Khoi schildert in seinem 1955 erschienenen Buch *Le Viêt-Nam. Histoire et Civilisation,* in welch unbeschreiblichem Elend die meisten Vietnamesen zur Zeit der französischen Kolonialherrschaft lebten. So habe es für die Arbeiter keinen freien Sonntag gegeben, keinen bezahlten Urlaub, keine ärztliche Versorgung, keine Sozialversicherung, keine Arbeitslosenunterstützung. Für die geringsten «Vergehen» setzte es Prügelstrafen, gab es Geldbussen und Gefängnis. Auf den südvietnamesischen Plantagen starben jährlich Hunderte von Menschen an den Folgen der barbarischen Behandlung. Die Länder Indochinas wurden erbarmungslos ausgebeutet.

In den nordvietnamesischen Kohleminen von Hon Gai (heute in der Provinz Quang Ninh) und auf den Kautschukplantagen im Süden operierten eigens aufgestellte Polizeitruppen. Es war ein Spitzelapparat mit eigenen Gefängnissen, der Arbeiter überwachte. Vom Elend der Menschen berichtete auch der US-amerikanische Journalist Harry A. Frank in seinem Buch *East of Siam:* «Es sind arme Sklaven, in armselige Lumpen gehüllt, und schwach ist die Hand, welche die Hacke schwingt. Die Sonne brennt erbarmungslos, die Arbeit ist kräftezehrend, doch sie bringt nur wenig ein. Es gab dort auch Frauen und vor allem, hinter den Kohlekarren, kleine Kerlchen von kaum zehn Jahren; ihre von Erschöpfung gezeichneten, mit Kohlenstaub bedeckten Gesichter aber glichen denen von Vierzigjährigen. Ihre nackten Füsse waren von einer harten Kruste bedeckt. Ohne Pause trotteten sie durch den Staub.» Und der französische Geograph Pierre Gourou schrieb 1954 in seinem Buch *L'Asie:* «Hunger und Elend zwingen die tonkinesischen und annamitischen Bauern, auf Insekten Jagd zu machen, die sie dann gierig verzehren. In Tonkin fängt man Heuschrecken, Grillen, Eintagsfliegen, sammelt einige Raupen und Bambuswürmer und schreckt auch nicht davor zurück, die Puppen der Seidenraupe zu essen. Jedermann weiss, dass dort ständig Hungersnot herrscht.»

Ho Chi Minh: Aufruf zum nationalen Befreiungskampf

So ist es unschwer zu verstehen, dass die meisten Vietnamesen Ho Chi Minh und seiner Liga für die Unabhängigkeit Vietnams folgen. Die französische Kolonialmacht hatte lediglich eine Minderheit der vietnamesischen Bevölkerung hinter sich, die Bourgeoisie, Kollaborateure und einige Grossgrundbesitzer. Die kurz Viet Minh genannte Befreiungsfront ruft am 19. Mai 1941 zum nationalen Kampf auf. Die von Ho Chi Minh gegründete Organisation besteht nicht nur aus Kommunisten, wie häufig kolportiert, zu ihr gehören vielmehr Menschen quer durch die Gesellschaft: Arbeiter, Bauern, verschiedene Schichten des Kleinbürgertums, Intellektuelle, Angehörige der einheimischen Bourgeoisie und der nationalen Minderheiten, buddhistische Mönche, vietnamesische Soldaten der französischen Kolonialarmee und selbst Mandarine, also Angehörige der obersten vietnamesischen Feudalschicht. Am 22. Dezember 1944 bildet die Viet Minh offiziell eine erste Partisaneneinheit, aus der rasch eine Volksarmee wächst. Ihr Befehlshaber wird der einunddreissigjährige Lehrer Vo Nguyen Giap, der spätere Verteidigungsminister der Demokratischen Republik Vietnam (DRV). Er kommandiert auch jene vietnamesischen Truppen, die im Mai 1954 in der Schlacht bei Dien Bien Phu die Franzosen schlagen werden.

Während Ho Chi Minh versucht, einen Aufstand gegen die französische Kolonialmacht zu organisieren, taucht mit Japan ein neuer Widersacher in Südostasien auf. Am 9. August 1945 ruft die Viet Minh zum bewaffneten Aufstand gegen die japanischen Truppen auf. Sie hatten im Sommer 1940 das militärische Oberkommando von den Franzosen übernommen und das Land besetzt. Dabei hatten sie mit Paris eine Art Deal gemacht: Die französische Kolonialverwaltung besteht fort, und im Gegenzug dürfen die Japaner ihre Truppen stationieren und das Land ausbeuten. Japan beherrscht Indochina mit brutaler Militärgewalt. Die Kolonie muss Rohstoffe liefern, mit denen der Pazifikkrieg zugunsten des Kaiserreichs entschieden werden soll. Doch am 20. August nehmen die Vietnamesen Hanoi ein, am 23. August die alte Kaiserstadt Hué. Das Ereignis geht als Augustrevolution in die Annalen ein.

Wenige Tage danach, am 25. August 1945, konstituiert sich die Führung der Viet Minh zur provisorischen Regierung. Am 2. September 1945 erklärt Ho Chi Minh in Hanoi vor ungefähr 400'000 begeisterten Anhängern Vietnam als unabhängig. Die Grundsätze der Proklamation entnimmt er der amerikanischen Unabhängigkeitserklärung von 1776: «Alle Menschen sind gleich erschaffen. Von ihrem Schöpfer wurden sie mit bestimmten unveräusserlichen Rechten ausgestattet, darunter dem Recht auf Leben, auf Freiheit und auf das Streben nach Glück.» Sie endet mit den Worten: «Das vietnamesische Volk ist entschlossen, all seine geistigen und materiellen Kräfte aufzubieten, Leben und Besitz zu opfern, um sein Recht auf Freiheit und Unabhängigkeit zu behaupten.»

Solange die vietnamesische Befreiungsfront gegen Japan kämpft, unterstützen die USA Ho Chi Minh. Dieser arbeitete sogar als Agent für den amerikanischen Nachrichtendienst Office of Strategic Services (OSS) und erwartet deshalb, dass die Vereinigten Staaten nun auch das Unabhängigkeitsbestreben seiner Heimat unterstützen. Er schickt mehr als ein halbes Dutzend Hilferuftelegramme an Präsident Harry S. Truman – keines wird beantwortet. Im sich anbahnenden Kalten Krieg setzen die USA auf Frankreich, das von Anfang an nie die Absicht hatte, die von Ho Chi Minh ausgerufene Demokratische Republik Vietnam zu akzeptieren. Alles, was jetzt läuft, ist ein Spiel, bei dem Ho Chi Minh im Grunde betrogen wird und chancenlos ist.

Obwohl es im Süden zu bewaffneten Auseinandersetzungen zwischen den französischen Truppen und der Volksarmee kommt, lässt er sich auf Verhandlungen mit Frankreich ein. Der Grund: In Nordvietnam halten sich Tschiang Kai Scheks nationalchinesische Truppen mit rund 200'000 Mann auf. Deren Präsenz weckt unangenehme Erinnerungen, denn Vietnam war 1000 Jahre lang eine chinesische Kolonie, von 111 v. Chr. bis 939 n. Chr. Auch später versuchten die Chinesen immer wieder, Vietnam zu besetzen. In Absprache mit den USA will Tschiang Kai Schek die Regierung beseitigen und ein eigenes Regime errichten. Die Viet Minh fühlen sich nicht stark genug, die ausgerufene Unabhängigkeit gleichzeitig gegen die französische Kolonialmacht und die Chinesen zu verteidigen. Ho Chi Minh ist sogar bereit, der eben von Frankreich mit seinen Kolonien und überseeischen Gebieten gegründeten Französischen Union beizutreten – unter der Bedingung, dass die volle Souveränität und territoriale Integrität der Demokratischen Republik Vietnam anerkannt wird. Die Versuche scheitern jedoch.

Nachdem die Franzosen ihre koloniale Verwaltung in Vietnam wieder aufgebaut haben, vereinbaren sie 1946 mit den Nationalchinesen einen Abzug von deren Soldaten. In den folgenden Jahren verstärkt die Viet Minh sowohl in Süd- als auch in Nordvietnam ihre Angriffe auf französische Kolonialtruppen. Die Kriegskosten der Franzosen werden in dieser Phase zu fast achtzig Prozent von den USA getragen. Während Frankreich die Kontrolle über die Städte halten kann, geraten immer mehr Landstriche in die Hände der Viet Minh.

(Fortsetzung S. 150)

Ho Chi Minh
wird zur legendären Führerpersönlichkeit

Am 6. Januar 1946 wählt Vietnam zum ersten Mal eine Nationalversammlung. Zugelassen sind auch Parteien und Organisationen, die nicht der Viet Minh angehörten. Sie bekommt 230 der 300 Sitze. Am 2. März wird Ho Chi Minh zum Präsidenten der Demokratischen Republik Vietnam gewählt.

In den folgenden Jahren des Kampfes wird er zur legendären Führerpersönlichkeit, zur Seele des Widerstandes gegen das französische Kolonialjoch und später gegen dessen US-amerikanischen Erben. Ho Chi Minhs politisches Testament, verfasst vier Monate vor seinem Tod, ist durchdrungen von der Gewissheit, dass sein Volk bis zum Sieg kämpfen werde. Als er im September 1969 während des erbitterten Ringens um die nationale Einheit, um die Wiedervereinigung des Landes stirbt, spekuliert man in den USA, dass sein Tod die Widerstandskraft Vietnams lähmen würde. Doch nichts dergleichen geschieht. Seinen Nachfolgern geht zwar seine Ausstrahlung ab, doch sie setzen sein Werk fort, ohne sich in innenpolitische Machtkämpfe zu verstricken.

(Fortsetzung von S. 148)

Die Schlacht von Dien Bien Phu und die Atombombengefahr

Am 20. November 1953 richten die Franzosen in Dien Bien Phu, einem breiten Tal im unwegsamen Bergland an der Grenze zum nördlichen Laos, eine Garnison mit 16'000 Mann ein. Von Dien Bien Phu aus soll die Grenzregion überwacht werden, denn die Viet Minh unterstützt die von Kommunisten dominierte Befreiungsbewegung Pathet Lao in Laos und versorgt sie mit Waffen.

Kommandant dieser Dschungelfestung wird Christian de La Croix de Castries, Oberst der Panzertruppen. Er plant, die Viet Minh nach Dien Bien Phu zu locken, um sie zu verlustreichen Angriffen zu provozieren und sie dann vor den Toren der dortigen Festung in einer Feldschlacht zu vernichten. In den folgenden Wochen bewegen sich die vietnamesischen Truppen durch das Tal auf die Festung zu, befehligt von Vo Nguyen Giap. Mit dabei ist auch Ho Chi Minh. Zehntausende von Trägern schaffen schwere Artillerie auf die Bergrücken rund um Dien Bien Phu.

Die USA unterstützen Frankreich in Vietnam immer stärker. C-119-Flugzeuge der US Air Force werfen Napalmbomben auf die Belagerer ab und vermehren die Angriffe mit den bereits eingesetzten B-26-Bombern. Als sich auf dem Höhepunkt der Schlacht um Dien Bien Phu eine französische Niederlage abzeichnet, fordert Paris von den Vereinigten Staaten sogar den Abwurf einer Atombombe. Grossbritannien ist dagegen, und auch US-Präsident Dwight D. Eisenhower, selbst ein Militär, will ein solches Risiko nicht eingehen. Er fürchtet eine Gegenreaktion aus Moskau, das Nordvietnam unterstützt. In Frankreich, wo zu dieser Zeit ein Regierungswechsel stattfindet, sind die Meinungen geteilt. So bleibt zum Glück ein Atomwaffeneinsatz aus.

Im März 1954 beginnt der Angriff der Vietnamesen auf Dien Bien Phu. Sie nehmen nacheinander die französischen Stützpunkte auf den umliegenden Hügeln ein. Am 7. Mai 1954 erobern sie die Befehlszentrale. Auf deren Dach breitet der schnell noch zum General beförderte La Croix de Castries zum Zeichen der Kapitulation ein weisses Laken aus. Bilanz der Schlacht um Dien Bien Phu: 1600 tote, 4800 verwundete und 1600 vermisste Franzosen. Auf der Seite der Vietnamesen werden etwa 7900 Tote und 15'000 Verwundete geschätzt. Die Viet Minh schickt ihre 8000 französischen Kriegsgefangenen auf einen 500 Kilometer langen Fussmarsch ins Gefängnis. Weniger als die Hälfte überlebt die Strapazen der Gefangenschaft. Dahingerafft werden sie von Erschöpfung und der Unterversorgung mit Nahrung und medizinischer Betreuung.

Für die französischen Kolonialtruppen ist es eine der schwersten Niederlagen ihrer Geschichte. Insgesamt fallen im acht Jahre dauernden Krieg zwischen der Viet Minh und Frankreich etwa 92'000 französische Soldaten. Wie viele der 1200 Fremdenlegionäre aus der Schweiz gefallen sind, ist unbekannt. Rechnet man die Verluste der auf französischer Seite kämpfenden Vietnamesen mit, sind es mit Verwundeten und Gefangenen 466'172 Opfer. Aufseiten der Demokratischen Republik Vietnam sterben 800'000 Menschen. Von der Pariser Zeitung *Le Monde* nach den Ursachen der Niederlage befragt, erklärt General Giap: «Ein Volk, das für seine Unabhängigkeit kämpft, vollbringt legendäre Heldentaten.»

Vietnam wird geteilt

Unmittelbar nach Kriegsende, nach dem Fall von Dien Bien Phu, beginnen in Genf Verhandlungen über die Forderungen von Vietnam, Laos und Kambodscha nach Anerkennung ihrer Unabhängigkeit. Daran nehmen von vietnamesischer Seite die Demokratische Republik Vietnam (DRV) sowie die südvietnamesische Regierung unter Bao Dai teil, des Weite-

Zentralmarkt in Hoi An (2013).

ren Kambodscha und Laos sowie Frankreich als kriegführende Seite. Im Einvernehmen mit den Vereinten Nationen kommen Grossbritannien, die USA und die Sowjetunion hinzu. Die Volksrepublik China wird als Vietnam unterstützende Macht hinzugezogen.

Am 20. und 21. Juli 1954 wird das Genfer Indochina-Abkommen unterzeichnet. Es erkennt die Unabhängigkeit, Souveränität und territoriale Integrität von Vietnam, Laos und Kambodscha an. Zwischen dem französisch-vietnamesischen Kommando und jenem der Volksarmee der DRV wird vereinbart, die Kampfhandlungen einzustellen.

Das Abkommen legt entlang einer Demarkationslinie am siebzehnten Breitengrad eine etwa zehn Kilometer breite entmilitarisierte Zone fest. Damit wird Vietnam in eine nördliche und in eine südliche Zone geteilt. Es heisst ausdrücklich, dass es «eine provisorische Linie» ist und in keiner Weise als politische oder territoriale Trennung ausgelegt werden darf. Die Demarkationslinie soll die sichere Rückführung der Streitkräfte der DRV nach Norden und die der vietnamesischen Regierung nach Süden ermöglichen. Die vorläufige Teilung soll ferner der Vorbereitung allgemeiner, geheimer und freier Wahlen in ganz Vietnam dienen, die im Genfer Abkommen für 1956 festgelegt werden.

Ausserdem steht es allen Vietnamesen frei, sich entweder nördlich oder südlich der Demarkationslinie niederzulassen. Es gibt keine sicheren Zahlen über diese Binnenwanderung. Schätzungen gehen aber davon aus, dass zehnmal mehr Menschen vom Norden in den Süden zogen als umgekehrt. Es sind vor allem Katholiken, die Nordvietnam in Richtung Süden verlassen. Sie fürchten sich vor politischen Repressionen. Dass zahlreiche Viet-Minh-Anhänger den Weg in den Norden wählen, hat ähnliche Gründe.

Die USA, beziehungsweise der von ihnen eingesetzte südvietnamesische Präsident Ngo Dinh Diem, weigern sich, das Indochina-Abkommen zu unterzeichnen. Am 30. Juli 1954 berichtet der französische Botschafter in Saigon, Jean Chauvel, seiner Regierung, die geplanten allgemeinen Wahlen seien in den Augen der USA zu verhindern, unter welchem Vorwand auch immer.

In Hanoi hofft man bis 1956 auf die Wahlen, bei denen, wie Präsident Eisenhower in seinen Memoiren *Mandate for Change* schreibt, «wahrscheinlich achtzig Prozent der Bevölkerung für den Kommunisten Ho Chi Minh stimmen würden». Deshalb haben die USA und Südvietnam nie erwogen, diese Wahlen durchführen zu lassen. Stattdessen beginnt im Süden eine intensive Propaganda für einen «Marsch nach Norden». In den Jahren nach Dien Bien Phu geht Nordvietnam zunächst davon aus, die von den Kommunisten dominierten Guerillas im Süden des Landes könnten die Diem-Regierung allein stürzen. Diem gilt als fanatischer Katholik, der mehrere Jahre in den USA gelebt hat, einer seiner Brüder ist Erzbischof in Hué. Nach amerikanischer Absicht soll er gegen den Norden Krieg führen.

Das Diem-Regime geht auf brutale Weise gegen jegliche Opposition vor

Versammlungen, Demonstrationen und andere Protestaktionen, die oft nur die Einhaltung des Genfer Abkommens fordern, besonders die Bestimmung über die freien Wahlen, werden von der südvietnamesischen Regierung verboten, demokratische Organisationen aufgelöst, demokratische Rechte und Freiheiten beseitigt. Bereits im ersten Jahr nach der Indochina-Konferenz werden in Südvietnam 40'700 Menschen verhaftet und 1563 getötet. Der deutsche Psychiater Erich Wulff, der von 1961 bis 1967 an der Universitätsklinik in Hué arbeitet, schildert in seinem unter dem Pseudonym Georg W. Alsheimer veröffentlichten Buch *Vietnamesische Lehrjahre*, dass von der Diem-Polizei auch unpolitische und unschuldige Menschen verfolgt und eingesperrt werden.

Im Süden wird der Widerstand gegen die Unterdrückung durch die Diem-Regierung immer grösser. Selbst innerhalb seiner Regierung wächst die Kritik, und er kontrolliert längst nicht mehr den ganzen Süden. Am 11. Juni 1963 dann die aufrüttelnden Bilder, die um die Welt gehen und zutiefst betroffen machen: In Saigons Innenstadt verbrennt sich der sechsundsechzigjährige buddhistische Mönch Thich Quang Duc auf offener Strasse aus Protest gegen das Diem-Regime und dessen Polizei. Weitere Mönche folgen seinem Beispiel. Der Historiker Bernd Greiner: «Das veranlasst die Kennedy-Regierung, Vietnam stärker in den Blick zu nehmen und zu überlegen: Was machen wir hier eigentlich?» Im gleichen Jahr stiftet der amerikanische Geheimdienst CIA unzufriedene südvietnamesische Generäle zu einem Putsch gegen Ngo Dinh Diem an. Denn obschon entschieden antikommunistisch, fällt er in Washington in Ungnade. Er steht den USA im Weg, weil er der amerikanischen Politik nicht ganz folgen will und mit den innenpolitischen Problemen nicht fertig wird, mit Protesten der Buddhisten etwa und den zunehmenden Angriffen der Befreiungsfront. Auf der Flucht wird Diem erschossen. Zuvor versichern sich die involvierten Generäle, dass die Amerikaner Südvietnam weiterhin unterstützen werden.

Wer für Diems Tod verantwortlich ist, bleibt bis heute unklar. Rädelsführer des Putsches ist General Duong Van Minh, Diems Armeechef und Militärberater. Dieser wird Vorsitzender einer Militärjunta und ist quasi Staatschef, der einer gesetzten Regierung vorsteht. Am 30. Januar 1964 wird er von General Nguyen Khanh in einem unblutigen Putsch gestürzt. Es folgt eine Zeit wechselnder Führungen mit Generälen an der Spitze. Am 19. Juni 1965, nach dem Rücktritt des zivilen Premierministers, wird General Nguyen Cao Ky Premierminister und Nguyen Van Thieu Staatschef. Dieser wird 1967 zum Präsidenten gewählt, 1971 zum zweiten Mal, ohne Gegenkandidaten.

Zurück zu Diems Regierungszeit. Unter ihm werden zahlreiche mutmassliche ehemalige Widerstandskämpfer gegen das französische Kolonialregime samt ihren Familienangehörigen erniedrigt, verhaftet, gefoltert und hingerichtet. Man will Exempel statuieren. Die Diem-Agenten organisieren auf Empfehlung amerikanischer Experten in psychologischer Kriegführung sogenannte «Busssitzungen». Die Menschen werden genötigt, ihre Überzeugungen öffentlich zu widerrufen und um Gnade zu bitten. Dabei müssen sie vor einem Bild Diems niederknien und die Fahne des Landes küssen. Frauen, deren Männer in der Volksarmee gekämpft hatten und sich entsprechend dem Genfer Abkommen nach Nordvietnam zurückzogen, werden zur Scheidung aufgefordert. Wer sich weigert, wird gefoltert, in Gefängnisse und Konzentrationslager gesperrt. Die französische Publizistin Madeleine Riffaud vor dem Russell-Tribunal: «Ich habe nirgendwo in Südvietnam eine vollständige Familie gefunden. Mütter suchten ihre Kinder, die entführt worden waren; Männer wussten schon seit Jahren nicht mehr, ob ihre Frauen noch in Haft sassen oder längst umgebracht waren. (...) Ich stelle hier vor dem Tribunal fest, dass in diesem Augenblick Tausende von Männern, Frauen und Kindern in langsamer Auszehrung und unter Haftbedingungen dahinvegetieren, die an das Los der Deportierten und an die in den KZ von Auschwitz, Dachau und Mauthausen dahinsiechenden Häftlinge erinnern.» Madeleine Riffaud enthüllte 1967 vor dem zweiten Russell-Tribunal, dass unter Diem alle verfolgt und eingekerkert wurden, die sich für die Einhaltung des Genfer Abkommens einsetzten. Das Russell-Tribunal ging als Tribunal gegen die Kriegsverbrechen in Vietnam in die Annalen ein. Gebildet wurde es neben anderen von dem britischen Mathematiker, Philosophen und Literaturnobelpreisträger Bertrand Russell, dem französischen Schriftsteller Jean-Paul Sartre und der Schriftstellerin Simone de Beauvoir. Ziel: die Untersuchung und Dokumentation US-amerikanischer Kriegsverbrechen im Vietnamkrieg nach 1954. Die angesehene Institution leistete einen herausragenden Beitrag im Rahmen der weltweiten Bewegung gegen den Krieg der USA und beflügelte die Proteste entscheidend. Die Wirkung des unter dem Dach der Bertrand Russell Peace Foundation tätigen Gerichtes beruhte auf der Arbeitsmethode, wie ein Tribunal nur die Fakten sprechen zu lassen. Seine erste Sitzung im Mai 1967 in Stockholm untersuchte, ob die im August 1964 begonnene Bombardierung Nordvietnams durch die US Air Force im völkerrechtlichen Sinne ein Kriegsverbrechen darstellte, was die Geschworenen einstimmig mit ja beantworteten. Auf der zweiten Tagung im November/ Dezember 1967 im dänischen Roskilde war Verhandlungsgegenstand, ob die US-Intervention in Südvietnam im völkerrechtlichen Sinne ein Kriegsverbrechen darstellte. Auch diese Frage wurde von allen Geschworenen einstimmig mit ja beantwortet. Kritiker bemängelten die Einseitigkeit des Tribunals. Dass allein amerikanische Kriegsverbrechen aufs Tapet kamen und jene auf kommunistischer Seite nicht, stiess auch dem ehemaligen Springer-Vietnamkriegsreporter Uwe Siemon-Netto auf. Heute sagt er: «Das Russell-Tribunal war ein Gericht ohne Verteidiger. Zudem traten nur Leute aus dem linken Spektrum auf. Eine einseitige Geschichte, da die Beschuldigten nicht eingeladen waren.»

Brutale Landreform in Nordvietnam

Während des Krieges gegen die Franzosen hatten die Viet Minh zunächst eine moderate Politik betrieben. Sie appellierten an den Patriotismus aller Vietnamesen, unabhängig von ihrer Klassenzugehörigkeit. Dies ändert sich jedoch zu Beginn der 1950er Jahre, als der antikoloniale Kampf in Vietnam mehr und mehr in den Kalten Krieg hineingezogen wird und die Viet Minh nach der Gründung der Volksrepublik China unter den ideologischen Einfluss des Maoismus geraten. Nun steht «Klassenkampf» auf dem Programm der Kommunistischen Partei Vietnams.

Von Ende 1953 bis zum Herbst 1956 führt Nordvietnam eine Landreform durch, eine mit brutalen Zügen. Ziele: die soziale Stellung landloser armer Bauern durch die Vergabe von Land zu verbessern und die überkommene dörfliche Hierarchie zu unterminieren, um so die Partei auf dem Lande zu verankern. Während der Reform kommt es zunehmend zu Exzessen in den Dörfern. Betroffen sind vor allem Provinzen, die noch bis 1955, also bis nach dem Ende des französischen Vietnamkrieges, unter der Kontrolle von Paris stehen und in denen fanatisierte Kader überall «Spione» und «Konterrevolutionäre» vermuten. In den Dörfern werden bestehende Parteiorganisationen aufgelöst, verdiente Parteimitglieder und andere Dorfbewohner kommen vor Volksgerichte. In «Kampfsitzungen» werden sie oft mit fingierten Anklagen konfrontiert und zum Tode verurteilt. Frauen und Kinder werden gezwungen, vor dem Tribunal ihren eigenen Mann, ihren eigenen Vater anzuklagen. Mitte 1956 sind die Zustände in vielen Dörfern derart chaotisch, dass die Partei die Landreform stoppen und der damalige Parteichef Truong Chinh zurücktreten muss. Als sich der Schriftsteller Vu Bao 1957 in seinem Roman *Sap cuoi (Baldige Heirat)* mit der Landreform auseinandersetzt, gilt das als Tabubruch. Für ihn hat dies schwerwiegende Konsequenzen. Unter dem Vorwurf, mit seiner kritischen Darstellung der Landreform die Partei «verunglimpft» zu haben, wird er zur «Umerziehung durch Arbeit» aufs Land geschickt und darf erst nach elf Jahren nach Hanoi zurückkehren.

Gründung der Widerstandsorganisation FNL

Am 20. Dezember 1960 gründen in Südvietnam ehemalige Anführer der Viet Minh und zumeist illegale Parteien, Organisationen sowie buddhistische Vertreter die gemeinsame Widerstandsorganisation Front national de libération du Sud-Viêt Nam (FNL). Von den Amerikanern werden die Mitglieder der FNL VC genannt, «Victor Charlie», was in der Gassenhauersprache der GIs für Vietcong steht: kein vietnamesisches Wort, sondern eine amerikanische Verballhornung, die bereits Ende der 1950er Jahre in südvietnamesischen Medien als Synonym für Staatsfeind auftaucht. Ein US-Propagandafilm schildert die FNL als hinterhältige Mörder, die das eigene Volk terrorisieren. FNL-Vorsitzender wird der Saigoner Rechtsanwalt Nguyen Huu Tho. Er ist, wie der australische Publizist Wilfred Burchett schreibt, «ein Gelehrtentyp, freundlich und sehr charmant, gehörte seinem ganzen Wesen nach zu den liberalen Intellektuellen der Grossstadt».

Bereits 1954 gründet er zur Verwirklichung des Genfer Abkommens das Saigon-Cholon-Friedenskomitee, dem viele der im Saigoner Geschäftsviertel Cholon wohnenden Intellektuellen angehören. Die FNL fordert für Südvietnam freie Wahlen zu einer Nationalversammlung. An die Stelle des US-hörigen Saigoner Regimes soll eine Koalitionsregierung treten. Die Demokratische Republik Vietnam unterstützt die FNL im Süden mit allen Mitteln und Kräften. Nachdem sich diese 1969 zusammen mit weiteren Organisationen zur Republik Südvietnam (RSV) mit einer provisorischen revolutionären Regierung konstituiert hat, erklärt am 1. März 1969 der nordvietnamesische Ministerpräsident Pham Van Dong laut der Nachrichtenagentur Vietnam News Agency: «Unsere dreissig Millionen Landsleute sind entschlossen, Schulter an Schulter zu kämpfen, ihre Kräfte und Fähigkeiten zu vereinen (…) und zu siegen und den Kampf an der militärischen, politischen und diplomatischen Front zu verstärken (…).» Entschlossen sind auch viele der rund 90'000 bewaffneten Widerstandskämpfer, die nach 1954 aus dem Süden in den Norden zurückgekehrt sind und jetzt, nach der Gründung der FNL, wieder in den Süden gehen. Dies gehört zum Plan der FNL und Hanois, den Südteil des Landes zu «befreien», wie es in der Propagandasprache heisst. Belegt ist das auch durch die von der New York Times ab 13. Juni 1971 veröffentlichten Geheimdokumente, die Neil Sheehan unter dem Titel Die Pentagon-Papiere. Die geheime Geschichte des Vietnamkrieges als Buch herausgegeben hat. Darin ist zu lesen: «Die meisten derjenigen, die zur Waffe griffen, waren Südvietnamesen, und die Gründe, um derentwillen sie kämpften, wurden durchaus nicht in Nordvietnam erfunden.»

In der Verfilmung seines Buches Krieg ohne Fronten sagt der Historiker Bernd Greiner, die FNL habe «die Kontrolle über viele Dörfer im Mekongdelta gewonnen und gezielt Vertreter der Diem-Regierung vertrieben oder eliminiert». Es sei die klare Politik der FNL gewesen, «Träger der Diem-Regierung zu töten. Und das wurde in relativ grossem Massstab auch gemacht.» So sei es der FNL gelungen, die Kontrolle über grosse Landstriche zu bekommen.

Der Ho-Chi-Minh-Pfad entsteht

Nach der FNL-Gründung beschliesst die nordvietnamesische Führung, zur Versorgung der Befreiungsfront mit Waffen den sogenannten Ho-Chi-Minh-Pfad anzulegen. Er verläuft hauptsächlich auf laotischem und kambodschanischem Gebiet, denn über die Nationalstrasse 1 funktioniert die Versorgung nur teilweise. Sie führt von der chinesischen Grenze über rund 1200 Kilometer bis nach Saigon und wird im Norden seit Beginn des Luftkrieges gegen die Demokratische Republik Vietnam ständig von der US Air Force bombardiert. Der Ho-Chi-Minh-Pfad, der in Vietnam «Ho-Chi-Minh-Piste» heisst (Duong mon Ho Chi Minh), führt durch die

Truong-Son-Gebirgskette bis nach Tay Ninh auf der Höhe Saigons. Diese strategische Verkehrsader ist in jener Zeit rund 5000 Kilometer lang und besteht aus zwei breiten betonierten Strassen und parallelen Ausweichstrassen inmitten dichter Wälder. Neben dem Ho-Chi-Minh-Pfad verläuft eine etwa 3000 Kilometer lange Erdölpipeline, die im Frühjahr 1975 die Versorgung der Panzer- und motorisierten Einheiten zum Sturm auf Saigon sicherstellt.

Kennedy schickt Militärberater

1961 schickt der neugewählte US-Präsident John F. Kennedy weitere Militärberater und eine Spezialeinheit von 400 Soldaten nach Vietnam. Erste Berater gab es bereits unter Präsident Eisenhower. Ende 1960 zählte man in Südvietnam rund 900 amerikanische Militärs, ein Jahr später sind es 3205. Aus der Einsicht heraus, dass die Regimes der südvietnamesischen Generäle niemals die Unterstützung der Bevölkerung haben würden, erhöht Washington 1962 sein Truppenkontingent auf 11'000 Soldaten. In einer Rede sagt Kennedy: «Jeder Staat dieser Welt, ob er nun für oder gegen uns ist, sollte wissen, dass wir jeden Preis bezahlen, jede Bürde tragen, jeden Freund unterstützen und jeden Feind bekämpfen werden, um der Freiheit zum Sieg zu verhelfen.» In den USA ist Vietnam weitgehend Terra incognita. Kennedy schickt Fact-finding-Teams hin, die aber mit unterschiedlichen Empfehlungen zurückkehren. Schliesslich entsendet er seinen Verteidigungsminister Robert McNamara. Nach zwei Tagen verkündet dieser, ein Sieg sei möglich.

Ho-Chi-Minh-Mausoleum in Hanoi. Als Ho Chi Minh im September 1969 starb, spekulierte man in den USA, dass sein Tod die Widerstandskraft Vietnams lähmen würde – ein Irrtum, wie die Geschichte zeigt (2013).

Der Krieg der USA in Vietnam beginnt
mit der Lüge von Tonkin

In der Bucht von Tonkin vor der Küste Nordvietnams werden am 2. und 4. August 1964 zwei US-amerikanische Kriegsschiffe, die «Maddox» und die «Turner Joy», angeblich von nordvietnamesischen Schnellbooten beschossen. Die USA behaupten, ihre Schiffe hätten sich auf einer Beobachtungsmission in internationalen Gewässern befunden. Washington nimmt den Zwischenfall als Grund, mit der Bombardierung erster Ziele den Luftkrieg gegen Nordvietnam zu beginnen.

Die US-Regierung reagiert unter Präsident Lyndon B. Johnson zunächst mit der sogenannten Tonkin-Resolution. Diese fordert das direkte Eingreifen der Vereinigten Staaten in den seit 1956 andauernden Vietnamkrieg. Der Kongress segnet die Resolution ab und erteilt Johnson eine Blankovollmacht, die ihm quasi freie Hand gibt, Militäraktionen in Südostasien durchzuführen. Die Tonkin-Resolution wird von Johnson als Ersatz für die nicht erfolgte Kriegserklärung benutzt und rechtfertigt damit die Eskalation des Vietnamkrieges. Washington startet zur Vergeltung der angeblichen Angriffe auf seine Schiffe die Operation «Pierce Arrow». In über sechzig Bomberangriffen gegen vier Stützpunkte und ein Öldepot werden fünfundzwanzig Torpedoboote zerstört und das Öldepot fast komplett vernichtet. Mit diesem «Vergeltungsschlag» beginnt eine massive Ausweitung des amerikanischen militärischen Engagements.

(Fortsetzung S. 168)

Die Dominotheorie – hohle Propaganda

Die USA konnten in den Augen ihrer Kritiker eigentlich nie glaubhaft machen, welche vitalen Interessen sie in Vietnam hatten. Natürlich sprach man von der Eindämmung des Schreckgespenstes Kommunismus – mit der abenteuerlichen Behauptung, wonach alle anderen südostasiatischen Länder ins kommunistische Lager «fallen» würden, wenn Nordvietnam gewänne: die berühmte Dominotheorie. Sie hielt keiner wissenschaftlichen Analyse stand. Kritische Wissenschaftler wurden systematisch vom Präsidenten ferngehalten. Die Dominotheorie verkündete Präsident Dwight D. Eisenhower am 7. April 1954. Heute weiss man: Sie war nichts anderes als ein hohler Propagandaslogan, der dazu diente, das amerikanische Volk von der Notwendigkeit des Vietnamkrieges zu überzeugen.

General Colin Powell, der spätere US-Aussenminister, sagte über das amerikanische Engagement in Vietnam, dass Washington «fast keine Ahnung» gehabt habe, worauf man sich dort einliess. «Wir gingen in ein fremdes Land, in dem unsere einzige Überlegenheit in unserer Bewaffnung bestand», schrieb der amerikanische Autor und Journalist David Halberstam. «Die andere Seite verfügte über eine absolute politische Überlegenheit, die es ihr ermöglichte, immer mehr und immer neue Kräfte zu mobilisieren. Im Endeffekt kämpften wir gegen die Geburt einer Nation.» Präsident Richard Nixon meinte im Rückblick, er hätte den Krieg 1969 beenden müssen – und können. Aber: «Wir mussten die Sache durchstehen.» Dem Präsidenten war klar, dass Vietnam keine geostrategische Bedeutung hatte: «Vietnam als solches war nicht bedeutend. Was am Beispiel Vietnam zählte, war, dass Freunden und Verbündeten demonstrativ amerikanische Unterstützung und unseren Feinden amerikanische Willensstärke vor Augen geführt wurde.» Der deutsche Historiker Bernd Greiner folgerte daraus: «Es ging also um die Symbolik der Tat.»

US-Verteidigungsminister Robert McNamara, unter dessen Führung der Krieg intensiviert wurde, sagte nach dessen Ende, dass das blinde Hineingleiten in den Vietnamkrieg aus ideologischen Gründen und in Unkenntnis des Landes, seiner Kultur und Geschichte falsch gewesen sei. In seinen Memoiren schreibt McNamara später: «Wir hatten uns geirrt, schrecklich geirrt.» Trotzdem haben sich die USA bis auf den heutigen Tag nie offiziell für diesen Krieg entschuldigt: etwas, was sehr viele Menschen in Vietnam erwarten. Weshalb das nie geschah, wollte der Autor dieses Buches bei der amerikanischen Regierung herausfinden. Der Weg war hürdenreich – und letztlich erfolglos. Zuerst verwies die US-Botschaft in Bern an das Aussenministerium in Washington. Doch dessen Historisches Büro schickte lediglich Links zu zwei Uraltinterviews. In einem der Gespräche, geführt am 14. November 2000, wurde Präsident Bill Clinton – kurz vor seinem mehrtägigen Vietnambesuch – gefragt: «Glauben Sie, die Vereinigten Staaten sollten sich in Vietnam für diesen Krieg entschuldigen?» Clinton antwortete kurz und knapp «No, I don't.» Tags darauf wurde der US-Botschafter in Hanoi in einem Telefoninterview gefragt, wie viel Bitterkeit es denn wegen dieses Krieges im vietnamesischen Volk noch gebe und wie viele Vietnamesen eine Entschuldigung aus Washington erwarteten. Botschafter Douglas Peterson antwortete: «Ich glaube nicht, dass es noch sehr viel Feindseligkeit wegen dieses Krieges gibt. (…) Ich glaube, ein konstruktives Engagement ist wichtiger als eine Entschuldigung.» Peterson, bis 2001 der erste US-Nachkriegsbotschafter in Vietnam, war im Krieg ein Pilot der US Air Force gewesen. Am 10. September 1966 wurde er bei Hanoi abgeschossen, konnte sich mit dem Schleudersitz retten und blieb auf einem Mangobaum inmitten eines Reisfeldes hängen. Peterson sass bis 1973 im berüchtigten Gefängnis Hoa Lo, von den Gefangenen «Hanoi Hilton» genannt. Nach seiner Rückkehr setzte er sich für das Auffinden der damals fast 1600 vermissten US-Soldaten ein. Das führte ihn schliesslich als demokratischer Abgeordneter nach Washington, wo ihn Clinton 1997 zum Botschafter in Hanoi ernannte. Dies sah man als gelungenen innen- und aussenpolitischen Schachzug: Zum einen konnte Clinton mit dem ehemaligen Kriegsgefangenen den Widerstand gegen einen Botschafter in Vietnam brechen; andererseits sah man in Peterson ein Symbol für Clintons Bemühungen um eine Verbesserung der bilateralen Beziehungen mit dem südostasiatischen Land.

Da die Entschuldigungsantworten von Peterson und Clinton etwas betagt sind, nochmals ein Versuch – mehr als vierzig Jahre nach Kriegsende. Dieses Mal verweist die US-Botschaft an die Pressestelle der Regierung. Dort erneut die Frage gestellt: «Weshalb haben sich die Vereinigten Staaten von Amerika in Vietnam nie für diesen Krieg entschuldigt?» Nach mehrmaligem Nachfragen traf die Antwort ein: «Wir können Ihnen nicht mehr sagen als das, was in den Links steht, die Sie vom Historischen Büro des Aussenministeriums erhalten haben.» In seinen letzten Monaten im Amt besuchte Präsident Barack Obama im Mai 2016 Vietnam. Viele erhofften sich vom Friedensnobelpreisträger die ersehnte Entschuldigung. Doch auch er blieb sie schuldig. Enttäuscht wurden auch die Agent-Orange-Opfer. Ein zuvor gefordertes Treffen mit Betroffenen kam nicht zustande.

(Fortsetzung von S. 164)

Erst vier Jahre später bringt eine Untersuchung des aussenpolitischen Ausschusses des US-Senats ans Licht, dass Präsident Johnson sich mit «ungeheuerlichen verlogenen Behauptungen», die von seinen Geheimdiensten gestützt wurden, die Ermächtigung des Kongresses zu den Luftangriffen quasi erschlichen hat. Die Wahrheit: Die US-Kreuzer sind in einer Spionagemission unterwegs und haben den Auftrag, für die geplanten Luftangriffe die elektronischen Systeme und Radaranlagen Nordvietnams zu stimulieren, um sie orten zu können. Dazu dringen sie in die nordvietnamesische Drei-Meilen-Hoheitszone ein. Keines der US-Kriegsschiffe wird von nordvietnamesischen Torpedos getroffen. Der ehemalige Kongressabgeordnete George McGovern: «Wir wissen heute, dass eine solche Aggression nie stattgefunden hat. (…) Wir erfuhren später (…), dass keines der Schiffe beschädigt worden war.»

Der Spiegel schreibt, dass bereits Monate vorher ein als «Drehbuch» bezeichnetes Programm der Luftangriffe auf Nordvietnam erarbeitet worden sei. Es sah vor, Hanoi und das dichtbesiedelte Mündungsgebiet des Roten Flusses zu bombardieren. Weitere Einzelheiten über Johnsons Plan, den Krieg im Süden auf den Norden auszudehnen, enthüllen 1971 die *Pentagon-Papiere*. Das Ermächtigungsgesetz, das Johnson – angeblich als Reaktion auf den Tonkin-Zwischenfall – am 16. August 1964 dem Kongress vorlegt, ist bereits am 25. Mai ausgearbeitet worden, also Monate vor den erlogenen Ereignissen!

Mehr Bomben als im Zweiten Weltkrieg

Von 1964 bis August 1973 setzten die USA und ihre Verbündeten in Vietnam, Laos und Kambodscha insgesamt 7,662 Millionen Tonnen Bomben, Artilleriegranaten und andere Kampfmittel ein. So steht es in einer Studie der Universität von Kalifornien, Berkeley. Das sind ein paar hunderttausend Tonnen mehr als auf allen Schauplätzen des gesamten Zweiten Weltkrieges zusammen. Bereits nach zwei Jahren Luftkrieg, zwischen 1964 und 1966, sind 860'000 Tonnen Bomben allein auf Nordvietnam niedergegangen. Vietnam gilt laut der Berkeley-Studie als das am stärksten bombardierte Land der Geschichte.

Der Norden antwortet mit einer völligen Dezentralisierung der Wirtschaft und evakuiert Hunderttausende von Menschen aus den Städten, damit sowohl Industrieanlagen als auch die Bevölkerung ein weniger leichtes Ziel abgeben. Nach den Enthüllungen des US-Senats muss Präsident Johnson am 1. November 1968 die Luftangriffe auf Nordvietnam einstellen – zumindest offiziell, denn die Bombardierungen gehen weiter.

1968, auf der Höhe des Vietnamkrieges, haben die USA vor Ort über eine halbe Million Soldaten stationiert. Ihre Verbündeten – Australien, Neuseeland, Südkorea, die Philippinen und Thailand – stellen zusammen zusätzlich 90'000. Die südvietnamesische Armee zählt rund eine Million Soldaten. Die Nationale Befreiungsfront FNL stellt diesem Kontingent etwa 400'000 Mann entgegen. Welch ungeheure Zahl an Menschen hinter dem amerikanischen Engagement in Vietnam steckt, offenbart sich bei Kriegsende im April 1975 (s. S. 197): Über drei Millionen Soldaten blicken auf ihren Dienst in Südostasien zurück, in Vietnam, Laos, Kambodscha, Thailand und im Südchinesischen Meer, unter ihnen auch rund 11'000 Frauen, die fast alle freiwillig als Krankenschwestern dienten. Zwei Drittel der amerikanischen Dienstleistenden meldeten sich freiwillig zum Krieg. Das Durchschnittsalter der US-Soldaten in Vietnam beträgt nur einundzwanzig Jahre.

«Body Count» – Leichenzählung

Im Vietnamkrieg entwickelt sich eine eigentliche, «verslangte» Soldatensprache mit Hunderten von neuen Wörtern. Mit der Bezeichnung «Vietcong» soll suggeriert werden, dass die gesamte Befreiungsbewegung und damit alle, die sich gegen Unterdrückung wehrten, «kommunistisch» und damit «vernichtenswert» seien. Dementsprechend gehen viele US-Soldaten mit den Menschen um, selbst mit Südvietnamesen, die ja ihre Verbündeten sind. GIs verstreuen mit Sprengladungen versehene Essensrationen oder schiessen wahllos auf Kinder und brennen

Häuser nieder. Ein Soldat begründet dies so: «Wir glauben nicht, dass ihre Häuser ihnen so wichtig sind, wie es ein Zuhause für uns ist.»

Den Amerikanern ist in diesem Land fast alles vollkommen fremd: die Sprache, die Menschen und wie sie denken, der Dschungel, in dem sie kämpfen müssen, mit seiner Undurchdringlichkeit, seinen Geräuschen, Sümpfen und Moskitos … All das erscheint Aussenstehenden als eine äusserst bedrohliche Welt. Dies erzeugt Angst, macht krank und führt bei vielen zu blindwütiger Aggression, die nur eines zum Ziel hat: möglichst viele Leichen zu produzieren. Der Erfolgsmassstab ist die Zahl toter Gegner. «Body Count», Opferzahl, heisst das Schlagwort. Diese Ungeheuerlichkeit treibt die Truppen dazu, so viele Menschen wie möglich zu töten – mit allen Mitteln. Dies ist mit ein Grund, weshalb in diesem Krieg so viele Zivilisten umgebracht werden. Monatliche und wöchentliche Tötungszahlen werden festgelegt. Eine gute «Body Count»-Bilanz wird mit einem Erholungsurlaub in Thailand, Japan oder Südkorea belohnt. Der Historiker Bernd Greiner schreibt: «Verbürgt ist (…), dass ein Lieutenant Colonel (…) besondere Leistungsabzeichen auslobte – sogenannte ‹Sat Cong›- oder ‹Cong Killer›-Aufnäher, die gesammelt und beim Erreichen einer bestimmten Stückzahl im Hauptquartier des Bataillons gegen Vergünstigungen eingetauscht werden konnten.» Zur Steigerung der Kampfmoral fliegt die US-Armee monatlich über 30'000 Soldaten nach Thailand, Indonesien, Singapur, Taiwan, Hongkong oder Japan aus, damit sie sich dort mit Prostituierten vergnügen können. Am beliebtesten jedoch, so schreibt Bernd Greiner, seien die Bordelle, Bars, Nacht-

1973. Eine weibliche Vietcong-Guerilla im Mekongdelta. «Während des Krieges konnte man Frauen wie sie fast überall finden», sagte der Fotograf zu diesem Bild. «Sie war nur vierundzwanzig Jahre alt und bereits zweifache Witwe. Beide Ehemänner waren Soldaten. Für mich war sie ein Idealbild einer weiblichen Guerilla, die sich für ihr Land aufopferte.» Foto Le Minh Truong / Another Vietnam / National Geographic.

170

klubs oder die eingezäunten, von Militärpolizei bewachten «Sexlager» in der Nähe von Militärstützpunkten gewesen. Teils wurden sie privat, teils unter Aufsicht amerikanischer Medizinalabteilungen, teils von der südvietnamesischen Mafia betrieben.

Die Schlacht von Khe Sanh

Vierzig Jahre nach dem Krieg. Es sind bedrohliche, übergrosse Skulpturen, die da auf der zugewachsenen Flugpiste in der Hochebene von Khe Sanh stehen: Riesenhubschrauber, Panzer, ein Truppentransporter – amerikanisches Kriegsgerät von damals. Touristen posieren davor und produzieren lächelnd oder grinsend Selfies, andere klettern auf einen Panzer und lassen sich dort ablichten. Der Vietnamkrieg ist heute auch eine Touristenattraktion (s. S. 236). Souvenirverkäufer laufen mit hölzernen Bauchläden den Besuchern nach und versuchen, vergilbte und verrostete Orden, Patronenhülsen und andere Erinnerungsstücke loszuwerden, die an das Grauen erinnern. Im kleinen Restaurant beim Eingang verkaufen Plantagenarbeiterinnen Bio-Arabica-Kaffee, den sie auf den umliegenden Hügeln anbauen. Regelmässig besuchen amerikanische und australische Vietnamkriegs-Veteranen, die hier einst kämpften, den Ort. Ein Guide erzählt uns, wie die alten Männer manchmal in Tränen ausbrechen, wenn sie im Museum Schlachtbilder von damals sehen und realisieren, was sie anrichteten. Erst kürzlich sei wieder einer zusammengebrochen.

Wir sind in Khe Sanh, einer ehemaligen US-Basis, etwa zwanzig Kilometer von der laotischen Grenze entfernt und etwa gleich weit weg von der damaligen Demarkationslinie. In Khe Sanh beginnt am 21. Januar 1968 die längste Schlacht des Vietnamkrieges und verwandelt die beschauliche Berglandschaft in den nächsten fünfundsiebzig Tagen in eine Hölle. Mehr als 10'000 nordvietnamesische Soldaten und rund 500 amerikanische und verbündete Soldaten sterben hier.

Wie kommt es zu diesem mörderischen Kampf? Ende 1967 entdeckt die US-Aufklärung, dass Zehntausende nordvietnamesische Kämpfer, bewaffnet mit Granatwerfern, Raketen und Artillerie, in die Berge um Khe Sanh in der Provinz Quang Tri strömen. Der Befehlshaber der amerikanischen Streitkräfte in Vietnam, General William Westmoreland, befürchtet, dass sich ein zweites Dien Bien Phu anbahnt. Eine Horrorvorstellung. Er verlegt 15'000 zusätzliche Soldaten in die Provinz. Die Kampfhandlungen eskalieren. Um einer Niederlage zu entgehen, versammelt Westmoreland eine Armada von 5000 Flugzeugen und Hubschraubern und erhöht die Truppenstärke in Khe Sanh auf 6000 Mann. Um die 100'000 Tonnen Sprengstoff, Phosphor- und Napalmbomben werfen die Amerikaner auf dieses Bergland ab. Kein anderer Ort auf der Erde soll je mit einem solchen Bombardement überzogen worden sein. Westmoreland plant sogar den Einsatz von Atomwaffen, so wie einst schon von Paris gefordert. «Da die Gegend praktisch unbewohnt war, wären menschliche Opfer minimal», schreibt der General später in seinem Buch *A Soldier Reports*. Washington jedoch lässt wenigstens diesen Wahnsinn nicht zu. Zwar wird Khe Sanh am Ende erfolgreich verteidigt, doch wenig später aufgegeben und zu einem Symbol des vergeblichen Einsatzes der USA in Vietnam.

Heute scheint klar zu sein, dass die Belagerung von Khe Sanh ein gigantisches Ablenkungsmanöver Nordvietnams gewesen ist. Die Aufmerksamkeit der US-Truppen und ihrer Befehlshaber sollte von den Ballungsgebieten Südvietnams abgezogen werden. Die *Neue Zürcher Zeitung* schreibt später: «In dieser Situation griffen Giaps Guerillakrieger zu Zehntausenden die Städte an. Völlig überraschend! Als wäre das Ringen um die Hügel von Khe Sanh nur eine Ablenkung gewesen. Entsetzte Amerikaner sahen im Fernsehen, wie in Saigon die US-Botschaft besetzt wurde. Leichen auf dem Rasen.» – «Was um alles in der Welt geht dort vor? Ich dachte, wir wären dabei, diesen Krieg zu gewinnen», sagt der CBS-Fernsehjournalist und Nachrichtensprecher Walter Cronkite in einer seiner abendlichen Sendungen konsterniert. Er gilt als der «vertrauenswürdigste Mann Amerikas». Die öffentliche Meinung in den USA kippt. Das politische Amerika ist schockiert.

(Fortsetzung S. 178)

Einige Hauptakteure des Vietnamkrieges

Links: John F. Kennedy (1917–1963), US-Präsident von 1961 bis zu seiner Ermordung 1963. Unter seiner Führung begannen die USA, sich in Vietnam verstärkt militärisch zu engagieren. Er sagte: «Jeder Staat dieser Welt (...) sollte wissen, dass wir jeden Preis bezahlen (...) um der Freiheit zum Sieg zu verhelfen.»

Mitte: Lyndon B. Johnson (1908–1973), US-Vizepräsident unter Kennedy und US-Präsident von 1963 bis 1969. Johnson rief 1964 die «freie Welt» dazu auf, sich am amerikanischen Krieg gegen den Kommunismus zu beteiligen. Unter ihm und seinem Nachfolger Nixon eskalierte der Vietnamkrieg.

Rechts: Richard M. Nixon (1913–1994), US-Präsident von 1969 bis 1974. Nixon 1971: «Wir werden dieses gottverdammte Land dem Erdboden gleichmachen!» Im Rückblick meinte Nixon, er hätte den Krieg 1969 beenden müssen – und können. Aber: «Wir mussten die Sache durchstehen.»

Links: US-Verteidigungsminister Robert McNamara (1916–2009), unter dessen Führung der Krieg intensiviert wurde, sagte nach dessen Ende, dass das blinde Hineingleiten in den Vietnamkrieg aus ideologischen Gründen und in Unkenntnis des Landes, seiner Kultur und Geschichte falsch gewesen sei.

Mitte: Henry A. Kissinger (geb. 1923) spielte in der US-Aussenpolitik während des Vietnamkriegs eine zentrale Rolle. 1969–1973 als Nationaler Sicherheitsberater, 1973–1977 als Aussenminister. 1973 erhielt er gemeinsam mit Le Duc Tho den Friedensnobelpreis für ein Waffenstillstands- und Abzugsabkommen mit Nordvietnam.

Rechts: Ho Chi Minh (1890–1969), legendärste Führerpersönlichkeit Vietnams. 1945 erklärte er sein Land als unabhängig. Ho Chi Minh führte die Unabhängigkeitskämpfe gegen die französische Kolonialmacht und später gegen die USA. 1945–1955 war er Premierminister, 1945–1969 Präsident der Demokratischen Republik Vietnam.

Links: Le Duc Tho (1911–1990) leitete während des Krieges die militärischen Aktionen der Nordvietnamesen. 1969 sass er in Paris zusammen mit Kissinger am Tisch der Friedensverhandlungen. 1973 lehnte er, im Gegensatz zu Kissinger, den Friedensnobelpreis ab. Dies mit der berechtigten Begründung, es herrsche noch kein Friede. Der Krieg dauerte noch bis 1975.

Mitte: General Vo Nguyen Giap (1911–2013), militärischer Führer der Viet-Minh-Truppen von Ho Chi Minh und der Volksarmee Nordvietnams. Nach dem Krieg sagte er: «Weil wir uns von Feinden umstellt glaubten, gingen wir zum Terror über. Dieses Mittels bedienten wir uns viel zu oft. (…) Schlimmer noch, die Folter wurde allmählich als normal angesehen.»

Rechts: Nguyen Van Thieu (1923–2001) war von 1967 bis April 1975, bis zum «Fall von Saigon», Präsident Südvietnams. Am 9. März 1973 erklärte er seine Regierung «zur einzigen in Südvietnam». Am 12. Oktober drohte er, wer sich als «Neutralist oder Prokommunist bezeichnet, überlebt keine fünf Minuten».

Fotos S. 174 bis 177 oben Wikipedia Public Domain

Oben: Amerikanische Sprühflugzeuge bringen giftige Herbizide über Wäldern, entlang von Flüssen und Verkehrswegen sowie rund um Flughäfen aus. Zudem vernichten sie die Fruchtfelder des Feindes. Versprüht wird auch das dioxinhaltige Agent Orange, das bis heute schwere Schäden an Mensch und Natur verursacht.

Unten: In den 1960er Jahren in Südvietnam: mit Agent Orange niedergesprayter Wald. Foto War Remnants Museum (Kriegsopfermuseum) Ho-Chi-Minh-Stadt.

(Fortsetzung von S. 173)

Dass der Vietcong die Kraft hat, den Präsidentenpalast und das Hauptquartier der US-Armee in Saigon anzugreifen und obendrein die amerikanische Botschaft zu stürmen, hatte niemand erwartet. Siegesprognosen aus Washington klingen in der Folge ziemlich unglaubwürdig. Nach Ausstrahlung dieser CBS-Sendung sah Lyndon B. Johnson das Ende seiner Präsidentschaft gekommen. Cronkite zu verlieren, so meint er, heisse, die Amerikaner hinter sich zu verlieren.

Die Tet-Offensive – die Wende

Der Überraschungscoup der Nordvietnamesen beginnt am 1. Februar 1968 und geht als Tet-Offensive in die Geschichte ein. Sie heisst so, weil sie während des vietnamesischen Neujahrsfestes Tet stattfindet, und gilt neben Khe Sanh und der Belagerung von Hué (s. S. 179) als eine der wichtigsten Militäroperationen während des Vietnamkriegs. Von der am siebzehnten Breitengrad gelegenen Kreisstadt Dong Ha bis hinunter zur südlichen Provinz Bac Lieu greift die Nationale Befreiungsfront das über eine halbe Million Mann starke US-Korps sowie die 700'000 Mann zählende südvietnamesische Armee an. Angegriffen werden strategische Ziele in über hundert südvietnamesischen Städten. Obwohl die Befreiungsarmee überall, ausser in Hué, schnell zurückgeschlagen wird und ausserordentlich hohe Verluste erleidet, gilt diese Frühjahrsoffensive im Vietnamkrieg als Wendepunkt. Die US-Regierung sieht ein, dass der Krieg nicht zu gewinnen ist, und will sich aus Südvietnam zurückziehen. In Khe Sanh wird alles, was für einen nordvietnamesischen Propagandafilm hätte benutzt werden können, vergraben, gesprengt oder abtransportiert. Die US-Truppen verlassen die Basis.

Kriegsverbrechen der Gegenseite

Während der sechsundzwanzig Tage dauernden Belagerung der alten Kaiserstadt Hué durch die nordvietnamesische Armee und den Viet-

cong begehen die kommunistischen Streitkräfte zahlreiche Kriegsverbrechen. Der deutsche Ex-Kriegsreporter Uwe Siemon-Netto schildert,
wie er zusammen mit einem amerikanischen Fernsehteam den Schau-
platz eines Massakers besichtigt. Der Vietcong habe in Hué Frauen,
Kinder und alte Männer, die alle festlich für das vietnamesische Neujahr
gekleidet gewesen seien, umgebracht und in mehreren Massengräbern
verscharrt; einige von ihnen seien erschossen oder erschlagen, andere
lebendig begraben worden. Es ist die Zeit, in der in Südvietnam auch der
Terror der kommunistischen Truppen gegen die Zivilbevölkerung eskaliert. Bernd Greiner berichtet in seinem Buch *Krieg ohne Fronten*, wie
kommunistische Guerillas im Januar 1968 im Zivilspital von Quang Ngai
wahllos Patienten, Pfleger und Ärzte ermordet hätten. In Hué, so Greiner,
setzen sie einen offenbar einige Monate zuvor «von der Kommunistischen Partei Nordvietnams und der Nationalen Befreiungsfront gefass-
ten Plan in die Tat um: die Ermordung der politischen und intellektuellen
Elite». Von den knapp 150'000 Einwohnern werden etwa 3000 hingerichtet und nochmals so viele verschleppt. Spätere gerichtsmedizinische
Untersuchungen beweisen, dass diese Menschen zu Tode geprügelt,
erschossen, enthauptet oder, wie von Siemon-Netto beschrieben, lebendig begraben worden sind. Unter den Opfern waren auch französische
Priester, drei deutsche Medizinprofessoren, die Frau einer dieser Ärzte
sowie drei Mitarbeiter des Malteser Hilfsdienstes. Laut dem US-Historiker Douglas E. Pike seien die Morde planmässig begangen worden. Die
Namen der Opfer hätten allesamt auf schwarzen Listen gestanden und
die Täter seien ortsansässige Vietcong gewesen. Dass kommunistische
Kräfte dafür verantwortlich gewesen seien, bestreiten gewisse Kreise bis
heute. Es wird behauptet, südvietnamesische, als Vietcong verkleidete
Soldaten hätten die Morde begangen, um so den Hass gegen die Kommunisten zu schüren – eine Behauptung, für die es jedoch keinen glaub-
haften Beleg gibt und die namhafte unabhängige Historiker als unseriös
bezeichnen. Was in Hué ablief, darf als typisch für den Vietcong angesehen werden, der in den späten 1950er Jahren gezielt gegnerische Eliten
unter Druck setzte und im Zweifelsfall ermordete. Es ging um eine politische Tabula rasa. Dass das Massaker von Hué nicht den Südvietnamesen

oder den Amerikanern angelastet werden kann, dafür gibt es auch einen starken indirekten Hinweis: Während der Pariser Friedensverhandlungen von 1971 hatte die nordvietnamesische Delegation ein umfangreiches Dossier vorgelegt, das amerikanische Kriegsverbrechen minutiös auflistete. Doch Hué kommt darin nicht vor. Hätte es auch nur den leisesten Verdacht gegeben, dass die Amerikaner oder ihre Verbündeten in irgendeiner Weise beteiligt waren, wäre es in diesem Papier aufgetaucht.

Das Massaker von My Lai

«Sie haben nicht ein einziges Wort gesagt», flüstert Ha Thi Quy. Die rüstige Greisin klingt, als würde sie von einem Erlebnis berichten, das gerade ein paar Tage zurückliegt. «Kein einziges Wort haben sie gesagt. Nur geschossen.» So zitiert der Journalist Willi Germund in der *Basler Zeitung* eine Überlebende des Massakers im kleinen Dorf My Lai in der zentralvietnamesischen Provinz Quang Ngai. Und weiter schreibt er: «Die Killer kamen im Morgengrauen. Mit Helikoptern landete die ‹Charlie Company› unter dem Kommando von Captain Ernest ‹Mad Dog› Medina und Leutnant William ‹Rusty› Calley in dem kleinen Bauerndorf. Die Soldaten steckten Hütten in Brand, vergewaltigten Frauen und massakrierten innerhalb von vier Stunden fast das gesamte Dorf – darunter Greise, Frauen, Kinder, Vieh und Haustiere. 504 Menschen wurden am 16. März 1968 auf sadistische Weise ermordet.»

Spätestens in My Lai, etwa 150 Kilometer südlich von Da Nang, verlieren die USA den Krieg auch moralisch. Ihr Anspruch, als demokratische Nation «gute» Kriege zu führen, ihre Behauptung, rücksichtsvoller zu handeln als ihre Gegner, geht im Blutbad dieses kleinen zentralvietnamesischen Dorfes unter.

US-amerikanische Medienschaffende tragen dazu bei, das barbarische Kriegsverbrechen zu entlarven, unter ihnen der Fotoreporter Ronald L. Haeberle, der später aussagt: «Leutnant Calley entdeckte 150 Personen, die sich in einem Graben versteckt hatten, in der Mehrzahl Frauen und Kinder. Als einige von ihnen furchtsam aus ihrem Versteck hervorkamen, mähte Calley sie erbarmungslos nieder und forderte seine Soldaten auf, seinem Beispiel zu folgen. Nachdem das Feuer eingestellt worden war, erhob sich aus diesem Blutbad einem Wunder gleich ein etwa zweijähriges Kind, das verzweifelt und weinend in Richtung Dorf lief. Leutnant Calley packte es, warf es wieder in den Graben und erledigte es mit seiner Waffe.» Andere Zeugen erzählen von Menschen, die, von Bajonetten verstümmelt, in Blutlachen lagen. «GIs hatten Ohren oder Köpfe abgetrennt, Kehlen aufgeschlitzt und Zungen herausgeschnitten, Skalpe genommen.» An anderen Stellen lagen «tote Frauen mit aufgeschlitzter Vagina», in einem Fall hatten Sadisten «einen Gewehrlauf eingeführt und abgedrückt».

In My Lai hat der US-Trupp laut Zeugenaussagen keinen einzigen feindlichen Soldaten angetroffen. Hauptmann Ernest Medina, der das Bataillon kommandierte, zu dem Leutnant Calleys Kompanie gehörte, log jedoch, es seien neunundsechzig Vietcong getötet worden. Im offiziellen Kriegsbulletin, das die New York Times am 17. März 1968 veröffentlichte, heisst es: «Zwei amerikanische Kompanien näherten sich von entgegengesetzten Seiten den feindlichen Stellungen, und mit schwerem Sperrfeuer und unter Einsatz von Kampfhubschraubern vernichteten sie die nordvietnamesischen Soldaten.»

In My Lai steht heute eine Gedenkstätte. Sie ist auch jenen US-Soldaten gewidmet, die Widerstand zeigten, unter ihnen der Hubschrauberkommandant Hugh Thompson. Er trifft zu spät am Tatort ein und bedroht angesichts des barbarischen Treibens eigene Kameraden mit seiner Waffe. So rettet er das Leben einiger weniger Frauen und Kinder. Der einzige verletzte US-Soldat in My Lai ist Herbert Carter, der sich vermutlich selbst in den Fuss schoss – wohl um schnellstmöglich evakuiert zu werden. Von einem Gefreiten wird berichtet, dass er sich weigerte, Menschen zu erschiessen. Calley richtete sein Gewehr auf ihn, worauf sich Kameraden schützend vor den Verweigerer stellten.

My Lai war kein Einzelfall. Lieutenant Colonel David Hackworth gab zu, dass es im Kriegsalltag in Vietnam «Tausende derartiger Gräueltaten» gegeben habe. Die Zahl der systematisch ermordeten Zivilisten, darunter vor allem Frauen und Kinder, dürfte in die Hunderttausend gehen. Das schreibt der Historiker Bernd Greiner in seinem Buch *Krieg ohne Fronten*. Einige Monate vor dem Massaker von My Lai überfielen südkoreanische Truppen ein Dorf in der Nähe und liessen Bewohner Gruben ausheben, um anschliessend sechsunddreissig Menschen zu erschiessen. Am 12. Februar 1968 ermordeten südkoreanische Soldaten in den Dörfern Phong Nhi und Phong Nhat im Distrikt Bien Ban (Provinz Quang Nam) neunundsiebzig Einwohner und zerstörten die Siedlungen bis zum letzten Gebäude. Nur Tage später, am 25. Februar, ermordeten wiederum Südkoreaner im Dorf Ha My in der Provinz Quang Nam 135 unbewaffnete Menschen. Belegt sind zahlreiche weitere Massaker, begangen von amerikanischen Soldaten und ihren Verbündeten. Berüchtigt waren Hubschrauberbesatzungen, die im Tiefflug unbeteiligte Zivilisten erschossen. Diese Mordaktionen liefen unter der Bezeichnung *joy rides*, «Vergnügungstrips». Ans Licht kamen Fälle, bei denen Hubschrauberbesatzungen Bauern mit einem Lasso einfingen und so lange mit ihnen herumflogen, bis diese sich nicht mehr festhalten konnten und in die Tiefe stürzten oder ihr Genick gebrochen war. Laut dem amerikanischen Journalisten Seymour M. Hersh, der als Enthüller des Massakers gilt, «haben Hubschrauberbesatzungen bestimmt mehr Massaker begangen als Leute wie Calley». Präsident Johnson forderte sieben Monate nach My Lai von General Creighton Abrams, seit Sommer 1968 Nachfolger von William Westmoreland als Oberkommandierender, mit derartiger «Unterdrückung jedes Widerstandes fortzufahren» und es dem Feind «zu geben wie gehabt».

Die Zeugenaussagen zum Massaker in My Lai lösten einen Proteststurm aus. Seymour M. Hersh nennt My Lai «ein Verbrechen im Stile der Nazis». Angeklagt und verurteilt wegen vorsätzlichen Mordes in nicht weniger als zweiundzwanzig Fällen wird allein Leutnant Calley, doch er verbringt zeit seines Lebens nicht einen einzigen Tag im Gefängnis. Nur Stunden nach dem Schuldspruch vom 31. März 1971 verfügt Präsident Richard Nixon, dass der Verurteilte bis zum Abschluss des von der Verteidigung angekündigten Revisionsverfahrens im Hausarrest bleiben darf. Zudem, so Nixon, werde er sich persönlich um diesen Fall kümmern und in letzter

Instanz entscheiden. Dieser unzulässige Eingriff in die Gewaltenteilung stösst kaum auf öffentliche Kritik. Drei Jahre später wird Calley aus dem Arrest entlassen. Richter J. Robert Elliott, damals zuständig für den Fall, begründet dies mit einem alttestamentarischen Mythos, mit einer Schlacht, die es nie gab: Krieg sei eben Krieg und es sei alles andere als ungewöhnlich, «wenn unschuldige Zivilisten zu Opfern werden. Das war in der Geschichte schon immer so. So war es auch, als Josua in biblischen Zeiten Jericho einnahm. Und Josua wurde nicht wegen des Gemetzels unter den Zivilisten von Jericho angeklagt. Sondern der ‹Herr war mit Josua›, wie wir aus der Bibel wissen.» Nach vierundvierzig Monaten Hausarrest ist der Massenmörder von My Lai wieder ein freier Mann.

«Krieg ist eben Krieg.» Dieser simplen Logik, die das Grauen kaschiert, folgten nach My Lai auch die meisten Medien. Anderthalb Jahre lang nahmen sie dieses Massaker nicht zur Kenntnis. Dabei wäre es für akkreditierte Journalisten in Südvietnam nicht allzu schwierig gewesen zu recherchieren. Es gab genug Gerüchte darüber, und Radio Hanoi erwähnte das Massaker mehrmals. Dies wurde aber von westlichen Journalisten als Propaganda wahrgenommen. Hinzu kam, dass man die Geschichte schlicht nicht glauben wollte. «Was nicht wahr sein darf, ist nicht wahr.» Das sagt der Armeefotograf Ronald Haeberle, der zusammen mit dem Journalisten Jay A. Roberts in My Lai zugegen war und das Geschehen dokumentierte. Als Haeberle vor einem Lehrerverband und einer christlichen Jugendgruppe in Ohio Fotografien des Tatorts zeigte, wurde

Das ehemalige Schlachtfeld von Khe Sanh in der Provinz Quang Tri. Kein anderer Ort auf der Erde soll je mit einem solchen Bombardement überzogen worden sein wie damals 1967. 6000 Soldaten, 5000 Flugzeuge und Hubschrauber waren im Einsatz. Um die 100'000 Tonnen Sprengstoff, Phosphor- und Napalmbomben warfen die Amerikaner auf dieses Bergland ab (2015).

er beschimpft. Weshalb sollten amerikanische Soldaten alte Männer, Frauen und Kinder umbringen? Und wie immer, wenn etwas Unfassbares geschieht, wurden auch hier abstruse Verschwörungstheorien in die Welt gesetzt. Ronald Haeberle: «Einige dachten, es wäre in Hollywood aufgenommen worden, dass es frei erfunden wäre. Sie wollten es einfach nicht glauben.» Erhebungen von Meinungsforschungsinstituten wie Gallup und Harris zeigten, dass rund zwei Drittel der Befragten auf der Seite der beschuldigten Soldaten standen. Die *Minneapolis Tribune* fand heraus, dass vierzig Prozent der Befragten das Massaker von My Lai für eine Presselüge hielten.

Aber wie ist ein solch blindwütiges Gebaren zu erklären? – Es hatte auch mit dem Bild zu tun, das viele amerikanische Soldaten von Vietnam und dessen Bewohnern hatten. Vietnam sei ein schäbiges Land mit Häusern aus Pappe und Blech gewesen, so Leutnant Calley in einem Selbstzeugnis. Und weiter: «Ich fühlte mich überlegen. Ich dachte: Ich bin der grosse Amerikaner aus Übersee. Ich werde es diesen Leuten schon geben. (…) Ich brüllte, schrie, schmiss Steine, warf kleine Kinder in den Fluss – ja, das tat ich. Ich hatte Angst vor vietnamesischen Kindern. Auf der Offiziersanwärterschule hatte ich oft genug von Kindern gehört, die etwas in die Benzintanks oder in die Hütten der GIs steckten.»

1971 fragt der Journalist John Sack Leutnant Calley nach dessen Haltung zum Verbrechen in My Lai. «Ich verkörpere nur die Vereinigten Staaten von Amerika, mein Vaterland», antwortet dieser und fügt hinzu: «Ich war gern in Vietnam.»

«Vietnam in die Steinzeit zurückbomben»

Die Bombardierung nordvietnamesischer Städte wird 1972 mit grösserer Grausamkeit als je zuvor fortgesetzt. Dabei stehen die strategischen Langstreckenbomber vom Typ Boeing B-52 im Zentrum. Voll beladen, kann eine einzelne Maschine während eines einzigen Fluges Ziele auf mehreren Quadratkilometern zerstören. Der Prototyp dieses ersten mit Düsentriebwerken ausgerüsteten achtstrahligen Boeing-Langstreckenbombers kann während des Fluges betankt werden. Damit ist die bis zu 1050 Stundenkilometer schnelle Maschine von überseeischen Stützpunkten unabhängig. Wegen ihrer Flughöhe von sechzehn bis siebzehn Kilometern heissen die B-52 auch Stratofortress, «Stratosphärenfestung». Der «Superbomber» ist als Träger für Kernwaffen konstruiert. Die tödliche Fracht wird bei allen Nukleartests der USA in der zweiten Hälfte der 1950er Jahre von ihm abgeworfen. Der häufigste in Vietnam eingesetzte Typ ist die B-52G, die von einer Besatzung von fünf bis sechs Mann geflogen wird. Ihre todbringende Bombenlast ist bis zu zweiunddreissig Tonnen schwer. Die Maschine ist im Laufe der Jahrzehnte stets weiterentwickelt worden und gilt heute neben der russischen Tupolew Tu-95 als das dienstälteste Kriegsflugzeug der Welt. Zu den fürchterlichsten B-52-Attacken gehörten die Bombardierungen von Hanois Innenstadt und der Hafenstadt Haiphong, die am 18. Dezember 1972 begannen. Sie gingen als «Weihnachtsbombardements» in die Geschichte ein. Damit wollten die Amerikaner unter dem Einfluss von Sicherheitsberater Henry Kissinger Hanoi an den Verhandlungstisch zwingen, als die Pariser Friedensgespräche stockten. In zwölf Tagen fliegen die Amerikaner in der Operation Linebacker II über Hanoi und Haiphong rund 3500 Einsätze. Fast neunzig Prozent der angegriffenen Ziele sind zivile Objekte! Die internationale Presse berichtet, dass in dieser Operation über 100'000 Tonnen Bomben und Raketen gewaltige Schäden angerichtet haben. In Hanoi sterben 2200 Menschen, 1600 erleiden Verletzungen. Vernichtet werden die dichtbesiedelte Gegend rund um die einen Kilometer lange Kham-Thien-Strasse und das Bach-Mai-Krankenhaus. Die erneute Bombardierung dauert acht Monate und zwingt die nordvietnamesischen Truppen, ihre Offensive im Süden abzubrechen. Nach den Worten des US-Generals Curtis LeMay will man «Vietnam in die Steinzeit zurückbomben», falls sich der Norden nicht füge. Ähnliches gibt im Zeitraum vom März bis Juni 1971 schon Präsident Richard Nixon von sich: «Also, also, also fickt die Wichser. (…) Wir werden nicht mit einem Wimmern da rausgehen. Wir werden ihnen verdammt noch mal alles um die Ohren pusten. (…) Wir werden dieses gottverdammte Land dem Erdboden gleichmachen! (…) Jetzt haben wir verdammt noch mal nichts mehr zu verlieren.» Henry Kissinger zu Nixon: «Herr Präsident, ich werde Sie aus ganzem Herzen unterstützen, und ich glaube, dass Sie das Richtige tun.» So ist es auf Tonbändern von damals zu hören.

Die US-Marines verminen aus der Luft auch sämtliche Häfen Nordvietnams, um den Nachschub aus der Sowjetunion auf dem Seeweg zu blockieren. Haiphong ist der Hauptumschlagplatz für sowjetische Waffenlieferungen. Entlang dem Roten Fluss werden die Deiche bombardiert. Nixons Bombenterror folgt der in Vietnam angewandten US-Militärstrategie, die besagt: je mehr Bomben, umso schneller zum Ziel. Originalton Nixon: «Die Lösung in Vietnam sind mehr Bomben, mehr Granaten, mehr Napalm, (…) bis die andere Seite zusammenbricht und aufgibt. (…) Wir werden sie zu Brei zerstampfen.» Doch es gelingt auch 1972 nicht, die Demokratische Republik Vietnam in die Knie zu bomben. Die Londoner *Daily Mail* schreibt, Nixon habe wohl nicht mit dem Erfolg der Raketen sowjetischer Bauart und ihrer nordvietnamesischen Bedienungsmannschaften gerechnet, die täglich zwei der riesigen Bomber mit acht Triebwerken abschiessen. Insgesamt verliert die US Air Force in der letzten Luftschlacht über Nordvietnam dreiunddreissig ihrer B-52. Insgesamt werden 1972 über der Demokratischen Republik Vietnam von 200 dieser im Pazifik stationierten Stratofortress deren vierundfünfzig abgeschossen.

15. September 1970. Der kambodschanische Guerilla Danh Son Huoi, Opfer eines amerikanischen Bombenangriffes, wird im Mekongdelta zu einem improvisierten Operationssaal in den Mangrovensümpfen der Ca-Mau-Halbinsel getragen. Die Fotografie entstand nicht als Propagandabild, sondern in einem Einsatz für eine Zeitung. Der Fotograf publizierte das Bild aber nie, da er es nicht als aussergewöhnlich empfand. Foto Anh Khanh / Another Vietnam / National Geographic.

Hunderttausende fliehen oder desertieren

Der Vietnamkrieg ist vielen jungen Amerikanern zuwider. Um nicht nach Vietnam beordert zu werden, desertieren sie zwischen 1966 und 1972 zu Zehntausenden oder fliehen ins Ausland. Einer der prominentesten Kriegsdienstverweigerer ist der Weltklasseboxer Muhammad Ali. Er gehört zu den Ersten, die vor laufender Kamera diesen Krieg kritisieren. Warum sollte er ausgerechnet jenen Weissen, die den Schwarzen in den USA ihre Rechte verweigern, dabei behilflich sein, ein nichtweisses Volk zu unterwerfen? «Kein Vietcong hat mich je ‹Nigger› genannt!», sagt er ins Mikrofon. Warum also soll er in Vietnam töten? So lautet seine Botschaft. 1967 verurteilt ihn eine weisse Jury im Schnellverfahren zu fünf Jahren Gefängnis. Üblich sind achtzehn Monate. «Ich habe nichts zu verlieren, wenn ich für meine Überzeugungen einstehe. Geh ich halt ins Gefängnis, na und? Wir leben schon seit 400 Jahren im Gefängnis.» Der Preis, den er bezahlt, ist hoch. Er verliert nicht nur seinen Weltmeistertitel, sondern wird für drei Jahre für den Ring gesperrt – auf dem Höhepunkt seiner Karriere.

1973 berichtet *Der Spiegel:* «Die Zahl der im Ausland ausharrenden Wehrunwilligen entspricht der Stärke von mehreren Divisionen. In Kanada leben schätzungsweise 70'000 bis 100'000. Viele von ihnen möchten gern in die USA zurückkehren, fast alle dort ihre Verwandten besuchen. Dazu kommen rund 1000 Amerikaner, die in Westeuropa, 80'000, die in den USA untergetaucht sind, und etwa 70, die sich in Südvietnam versteckt halten.» Die Rede ist von insgesamt 423'422 Armeeangehörigen, die fliehen oder desertieren. Eine Viertelmillion Soldaten schreibt Beschwerdebriefe an Kongressabgeordnete. Nach der Wiederaufnahme des Luftkrieges gegen Nordvietnam 1972 brechen auf allen beteiligten Flugzeugträgern Unruhen aus. Von der «Oriskany» desertieren fünfundzwanzig Matrosen. Auf der «Kitty Hawk» protestieren in der Subic Bay auf den Philippinen rund hundert schwarze Matrosen gegen einen neuen Vietnameinsatz. Gegen die Marines, die gegen sie vorgehen, wehren sich die Verweigerer mit Ketten, Schraubenschlüsseln und Rohren stundenlang. Als der Zerstörer «Coral Sea» nach Vietnam auslaufen soll, protestiert ein Viertel der Mannschaft gegen den Einsatz. Fünfunddreissig Matrosen bleiben in Kalifornien zurück. 1971 gibt es laut einer Kongressuntersuchung auf Kriegsschiffen insgesamt 488 Beschädigungen oder Versuche dazu, 191 Sabotageakte und 135 Brandstiftungen. Der Flugzeugträger «Ranger» bleibt wegen zwei ins Maschinengetriebe geworfener Dreissig-Zentimeter-Schrauben über drei Monate nicht einsatzfähig. Nach einer Brandlegung im Radarraum fällt der Flugzeugträger «Forrestal» für zwei Monate aus. Während der mörderischen Bombardements auf Hanoi im Dezember 1972 weigert sich der «Phantom»-Pilot Captain Dwight Evans zu starten. Captain Michael Heck lehnt den Einsatz mit seinem B-52-Bomber ab.

Gegen verhasste Offiziere und Feldwebel wird das Fragging praktiziert: Wenn sie nicht mit den Soldaten kooperieren, werden sie mit einer Splitterhandgranate umgebracht oder im Gefecht einfach erschossen. Schätzungsweise kommen rund 1000 Offiziere und Unteroffiziere durch ihre eigenen Leute um. Von 1970 bis 1972 gibt es 363 Kriegsgerichtsverfahren wegen verübten Fraggings. In vielen Fällen jedoch bleibt eine strafrechtliche Verfolgung aus.

In der Juniausgabe 1971 des *Armed Forces Journal* steht: «Moral, Disziplin und Kampfbereitschaft der US-Streitkräfte befinden sich mit einigen wenigen herausragenden Ausnahmen auf einem Tiefpunkt und in einem schlimmeren Zustand als jemals zuvor in diesem Jahrhundert, vielleicht sogar in der Geschichte der Vereinigten Staaten. Nach jedem nur denkbaren Massstab steht unsere Armee, die sich jetzt noch in Vietnam aufhält, vor dem Zusammenbruch. Ganze Einheiten weichen dem Einsatz aus oder verweigern ihn, sie ermorden ihre Offiziere und Unteroffiziere, sind drogensüchtig und mutlos oder stehen kurz vor der Meuterei.» Der Widerstand der eigenen Soldaten gegen den Kriegseinsatz in Vietnam ist ein weiterer Faktor, der das Pentagon zum Abzug der Bodentruppen aus Südvietnam veranlasst.

Endlich am Verhandlungstisch

Die Tet-Offensive bringt die USA schliesslich an den Verhandlungstisch. Mit der Einstellung der Luftangriffe auf Nordvietnam am 1. November 1968, dem Ende der Operation Rolling Thunder, beginnen sie ab 1970 ihre Truppen aus Vietnam abzuziehen. 1969 fangen in Paris die Verhandlungen über den Rückzug der amerikanischen Truppen aus Vietnam und die politische Zukunft Südvietnams an. Am Tisch dieser Friedensgespräche sitzen die USA, Südvietnam, Nordvietnam (DRV) sowie die «Provisorische Revolutionäre Regierung» der Republik Südvietnam (RSV). Zunächst gibt es zwischen den USA und der DRV Vorgespräche. Die nordvietnamesische Delegation leitet Le Duc Tho, Politbüromitglied der Partei der Werktätigen Vietnams. Der Deutschamerikaner Henry Kissinger, Sicherheitsberater des Präsidenten und späterer Aussenminister, leitet die US-Delegation. Diese fordert zunächst, dass die Verhandlungen nur zwischen diesen beiden Abordnungen geführt werden sollen. Ziel ist es, die Demokratische Republik Vietnam als allein «kriegführende Seite» in Südvietnam und als «Aggressorin» hinzustellen. Die DRV aber verlangt die Teilnahme der Republik Südvietnam als gleichberechtigte Verhandlungspartnerin und akzeptiert dafür die Saigoner Regierung als Gesprächspartnerin. Die USA müssen dem schliesslich zustimmen. Bevor die Pariser Gespräche ein Ergebnis bringen, reduziert Washington 1972 seine Truppen in Vietnam auf 24'200 – ein Jahr zuvor waren es noch über sechsmal mehr.

Zum Abzug aus Südvietnam trägt auch die bereits erwähnte sinkende Moral der Soldaten bei. Einen der Gründe dafür beschrieb Hauptfeldwebel Donald Duncan bereits Jahre zuvor. Im Dezember 1966 erklärte er im *Weekend Magazine*, die US-Truppen befänden sich gegen den Willen der Bevölkerung in Südvietnam, zur Unterdrückung des antiamerikanischen Widerstandes. «Die Vietnamesen lehnen uns ab.» Der Vietcong bringe in fast jeder Provinz Truppen in Divisionsstärke in den Kampf. Solches Wachstum sei nur möglich mit der Unterstützung des Volkes, dazu bedürfe es «geradezu überwältigender Zustimmung», so Donald Duncan.

Sterben für die Wiederwahl des US-Präsidenten

Der Bestsellerautor Christopher Hitchens sagt in einem Interview der *Weltwoche* vom 14. Januar 2001: «Nixon und Kissinger waren einzigartig. Sie manipulierten (…) die amerikanische Präsidentschaftswahl 1968, indem sie mit Hilfe der südvietnamesischen Regierung insgeheim die Vietnam-Friedensverhandlungen von Präsident Johnson sabotierten. Das war ein Coup gegen die amerikanische Demokratie. Und in den folgenden Jahren machten Nixon und Kissinger Amerika zu einem Schurkenstaat, bis Nixon schliesslich aus dem Amt gezwungen wurde. Dieses Regime war in der amerikanischen Geschichte einmalig.» Als der Interviewer fragt, ob er da nicht etwas zu weit gehe, antwortet Hitchens: «Keineswegs. Zum Beispiel wusste Mitte 1968 fast jeder in der amerikanischen Elite, dass der Krieg in Indochina ein furchtbarer Fehler war. Aus rein innenpolitischem Machtkalkül aber führten Kissinger und Nixon den Krieg weiter. Diese Periode war für die Vereinigten Staaten schrecklich. Man müsste eine Wahrheitskommission einsetzen. (…)»

Jack Langguth berichtet jahrelang für die *New York Times* aus dem Vietnamkrieg. In seinem Buch *Our Vietnam – The War 1954–1975* erzählt er, wie Präsident Richard Nixon den Krieg nur deshalb nicht beendete, weil es ihn die Wiederwahl hätte kosten können. Kurz vor Weihnachten 1970 sagt Nixon seinem Sicherheitsberater Henry Kissinger, er überlege sich, «1971 zum letzten Jahr des amerikanischen Engagements in Vietnam zu machen». Kissinger ist entschieden dagegen und entgegnet, «die Kommunisten könnten 1972 Schwierigkeiten in Vietnam machen». Das würde heissen, so Langguth, dass «die Nixon-Regierung den politischen Preis dafür in den Präsidentschaftswahlen 1972 zahlen müsste». Laut Langguth riet Kissinger seinem Präsidenten, er «solle stattdessen nur versprechen, die amerikanischen Truppen bis Ende 1972 herauszuholen. Mit diesem Zeitplan sei seine Wiederwahl ungefährdet. Nixon erkannte, wie recht damit Kissinger hatte, dass nur das weitere Sterben amerikanischer Soldaten seine Wiederwahl garantieren würde.» Washington scheint sich der Risiken, die es in Vietnam einging, von Anfang an bewusst gewesen zu sein. Jack Langguth zeigt auf, dass die US-Regierung die Gefahren klar erkannte. Gleichzeitig war sie nicht davon überzeugt, dass die Vereinigten Staaten bedeutende nationale Verteidigungs- oder Sicherheitsinteressen in Vietnam hatten, die einen Kriegseinsatz gerechtfertigt hätten. Der Historiker Bernd Greiner sagt in der Verfilmung seines Buches *Krieg ohne Fronten* über Nixons Vorgänger Johnson, dieser habe mehrmals gesagt, «er wisse, dass er in Vietnam nicht gewinnen könne, aber er könne sich auch nicht zurückziehen. – Schwäche zu zeigen ist im Kalten Krieg nicht erlaubt.»

Was die Politik antrieb und einengte, waren innenpolitische Überlegungen. Die jeweiligen Präsidenten und ihre Stäbe glaubten, sie und ihre Partei würden allzu grossen politischen Schaden nehmen, wenn sie sich aus Vietnam zurückzögen und damit einen Kurswechsel im seit dem Zweiten Weltkrieg herrschenden und die amerikanische Politik dominierenden Kalten Krieg vornähmen. Langguth nennt dafür viele Beispiele. John F. Kennedy etwa vertraute seinem Mitarbeiter Kenny O'Donnell an, er könne seine Truppen nicht vor den Wahlen von 1964 wieder abziehen, sondern erst 1965. «Wenn ich das jetzt täte, gäbe es eine neue antikommunistische Hysterie à la McCarthy», sagte Kennedy. Und das, so der Präsident, würde seine Chancen für eine Wiederwahl sehr beeinträchtigen.

Die letzten US-Kampftruppen verlassen Vietnam

Am 27. Januar 1973, als Nixon unter dem Druck weltweiter Proteste die Bombardierungen eben eingestellt hat, um sie etwas mehr als zwei Monate später bei Beginn einer Grossoffensive der Befreiungsstreitkräfte in Südvietnam wiederaufzunehmen, wird das Pariser Abkommen unterzeichnet. Der Vertrag enthält ein Waffenstillstandsabkommen und legt den Beginn von Verhandlungen zur nationalen Aussöhnung und die friedliche Wiedervereinigung Nord- und Südvietnams fest, ausserdem den Abzug der amerikanischen Truppen aus Südvietnam innerhalb von sechzig Tagen sowie die Freilassung von Kriegsgefangenen. Das bedeutet, dass die von der FNL kontrollierten Gebiete als solche anerkannt werden. Das Friedensabkommen wird jedoch durch neue Angriffe auf die von den Kommunisten besetzten Gebiete der Republik Südvietnam gebrochen. Im Waffenstillstandsabkommen heisst es, die Kräfte beider Seiten sollen dort stehen bleiben, wo sie sich befinden. Stattdessen versuchen beide Kriegsparteien nach Abzug der letzten US-Truppen, die von ihnen kontrollierten Gebiete mit Waffengewalt auszudehnen. Der südvietnamesische Präsident Nguyen Van Thieu erklärt am 9. März 1973 seine Regierung und seine Armee «zur einzigen in Südvietnam». Am 12. Oktober droht er, wer sich als «Neutralist oder Prokommunist bezeichnet, überlebt keine fünf Minuten». Am 28. Dezember 1973 kündigt er an: «Es wird keine Wahlen geben, keinen Frieden.» Saigon verweigert auch die im Pariser Abkommen festgelegte Freilassung von rund 200'000 eingekerkerten Menschen und sperrt stattdessen 60'000 weitere ein. Dies führt dazu, dass sich Südvietnam und die FNL ebenfalls nicht mehr an das Abkommen halten. Die Kämpfe in Südvietnam gehen unvermindert weiter – ohne Beteiligung der USA, aber mit den von ihnen überlassenen Waffen. Dies war das Endergebnis von Nixons «Vietnamisierung» des Krieges.

Trotz ausgedehnter amerikanischer Angiffe und eines ausgeklügelten elektronischen Überwachungssystems werden in einer Offensive, angeführt von den nordvietnamesischen Generälen Vo Nguyen Giap und Van Tien Dung, über Hunderte von Kilometern schwere Panzer und Geschütze bis tief in den Süden geschafft. Die nordvietnamesische Propaganda bezeichnet die südvietnamesischen Streitkräfte einmal mehr als «Marionettenarmee», so wie die Saigoner Regierung für den FNL von Anfang an ein «Marionettenregime» war. Wegen Massendesertationen und der verlorenen Kampfmoral ist diese äusserst geschwächt. Deshalb bringen Giaps Operation und seine massenhaften Truppenbewegungen für eine sorgsam geplante Offensive gegen Südvietnam überraschend schnell einen militärischen Sieg. Doch die Kämpfe dauern bis Anfang 1975.

Bereits im März 1973 verlassen die letzten amerikanischen Kampftruppen Vietnam. Sie schenken der Saigoner Armee nicht nur ihr Kriegsmaterial, sondern liefern ihr zusätzliche Waffen und Ausrüstungen. Entgegen den Vereinbarungen des Waffenstillstandsabkommens über den Ersatz militärischen Materials erhält Saigon zwischen Januar und Juli 1973 zusätzlich Flugzeuge, Panzer, Geschütze und Kriegsschiffe sowie chemische Kampfstoffe. Die südvietnamesische Regierung wird so zur zweitgrössten Streitmacht in Asien aufgerüstet – hinter jener der Volksrepublik China. Einige Amerikaner bleiben als «zivile Militärberater» im Land. Rund 12'000 südvietnamesische Offiziere werden zu Fortbildungslehrgängen in die USA geschickt.

Der Fall von Saigon

Am 30. April 1975 starten US-amerikanische Hubschrauber bei strömendem Regen von ihren Flugzeugträgern aus in Richtung Saigon. Dort warten die letzten verbliebenen US-Amerikaner und hochrangige Südvietnamesen verzweifelt auf Rettung. Es ist der Tag, der als «der Fall von Saigon» Geschichte machen wird, der Tag, an dem Saigon endgültig von Nordvietnam eingenommen wird. Auf Fotos, die um die Welt gehen, ist zu sehen, wie der letzte amerikanische Hubschrauber von einem Hausdach abhebt und später nach der Landung auf einem Flugzeugträger einfach ins Meer gekippt wird. Bis heute hält sich die Falschmeldung, dass der Hubschrauber von der US-Botschaft aus gestartet sei; es war aber das Dach eines Hotels. – Ein zuerst von den Franzosen und dann von den Amerikanern geführter, fast dreissigjähriger Krieg geht an diesem Tag endgültig zu Ende.

Schon vorher sind 9000 Amerikaner und Vietnamesen ausgeflogen worden, die für das Thieu-Regime oder für die USA gearbeitet hatten. Neben ihren Landsleuten fliegen die US-Streitkräfte weitere 150'000 Vietnamesen aus. Weil alles sehr in Eile geschieht, spielen sich dramatische Szenen ab: Menschen klammern sich an Hubschrauber und Tragflächen, bezahlen Phantasiepreise für Visa, die sie nie erhalten – viele haben überhaupt nicht die Möglichkeit, ausser Landes zu gehen. In den folgenden Jahren nimmt eine Flüchtlingswelle ihren Anfang, bei der zuletzt zwischen 1,6 und zwei Millionen Südvietnamesen ins Ausland flüchten, wo sie als Boat-People bekannt werden.

Ungeheure Opferzahlen

Wie viele US-Bürger und -Bürgerinnen im Vietnamkrieg im Einsatz waren, wird wegen fehlerhafter Aufzeichnungen für immer unklar bleiben. Die offizielle Schätzung des US-Verteidigungsministeriums führt für den Zeitraum von 1964 bis 1975 die Zahl von 3,403 Millionen Menschen auf, die in Indochina dienten. Laut Regierungsangaben standen weltweit 8,744 Millionen US-Bürger(innen) in Vietnamskriegsdiensten.

Dieser Krieg wurde auf dem Rücken der Zivilbevölkerung ausgetragen. Von 1965 bis Ende 1974 kamen laut dem Historiker Bernd Greiner an die 627'000 vietnamesische Zivilisten um, vier Fünftel davon lebten in Südvietnam. Der US-amerikanische Historiker Spencer C. Tucker führt in seiner 2011 publizierten Statistik 47'382 gefallene US-Soldaten auf (andere Quellen, zum Beispiel McNamara, reden von bis zu 58'000). Dazu kommen in Spencers Auflistung 225'000 südvietnamesische sowie 1,1 Millionen nordvietnamesische und Vietcong-Kämpfer, überdies 5264 Tote aus den Reihen weiterer US-Alliierter. Zusammengefasst und gestützt auf die Zahlen von Greiner und Tucker: Im Vietnamkrieg verloren weit über zwei Millionen Menschen ihr Leben. Andere Autoren halten diese Zahlen für untertrieben und sprechen von allein über zwei Millionen getöteten und von über vier Millionen verwundeten vietnamesischen Zivilisten. In Nord- und Südvietnam lebten damals rund fünfzig Millionen Menschen. Laos und Kambodscha, die Nebenschauplätze des Krieges, hatten ebenfalls Hunderttausende von Opfern zu beklagen.

Und noch eine andere schmerzliche Zahl: Seit Kriegsende bis heute haben in den USA mehr Kriegsveteranen Suizid begangen, als während des Krieges in Vietnam gefallen sind, nämlich rund 60'000.

Über zehn Millionen Bauern – fast die Hälfte der Einwohner Südvietnams – wurden durch Bomben oder Gewaltanwendung aus ihren Dörfern vertrieben. Dieser Krieg hinterliess je nach Quellen zwischen einer halben Million und 800'000 Waisenkinder. Es gab eine halbe Million Prostituierte, davon 50'000 in Saigon, das als grösstes Bordell der Welt galt. Zudem vermutete man eine halbe Million Drogenabhängige, 300'000 Geschlechtskranke, eine Million Tuberkulose- und 10'000 Leprakranke.

Die Sozialistische Republik Vietnam hat nie Angaben über die Schäden und Verluste veröffentlicht, welche die USA in Nordvietnam verursachten. Die UNO spricht von einer halben Million Kriegstoten. Sämtliche Städte wurden bombardiert, die Hälfte in Schutt und Asche gelegt. 2923 Schulen, 250 Krankenhäuser, 1500 Pflege- und Entbindungsstationen, 448 Kirchen, 495 Pagoden und Tempel waren am Kriegsende zerstört. Sämtliche Industrieanlagen wurden ganz oder teilweise zerstört, Eisenbahnlinien und Häfen beschädigt, die meisten Brücken und Bahnhöfe sowie rund 1000 wichtige Deichabschnitte zerstört, Hunderttausende Hektar Reisfelder und andere Anbauflächen vernichtet. Zudem wurden 40'000 Wasserbüffel getötet, eines der wichtigsten Arbeitsmittel der Landwirtschaft.

Das Land, das nicht einmal so gross ist wie Deutschland, war am Ende mit rund sechsundzwanzig Millionen Bombenkratern übersät. Die Art und Weise, wie die USA Vietnam bombardierten und bekämpften, macht häufig den Eindruck eines blindwütigen Zuschlagens. Das geht auch aus einer Bemerkung hervor, die John P. McConnell, Generalstabschef der US Air Force, gegenüber Medien machte: «Im März 1966 unternahmen amerikanische Flugzeuge 30'000 Flüge in Südvietnam. Es ist besser, aufs Geratewohl zu bombardieren, als sich ein Ziel entgehen zu lassen.»

10'600 vietnamesische Soldaten liegen auf dem Friedhof Nghia Trang Duong 9 in Dong Ha. Im amerikanischen Krieg starben Millionen von Menschen (2015).

«Man nützt die Lage schlecht gebildeter junger Männer und Frauen aus»

Der New Yorker Chuck Palazzo, geboren 1951, kämpfte als Achtzehnjähriger im Vietnamkrieg. Stationiert war er im zentralvietnamesischen Da Nang, der wichtigsten US-Militärbasis. Seit mehr als zehn Jahren wohnt Chuck Palazzo wieder in Da Nang und setzt sich dort für die Opfer der Kriegsspätfolgen ein, vor allem für die 5000 Menschen in der Region, die an den Folgen des amerikanischen Chemiewaffeneinsatzes von damals leiden. Ein Gespräch.

Sie verliessen 1969 als erst Siebzehnjähriger Ihr Elternhaus in New York und meldeten sich bei den US-Marines, also bei der Infanterie, zum Einsatz im Vietnamkrieg. Weshalb?

Ich wollte einfach von zu Hause weg. Zudem hatte ich die Nase voll von der Schule und dachte, in der Armee lernst du schliesslich auch etwas. Ausserdem siehst du die Welt. So kam ich im Dezember 1970 als Achtzehnjähriger nach Vietnam, wo ich dreizehn Monate in der US-Armee diente.

Welchen Job hatten Sie bei den Marines?

Ich war bei der Aufklärung stationiert, westlich der US-Flugbasis Da Nang. Jeweils während einer Woche pro Monat half ich mit, feindliche Flugzeuge, Raketen und Flugabwehr zu erkennen. Die übrige Zeit diente ich im Erkennungsdienst an der Front und musste, wenn nötig, auch kämpfen.

Welche Kampfsituationen waren für Sie am schlimmsten?

Alle. Wir waren in sehr kleinen Gruppen von sechs bis zwölf Marines unterwegs und stiessen oft mit sehr viel grösseren Gruppen feindlicher Soldaten zusammen. Das war ausnahmslos sehr beängstigend.

Haben Sie Menschen getötet?

Man stellt mir diese Frage oft. Und die ehrlichste Antwort ist: Ja. Es herrschte Krieg. Es gab Tote auf beiden Seiten. Das Töten wurde zu einer Überlebensfrage.

Wussten Sie, weshalb Sie hier waren?

Zu Beginn hatte ich keine Ahnung von den politischen Hintergründen. Ich wusste jedoch bereits in der ersten Woche: Was wir hier tun, ist falsch. All das Töten, die vielen Verletzten, all die Zerstörungen – das ist falsch. Ich begann, näher hinzuschauen und genauer hinzuhören. Selbst als Achtzehnjähriger und nur mangelhaft Gebildeter, der zwei Jahre zuvor die Highschool verlassen hatte, realisierte ich, wie die US-Regierung die Öffentlichkeit mit Propaganda eindeckte. Dann wollte ich nur noch überleben und zurück in die USA.

Je mangelhafter die Bildung, umso leichter ist es, junge Menschen für den Krieg zu gewinnen …

Ich glaube, das ist in den USA eine Tatsache, auch heute noch. Man nützt die Lage schlecht gebildeter junger Männer und Frauen aus, auch die Lage von Minderheiten, der Schwarzen und der Hispanics zum Beispiel.

Wie viele Menschen haben Sie in Vietnam getötet?

Das ist eine sehr schwierige Frage, und ich kann Ihnen keine genaue Antwort geben. Das liegt zum einen in der Natur der Kämpfe. So hat man etwa in den Wald oder in dichtes Gestrüpp gefeuert. Man wusste, dass da Leute waren. Sie waren nicht sichtbar. Man wusste nicht, ob man selber fünfzig, hundert oder zweihundert Menschen getötet hatte.

Wie denken Sie heute über diese Zeit, mehr als vierzig Jahre nach Kriegsende?

Es war falsch, es war ein Fehler. Jeder Krieg der USA war ein Fehler. Vietnam, Afghanistan, Irak und so weiter. Als ich das endlich einsah, schloss ich mich nach der Vietnamzeit der amerikanischen Antikriegsbewegung an und ging nochmals zur Schule. Ich wurde Mitglied der Vietnam Veterans Against the War und der Veterans for Peace. Und immer mehr wurde mir klar, wie furchtbar falsch ein Krieg ist. Menschen zu töten ist falsch. Die Kolonisation eines anderen Landes ist falsch. Ich bin damit überhaupt nicht einverstanden, wenn die USA in die Souveränität eines anderen Landes eingreifen. Die USA versuchen, den Rest der Welt davon zu überzeugen, dass es richtig ist, was sie tun.

Eines Tages kam in Vietnam auch Agent Orange ins Spiel.

Ich musste miterleben, dass Freunde, die hier in Vietnam kämpften, krank wurden und starben. Der Vietnamkrieg war auch ein chemischer Krieg. Wir brachten mit Agent Orange auch unsere eigenen Leute um, und Millionen Vietnamesen erkrankten, sehr viele starben. Dabei erzählte man uns, Agent Orange sei ungefährlich. Das war gelogen. Die meisten Leute wussten nicht, worum es sich handelt. Zuerst erzählte man uns, es sei ein Mittel gegen Moskitos! Viele Soldaten erkrankten damals an Malaria und Denguefieber. Aber irgendwie glaubte ich das nicht. Ein Antimoskitomittel, das Bäume absterben lässt? Erst später erfuhr ich die Wahrheit. – Während die USA für ihre Agent-Orange-geschädigten Veteranen sorgen, hat Amerika praktisch nichts für die vietnamesischen Opfer getan. Das Einzige, was die USA jetzt tun, ist die Reinigung des Flughafenareals von Da Nang, das wegen Agent Orange mit Dioxin verseucht ist. Aber alles in allem haben die USA in Vietnam sehr, sehr wenig Geld in die Linderung der Spätfolgen von Agent Orange investiert. Jetzt sind es mehr als vierzig Jahre seit Kriegsende. Gar nichts bezahlt haben bisher die Unternehmen, die das Gift produzierten.

Waren Sie im Krieg je Agent Orange ausgesetzt?

Nein, zumindest nicht bewusst. Hingegen beobachtete ich Sprayflüge und sah das Absterben von Bäumen.

Agent Orange war es, das Sie 2001 erstmals nach dem Krieg wieder zurück nach Vietnam brachte.

Es war auch der Versuch, meine traumatischen Kriegserlebnisse zu verarbeiten. Zuerst ging ich nach Saigon, wo ich meine eigene Softwareentwicklungsfirma aufbaute. Später zog ich nach Da Nang, wo ich nun lebe.

Sie sagten mal, mit Agent Orange verbinde Sie der schrecklichste und gleichzeitig der schönste Tag Ihres Lebens.

Das war, als meine damalige Frau mit unserer Tochter schwanger war. Ich wusste nicht, ob sie gesund oder mit einer Agent-Orange-bedingten Behinderung zur Welt kommen würde. Das machte mich halb wahnsinnig. Zu sehen, dass ein gesundes Kind zur Welt kam, ja, das war der beste Tag meines Lebens.

Den Beginn der Reinigungsaktion in Da Nang haben die USA seinerzeit medial weltweit mit viel politischer Prominenz inszeniert. Kritiker sagten, die USA wollten darüber hinwegtäuschen, dass für Agent-Orange-Opfer bis anhin von offizieller Seite eigentlich nichts getan worden war. Wie sehen Sie das?

Ich sehe das genauso. Aber es ist ein Anfang, wenn auch ein kleiner. Und es ist wichtig, dass dieser Ort gereinigt wird, von dem noch immer sehr grosse Gefahren ausgehen. Doch die USA sollten sich auch um betroffene Menschen kümmern. Zehn Jahre lang, von 1961 bis 1971, wurde insgesamt rund ein Fünftel des damaligen Südvietnam besprüht, zum Teil mehrmals. Wir wissen nicht, über wie viele Generationen sich das Gift noch auswirken wird. Ich möchte die Diskussion gern weg von der Schuldfrage führen, weg von den Beschuldigungen an die Adresse der USA und der Hersteller der Sprühmittel. Ich möchte die Frage rein humanitär behandelt sehen. Die USA haben die nötigen finanziellen Mittel und die Fähigkeiten, sich für die vietnamesischen Opfer auf humanitärer Ebene einzusetzen. Und da sollten sie zumindest jene Krankheiten bei vietnamesischen Agent-Orange-Opfern anerkennen, die sie bei amerikanischen Vietnamkriegsveteranen anerkennen (s. S. 27).

Das sehen nicht alle so.

Ja, es gibt amerikanische Kriegsveteranen, die dies mit der Begründung, dass die Vietnamesen als Kommunisten noch immer unsere Feinde seien, völlig ablehnen. Zudem befürchten die USA, dass mit einer Anerkennung solcher Spätfolgen einer Flut von Wiedergutmachungsklagen Tür und Tor geöffnet würde.

Das heisst, die Mehrheit der US-Vietnamkriegs-Veteranen sagt heute, dass ihr Land mehr für die vietnamesischen Giftopfer tun sollte?

Heute ja, und diese Fraktion ist in den vergangenen Jahrzehnten grösser geworden. Entscheidend dazu beigetragen hat die Tatsache, dass auch amerikanische Vietnamkriegs-Veteranen erkrankten – und deren Kinder und Enkel. Das hat den Leuten die Augen geöffnet. Sie haben gesehen, was den Amerikanern in Vietnam an Schrecklichem widerfahren war und wie viel schrecklicher das Ausmass der Agent-Orange-Spätfolgen für das vietnamesische Volk ist.

Was sollten die USA in Ihren Augen für die vietnamesischen Opfer tun?

Zuallererst sollte die US-Regierung ein klares Bekenntnis und einen Plan vorlegen, wie sie den Opfern helfen will. Dabei ist es wichtig, mit Vietnam zusammenzuarbeiten. Man kann nicht einfach ein paar hundert Millionen Dollar an verschiedene Nichtregierungsorganisationen verteilen und dann sagen: Okay, macht mal was damit. Nein, das Ganze muss koordiniert, sorgfältig und gemeinsam gemanagt werden. Die Vietnamesen kennen ihre Leute besser als wir. Es sollte nicht so sein wie jetzt bei der Reinigungsaktion in Da Nang. Da haben allein die USA das Sagen, weil sie sich auf den Standpunkt stellen: Wir geben das Geld und sagen, wo es langgeht.

Sie engagieren sich in Da Nang seit Jahren in zwei Nichtregierungsorganisationen für die Kriegsopfer.

Es gibt zwei Organisationen, denen ich angehöre und die ich mitgegründet habe. Die eine sind die Veterans for Peace (VFP), sie haben in Vietnam etwa dreissig Vollzeitmitarbeitende. Die andere heisst Agent Orange Action Group (AOAG). Das Ziel beider Organisationen ist es, Menschen in aller Welt über die Spätfolgen von Agent Orange zu informieren, aber auch über Blindgänger aus der Zeit des Krieges und die damit verbundenen Probleme. Wir unterstützen Opfer auch medizinisch und finanziell.

Wie würden Sie die aktuelle Lage einer durchschnittlichen, von Agent Orange betroffenen Familie in Vietnam beschreiben?

Ich kenne vor allem die Situation hier in Da Nang sehr gut. Es gibt da rund 5000 Agent-Orange-Opfer und nur eine einzige Organisation, die sich um sie kümmert: die Da Nang Association for Victims of Agent Orange / Dioxin (DAVA). Die DAVA macht einen sehr guten Job – doch sie kann sich lediglich um ein paar hundert Menschen kümmern. Sie betreibt Tagesstätten, wo sie Opfer betreut, ihnen zu essen gibt, ihnen bestimmte Fertigkeiten vermittelt. Dann gibt es Menschen, die so schwer behindert sind, dass sie rund um die Uhr betreut werden müssen. Der Staat unterstützt sie finanziell nur minimal. Es reicht bei weitem nicht aus für ein einigermassen menschenwürdiges Leben. Viele Eltern können nicht arbeiten, weil sie sich um ihr behindertes Kind kümmern müssen – oder sie sind selber betroffen. Die Grosseltern, die mithelfen, sind oft zu schwach. Und täglich werden wegen Agent Orange weitere Menschen mit Behinderungen geboren.

Was müsste Ihrer Ansicht nach getan werden, um die Lage der Opfer erträglicher zu gestalten?

Eine der traurigsten Fragen, die ich in diesen Familien immer wieder höre: Wer wird sich um mein behindertes Kind kümmern, wenn ich eines Tages nicht mehr da sein werde? – Es müssten Einrichtungen geschaffen werden, die langfristig für die Waisen unter den Opfern sorgen. So etwas gibt es hier bis heute nicht, zumindest nichts, was etwas taugt. Es gibt auch keine Therapeuten, die sich um Menschen mit Behinderungen kümmern. Manchmal kommen Therapeuten aus anderen Ländern für

30. April 1975, der Fall von Saigon und Kriegsende. Soldaten-schuhe liegen verstreut auf einer Strasse in einem Saigoner Aussenbezirk, liegen gelassen von südvietnamesischen Soldaten, die ihre Uniformen abstreiften, um ihre Truppenzugehörigkeit zu vertuschen. «Ich werde dieses Geräusch nie mehr vergessen, das entstand, als wir mit dem Auto über diese Schuhe fuhren», sagte der Fotograf.
Foto Duong Thanh / Another Vietnam / National Geographic.

temporäre Einsätze. Manche von ihnen sagen mir: Mein Gott, hätte man ein paar Jahre früher mit der Therapie begonnen, könnten diese Menschen jetzt gehen und würden nicht im Rollstuhl sitzen. Es gibt also hier nicht einmal diese fundamentalen Hilfen, die für Menschen mit Behinderungen so wichtig sind. Die Weltgemeinschaft müsste mehr Druck auf die Vereinigten Staaten ausüben, damit mein Land da endlich mehr unternimmt. Aber ich bin nicht sehr optimistisch. Die junge Generation in den USA weiss nichts mehr über Agent Orange.

Aus US-Kreisen hört man heute: Sprechen wir nicht mehr über Agent-Orange-Opfer, reden wir «nur» noch von behinderten Menschen. Das macht es Amerika vielleicht einfacher, in eine umfassende Hilfe einzusteigen, weil so quasi der Krieg aus der Terminologie verschwindet und damit auch eine kriegsbedingte Wiedergutmachung. – Diese Theorie habe ich von verschiedenen Seiten gehört. Wie denken Sie darüber?

Politisch gesehen bin ich damit einverstanden. Obschon es mich sehr stört, dass Agent Orange sozusagen aus dem Bewusstsein gestrichen werden soll. Agent Orange ist eine Tatsache. Die lässt sich nicht einfach wegwischen. Auf der anderen Seite und zurück zu dem, was ich vorhin gesagt habe: Dieses Vorgehen würde die Frage der Schuld eliminieren und Platz für humanitäre Hilfe schaffen. Kürzlich erhielt Da Nang von den USA Geld für behinderte Menschen. Da wurde der Begriff Agent Orange nicht verwendet. Kurz: Aus moralischen Gründen würde ich den Begriff Agent Orange nicht entfernen. Aber ich glaube, wir müssen es trotzdem tun – aus praktischen Gründen.

Foltern in Umerziehungslagern

Nach dem Krieg werden Hunderttausende ehemalige südvietnamesische Regierungs- und Armeeangehörige in sozialistische Umerziehungslager gesteckt und verlieren ihren Besitz. Wie eine solche Umerziehung funktionierte, zeigt das Beispiel von Nguyen Hoang Dieu. Er erzählt seine Geschichte 2010 einer Studentenzeitschrift der kalifornischen Concordia University Irvine:

Dieu hat gerade die Aufnahmeprüfung für das Medizinstudium bestanden, als der Krieg 1975 zu Ende ist. Der Südvietnamese gehört zur Bewegung Trieu Hai Au, die sich gewaltlos für den Zugang zu höherer Bildung einsetzt, denn die neuen Machthaber verwehren den Südvietnamesen ein Universitätsstudium. Dieu wird zusammen mit anderen Mitgliedern seiner Gruppe inhaftiert. Bei den Verhören weigert er sich, Informationen preiszugeben, und wird gefoltert. Einen Monat lang leidet er in einer winzigen Zelle, die so klein ist, dass er darin nur sitzen kann. Von oben rieseln Wasser, Sand und Salz auf seine nackte Haut. Dieu berichtet, wie Mitgefangene bis zu drei Jahren in ähnlichen Zellen vegetieren mussten. Ihre Finger seien wegen der dauernden Berieselung richtiggehend zusammengeleimt worden. Dieu wird vor ein «Gericht» mit 3000 Schaulustigen gezerrt. Die «Richter» beschreibt er als ungebildete Funktionäre, die mit Parteiparolen um sich werfen. Im Laufe des «Prozesses» schlagen Soldaten mit Holzstöcken und Gewehrkolben auf die aneinandergefesselten «Angeklagten» ein. Die «Richter» verurteilen zwei von Dieus Mitgefangenen zu achtzehn Jahren Umerziehungslager, er selbst bekommt zehn Jahre, weibliche Mitangeklagte werden zu sieben Jahren verurteilt.

Während der ersten sieben Jahre muss Dieu auf Reisfeldern arbeiten. Er berichtet, dass die Aufseher die Gefangenen schlugen, wann immer sie dazu Lust hatten. «Es war für sie wie ein Spiel.» Selbst Kranke müssen arbeiten. Zu essen gibt es täglich nur eine Schale Reis. Der Hunger quält die Insassen so sehr, dass manche Gras essen. Als die Lagerleitung erfährt, dass Dieu Medizin studieren will, wird er als Hilfspfleger in die

Krankenabteilung versetzt. Es gibt weder Desinfektionsmittel noch Penizillin. Selbst schwere Wunden säubert das Personal lediglich mit heissem Wasser.

1985 entlassen ihn die Behörden und schicken ihn in sein Heimatdorf. Dort soll er als Reisbauer arbeiten. Stattdessen aber flieht Dieu zusammen mit ehemaligen Mitgefangenen auf einem halb zerfallenen Boot auf die Philippinen. So wird er zu einem der legendären Boat-People. Auf den Philippinen arbeitet Dieu zunächst zwei Jahre als Journalist, bevor er ein Visum für die Vereinigten Staaten erhält. Heute lebt er mit seiner Familie in Kalifornien. Die ersten Jahre seien nicht leicht gewesen, sagt er. Durch ein Meer von Albträumen sei er gegangen. Nachts, in seinen Träumen, habe ihn die kommunistische Polizei gejagt.

Für das kommunistische Regime waren Umerziehungslager ab 1975 bis in die 90er Jahre hinein das Mittel, um Anhänger der ehemaligen südvietnamesischen Regierung zu «echten vietnamesischen Staatsbürgern» zu machen. Dies sagt die Wissenschaftlerin Thuy Tien, die über Umerziehungslager geforscht hat. (Sie möchte aus Angst vor Repressionen anonym bleiben, ihr richtiger Name lautet anders.) Verstreut über ganz Vietnam gab es in dieser Zeit zwischen fünfzig und achtzig solcher Camps, in denen laut Schätzungen 100'000 bis 800'000 Menschen «umerzogen» wurden. Die Zahlen gehen deshalb so weit auseinander, weil es auch hier keine gesicherten Quellen gibt.

Phuong Le Trong von der Abteilung für Südostasienwissenschaft der Universität Bonn sagt, die Umerziehungslager seien «politisch und persönlich» für Hunderttausende aktive Angehörige des Saigoner Regimes sehr einschneidend gewesen: für Politiker, Soldaten, Offiziere und Beamte, aber auch für Rechtsanwälte, Geistliche, Ärzte – mithin für fast die ganze Bildungselite des Südens. «Ihnen sollten das neue sozialistische Menschenbild und die neue Gesellschaftslehre des Marxismus-Leninismus vermittelt werden. Man wollte ihnen aufzeigen, dass sie sich ‹gegen das eigene Volk› schuldig gemacht hätten, wie es damals hiess.» Es sei also darum gegangen, mit einer völlig anderen Ideologie zu leben, alles bis anhin gesellschaftlich Vertraute aufzugeben. «Diese Menschen galten nicht als vollwertige Bürger der neuen Gesellschaftsordnung. So waren Ausdrücke gängig wie ‹ehemalige Feinde des Volkes› oder ‹Handlanger der Imperialisten›. Das wog schwer.» Das ganze bisherige Leben sei den Betroffenen als «falsch» eingehämmert worden. Die erworbene Bildung, die Karriere, die gelebten sozialen und familiären Werte hätten auf einmal nichts mehr gegolten. Eine der dramatischen Konsequenzen sei die Flucht übers Meer gewesen. Aus menschlicher Sicht seien die Umerziehungslager für viele eine psychische Demütigung durch die Sieger gewesen, ein Brechen jeglicher Gegenwehr.

Offiziell hiess es, diese Camps hätten nichts mit Rache oder gar Strafe zu tun. Sie seien vielmehr ein Akt der Gnade, damit sich die Gegner in die neue Gesellschaft integrieren könnten. «Wenn man aber weiss, was in diesen Lagern tatsächlich ablief, ist dies eine unglaubliche Behauptung», sagt Thuy Tien.

Der Lageralltag bestand oft aus schwerer körperlicher Feldarbeit, Schwerstarbeit beim Strassen- und Dammbau, bei Waldarbeiten sowie aus Gehirnwäschelektionen. «Dazu gehörte die Selbstkritik und die Kritik an Mitgefangenen. Man musste erzählen, was man im alten Regime gemacht hatte und was daran falsch war», sagt Thuy Tien. «Man musste über seine Gruppenmitglieder sprechen und berichten, welche Fehler man einst begangen hatte. Je mehr man ‹gestand›, desto eher galt dies als Fortschritt in der Umerziehung.» Dies, so Thuy Tien, habe die neuen Machthaber nicht daran gehindert, mit diesen Geständnissen die Strafen zu rechtfertigen.

Was in den Camps mit den Gefangenen geschah, zeigt die Geschichte des verhinderten Medizinstudenten Nguyen Hoang Dieu. Die Forscherin Thuy Tien berichtet auch von sogenannten Connexboxen, von den Amerikanern zurückgelassenen eisernen Containern, in die man zur Strafe eingeschlossen wurde. Sämtliche der etwa zwanzig befragten «Umerzogenen» hätten ihr davon berichtet, sagt sie. Es reichte oft schon, englisch oder positiv über die Amerikaner zu sprechen, um manchmal für Wochen in einen Container gesperrt zu werden, der an der prallen Sonne stand. Es gab lediglich ein kleines Loch in der Wand, um atmen zu können. Fast alle hätten ihr zudem vom ungenügenden Essen erzählt. Die Rationen waren häufig so klein, dass die Insassen hungerten. Ehemalige Häftlinge berichten auch von Fesselungen, Schlägen und Einzelhaft.

Die Lager funktionierten nach dem aus China entlehnten DDD-Prinzip: Debility (Schwäche), Dependency (Abhängigkeit) und Dread (Schrecken). Die Schwäche wurde mit Nahrungsentzug, erschwerten Schlafbedingungen und mit schlechten hygienischen Bedingungen erreicht. Dies schaffte die Voraussetzung für das zweite D, die Abhängigkeit. Erschöpfte Menschen lassen sich leichter manipulieren. Schliesslich der Schrecken: Thuy Tien erzählt, wie die Leute immer wieder zusammengerufen, Einzelne herausgepickt und abgeführt wurden. Man wusste als Mitgefangener nicht, wohin sie gebracht wurden. «Vielleicht versetzte man sie in ein anderes Lager», sagt Thuy Tien. «Manche berichten auch, dass sie im nahen Dschungel Schüsse gehört hätten. Es ist nicht klar, ob es sich um Scheinhinrichtungen oder um echte Exekutionen handelte. Auf jeden Fall erfuhr man nichts über den Verbleib derjenigen, die entfernt worden waren.»

Phuong Le Trong von der Universität Bonn sagt: «Diese Lager verstiessen in vielfacher Hinsicht gegen das Völkerrecht», nicht nur wegen der Folterungen, sondern auch weil die Internierung Hunderttausender ohne gerichtlichen Prozess geschehen und die Aufenthaltsdauer in den Lagern willkürlich festgesetzt oder verlängert worden sei. «Familienangehörige ehemaliger ‹Kollaborateure› wurden vielfach in Sippenhaft genommen, ihnen wurde der normale Bildungsweg, die berufliche Ausübung erschwert.»

Bis heute gebe es in Vietnam über das Geschehen in diesen Lagern und deren Hintergründe weder eine wissenschaftliche noch eine gesellschaftliche Aufarbeitung. Es gibt jedoch literarische Werke von nordvietnamesischen Intellektuellen und Schriftstellern, die selbst aus politischen Gründen in Umerziehungslagern sassen und davon erzählen. Aber der ganze Krieg sei bis heute nicht aufgearbeitet worden, sagt Thuy Tien. Die einschlägigen Archive seien bis heute verschlossen. Deshalb wünscht sie sich einen gesellschaftlichen Diskurs über die Umerziehungslager und generell über den Krieg. Solange es jedoch in Vietnam keine wirkliche Pressefreiheit gebe und die Archive verschlossen blieben, sei dies unmöglich. Auf der Rangliste der Pressefreiheit von Reporter ohne Grenzen steht Vietnam im Jahr 2015 weit hinten: auf Platz 175 von 180 Staaten. Zum Vergleich: Deutschland liegt auf Platz 12, die Schweiz auf Platz 20, und die USA belegen den 49. Rang. So gibt es in Vietnam eine Internetpolizei, die politisch missliebige Inhalte entfernt und Internetcafés kontrolliert. Wer politische Kritik ins Netz stellt, muss damit rechnen, wegen «Missbrauchs demokratischer Freiheiten» verurteilt und ins Gefängnis gesteckt zu werden. Prominent wurde 2010 der Fall des Bloggers Tran Huynh Duy Thuc, der wegen «Propaganda gegen den Staat» und «Versuch des Umsturzes» zu sechzehn Jahren Haft verurteilt wurde.

Die Forscherin Thuy Tien fordert auch eine Wiedergutmachung und die strafrechtliche Verfolgung der Täter. Bis heute gebe es keinen offenen Umgang mit diesem tragischen Kapitel der vietnamesischer Vergangenheit. Im Geschichtsunterricht erfahre man keine objektive Darstellung der Geschehnisse. Wer Ho Chi Minh oder General Giap öffentlich kritisiere, riskiere Repressionen oder gar Gefängnis. Man dürfe nicht einmal erwähnen, dass Ho Chi Minh eine Frau hatte. «Dabei denke ich, dass er gar kein so schlechter Mensch war», sagt Thuy Tien lachend. Sie habe die Tabuisierung am eigenen Leib erfahren. «Ich wurde bei meinen Recherchen in Vietnam öfters gefragt, ob ich nicht lieber über etwas anderes schreiben möchte. Man sagte mir, ich solle aufpassen mit der Umerziehungsgeschichte, und fragte, ob ich in Vietnam Familienangehörige hätte. Wenn ja, würden sie an meiner Stelle die Finger von diesem Thema lassen.»

Gefoltert wurde auf beiden Seiten

«Folter wurde als militärische Notwendigkeit angesehen und gehörte überall zur Alltagsroutine in Vietnam», schrieb der US-amerikanische Brigadier General Edward Bautz im Sommer 1971, und dies unabhängig davon, ob die Opfer Militärangehörige oder Zivilisten waren. Dass Folter als selbstverständlich galt und Alltagspraxis war, ist ausreichend belegt.

So stellte das Internationale Komitee vom Roten Kreuz (IKRK) 1968 und 1969 fest, dass die Amerikaner in sämtlichen Sammel- und Durchgangslagern für Verdächtige bei Verhören gefoltert hatten. Zum Arsenal der Abscheulichkeiten gehörten Elektro- und Wasserfolter, sexuelle Demütigung, Schläge und Verstümmelungen. Verdächtige wurden zusammen mit Schlangen in einen Raum gesperrt, mit Moskitos anlockender Flüssigkeit besprüht oder in enge Stacheldrahtkäfige eingeschlossen. Als Abgeordnete des amerikanischen Repräsentantenhauses das grösste Gefängnis Südvietnams, die Gefängnisinsel Con Son, 230 Kilometer südlich von Saigon, besuchten, stellten sie fest, dass ein Viertel der 10'000 Insassen ohne Verfahren festgehalten wurden. Bernd Greiner schreibt in *Krieg ohne Fronten* dazu: «Manche verbrachten Wochen in Isolationshaft, viele wurden in ‹Tigerkäfigen› auf engstem Raum wie Tiere gehalten, andere lagen angekettet in ihren Zellen, assen mit Sand und Steinen versetzte Reisgerichte oder getrockneten Fisch, der normalerweise als Pflanzendünger diente. Als amerikanische Ärzte in Begleitung von Militärberatern im September und November 1970 Con Son inspizierten, lagen 1500 Häftlinge in Ketten. Mit einer einzigen Ausnahme stellte man bei 110 untersuchten Häftlingen verschiedene Lähmungserscheinungen an den unteren Extremitäten fest. In jedem Fall handelte es sich um Folgen der erzwungenen Bewegungslosigkeit, wahrscheinlich aber auch um Symptome anderer Methoden. Insgesamt deutet alles darauf hin, dass die Südvietnamesen nicht nur in ihren Kriegsgefangenenlagern, sondern auch in den Zivilgefängnissen über Jahre hinweg systematisch folterten.» Von gefolterten Zivilisten ist auch aus der Provinz Binh Dinh berichtet worden. Frauen und Männer wurden dort ab März 1968 fast anderthalb Jahre lang von amerikanischen und südvietnamesischen Verhörspezialisten gequält. Die Folterer urinierten auf die Körper ihrer Opfer, stülpten ihnen Kapuzen über und begossen sie mit Wasser, was Gefühle des Ertrinkens erzeugte. Verdächtige fesselte man auf Metallstühle, schloss Stromkabel an Finger, Ohrläppchen oder Genitalien. Wie viele Gefangene während dieses unseligen Krieges ermordet wurden und wie hoch die Zahl anderer Gewaltverbrechen wie Folter und Vergewaltigung lag, liegt völlig im Dunkeln.

Der Fall McCain

Am 26. Oktober 1967 schossen die Nordvietnamesen über Hanoi einmal mehr eine F-4 Phantom vom Himmel, die gerade dabei war, die Stadt anzugreifen – im Cockpit der junge Pilot John McCain, der den Abschuss überlebte. Der spätere US-Senator und zweifache Präsidentschaftskandidat der Republikaner verbrachte mehr als fünfeinhalb Jahre in Kriegsgefangenschaft. Im Buch über seine Vietnamzeit beschreibt der prominente Veteran, Waffennarr und spätere Irakkriegsbefürworter, wie er während mindestens eines Jahres unter Folter verhört worden sei. Die Nordvietnamesen versuchten so, Namen weiterer Mitglieder seiner Fliegerstaffel herauszupressen. Schliesslich entging er weiteren Qualen, indem er falsche Namen nannte: jene der damals legendären Angriffsreihe des Footballteams Green Bay Packers aus Wisconsin. In den USA kannte die jedes Kind – nicht aber das Verhörpersonal in Hanoi.

Die Foltervorwürfe McCains werden nicht überall geglaubt. Der deutsche Historiker und Journalist Gerhard Feldbauer berichtet uns diese Geschichte über den streitbaren Exgefangenen: «Ende Oktober 1967 veröffentlichte die Parteizeitung *Nhan Dan* die Fotos und Personalangaben von in den letzten Tagen abgeschossenen und gefangengenommenen rund 15 US-Piloten. Unter ihnen der prominente Marineflieger John Sidney McCain, Enkel des gleichnamigen Befehlshabers der Pazifik-Flugzeugträger der USA im Zweiten Weltkrieg und Sohn des Chefs der US-Flotte in Europa. Wie *Nhan Dan* berichtete, gab McCain zu, das nordvietnamesische Feuer der Luftabwehr sei besonders über Hanoi ‹sehr dicht und sehr präzise›. Die Air Force verliere zehn und mehr Prozent ihrer Maschinen. Bei seinem letzten Einsatz habe er registriert, dass von fünfundzwanzig Maschinen, seine mitgerechnet, drei abgeschossen wurden. McCain stürzte an seinem Fallschirm in den Truc-Bach-See von Hanoi, brach sich beide Arme und ein Knie. Er wäre wohl ertrunken, wenn ihn

Open-Air-Friseur in Hanoi (2013).

der Leutnant der Volksarmee Mai Van On nicht aus dem Wasser gezogen hätte. Am Ufer hielt dieser wütende Hanoier zurück, die nach einem schweren Bombenangriff gegen McCain handgreiflich werden wollten. Eine Krankenschwester leistete Erste Hilfe. Soldaten nahmen McCain in Gewahrsam. Wie verlautete, habe Nordvietnam den USA die Freilassung des prominenten Piloten angeboten, aber McCain habe dies abgelehnt. Ein frühzeitiger Abschied von Vietnam hätte dem Ehrenkodex der US-Streitkräfte widersprochen. Dieser besagt, dass Kriegsgefangene in der Reihenfolge ihrer Gefangennahme nach Hause zurückzukehren haben. – Nach dem Abschluss der Pariser Friedensabkommen im Januar 1973 begann Hanoi die ersten gefangenen US-Piloten freizulassen, darunter McCain. Nach dem Krieg besuchte er Hanoi, ohne nach seinem Lebensretter zu fragen. Erst 1996, er war inzwischen Senator von Arizona, traf er sich mit Van On und überreichte ihm eine ‹Erinnerungsmedaille› des US-Kongresses. Im Jahr 2000 und 2008 bewarb sich McCain für die Republikaner um die Präsidentschaft. In einer seiner Wahlkampfreden behauptete er, die Nordvietnamesen hätten ihn misshandelt.»

Die unsägliche Menschenquälerei, die von Amerikanern und ihren Verbündeten begangen wurde, ist gut belegt – durch Zeugenaussagen, Untersuchungen und Dokumente aus amerikanischen Archiven. Hingegen ist die Quellenlage in Vietnam völlig anders. Hanoi setzte nie eine Untersuchungskommission ein, Augenzeugenberichte werden unterdrückt, und vor allem gab es in Vietnam nie Gerichtsprozesse gegen Kriegsverbrecher wie in den Vereinigten Staaten. Dabei war die Folter in nordvietnamesischer Gefangenschaft und beim Vietcong weit verbreitet – bis hin zu abscheulichsten Taten, die sogar fotografisch dokumentiert sind. Da wurden etwa US-Soldaten zur Abschreckung erst gefoltert, dann verstümmelt und an Bäume gebunden. Andere sind mit Sprengstoff bis zur Unkenntlichkeit entstellt worden. Doch bis zum heutigen Tag hat es in Vietnam zu all dem nie eine Untersuchung gegeben. Vielleicht ist dies mit ein Grund, weshalb manchmal Foltervorwürfe an die Adresse der Kriegsgegner der USA von westlichen Vietnamfreunden als unglaubwürdig bestritten werden, primär von jenen, die damals Hanoi nahestanden. Dabei sagte selbst General Giap nach dem Krieg: «Weil wir uns von Feinden umstellt glaubten, gingen wir zum Terror über. Dieses Mittels bedienten wir uns viel zu oft. (...) Schlimmer noch, die Folter wurde allmählich als normal angesehen.» Das Massaker von Hué (s. S. 179) war nur ein Beispiel dafür.

Der Vietcong unterhielt sogenannte Propagandateams, die in vielen Dörfern unterwegs waren und Widerspenstige zu Kriegsdienst oder Zwangsarbeit nötigten oder sie vor einem «Volksgericht» aburteilten und anschliessend öffentlich hinrichten liessen. Dazu Bernd Greiner: «Über zivile Funktionsträger des Feindes – Dorfvorsteher, Beamte, Polizisten, Sozialarbeiter, Gefängniswärter, Lehrer, Journalisten – führte ein auf 25'000 Mann geschätzter ‹Sicherheitsdienst› regelrecht Buch. So entstanden Ziellisten für Mord- und Entführungskommandos, denen eine schwer zu schätzende Zahl von Menschen zum Opfer fiel.» Zusammen mit den Opfern von Hué sind nach Greiners Angaben zwischen 1957 und 1972 an die 37'000 Personen von den Kommunisten ermordet und ungefähr 58'000 entführt worden.

Der ehemalige Springer-Journalist Uwe Siemon-Netto berichtet, wie nachts nordvietnamesische Kämpfer in südvietnamesische Dörfer eingedrungen seien und Bürgermeister enthauptet, deren Familien getötet sowie die Teilnehmer katholischer oder buddhistischer Prozessionen massakriert hätten. Einmal traf Siemon-Netto kurz nach einer dieser Taten in einem der betroffenen Dörfer ein. «Das Bild des toten Bürgermeisters und seiner Söhne war grauenvoll», schreibt er in seinem Buch *Duc, der Deutsche.* Und weiter: «Ihm hatten die Kommunisten erst die Zunge aus dem Mund gerissen, dann seine Genitalien abgeschnitten und in den blutenden Mund gesteckt, bevor sie ihn aufhängten. Die Jungen erlitten das gleiche Schicksal, nur dass sie ihre Zungen behalten durften, nicht aber ihren Penis oder ihr Leben. Am meisten erschütterte mich aber der Zustand seiner Frau und ihrer Töchter; ihnen waren, bevor sie gehenkt wurden, die Brüste tranchiert worden. Ich interviewte im Angesicht dieses Horrors mehrere Dorfbewohner einschliesslich eines älteren Mannes, der gut Französisch sprach. Er sagte mir, dass Vietcong-

Kader mehrmals zuvor den Ort besucht und den Bürgermeister aufgefordert hätten, seine Zusammenarbeit mit der Regierung in Saigon
einzustellen; widersetze er sich diesem Befehl, würde dies böse Folgen
haben. Aber der Bürgermeister hielt Saigon die Treue, und so kamen die
Vietcong mitten in der Nacht, trieben alle Einwohner zum Dorfplatz, wo
ein Agitprop-Offizier ihnen während des Massakers einschärfte: ‹So wird
es jedem ergehen, der auf der Seite des Marionettenregimes in Saigon
steht. Merkt euch das!›»

Für Uwe Siemon-Netto sind Ho Chi Minh und General Vo Nguyen Giap
die obersten Verantwortlichen solcher Gräueltaten, für ihn sind sie
Kriegsverbrecher. Völkerrechtlich gesehen ist es der gleiche Vorwurf,
der auch an den amerikanischen Verteidigungsminister Robert McNamara und den Präsidenten Lyndon B. Johnson gerichtet worden war. Die
Vorwürfe wurden begründet mit den Nürnberger Prozessen und verglichen mit den Tokioter Prozessen von 1946 bis 1948. Dort hatten die
Siegermächte des Zweiten Weltkrieges Verantwortliche der Kaiserlich-
Japanischen Armee angeklagt und verurteilt. Bei beiden Prozessen ging
es auch um Verantwortlichkeiten von Staatsoberhäuptern. Das Resultat:
Sie können sich nicht mehr, wie es etwa die Angeklagten in Nürnberg
versuchten, mit dem Hinweis auf Nichtwissen oder auf einen Befehls-
empfängerstatus der Verantwortung entziehen. Beide Prozesse beton-
ten den Standpunkt: Ihr hättet es von eurer Funktion, von eurer Position
her wissen müssen. Auch die Vernachlässigung der Aufsichtspflicht, beispielsweise gegenüber Truppen, egal ob es sich um Politiker oder Trup-
penführer handelt, ist kein Entschuldigungsgrund, sondern kann dazu
führen, dass man wegen Kriegsverbrechen angeklagt wird.

Spätestens seit Nürnberg, wo erstmals eine direkte Verantwortung von
Staatsoberhäuptern festgelegt wurde, gibt es bei der Verfolgung von
Kriegsverbrechen keine Immunität von Staats- und Regierungschefs
mehr. Hätte es, wie im ehemaligen Jugoslawien, nach dem Vietnamkrieg ein politisches und juristisches Bemühen gegeben, Verantwortliche
zur Rechenschaft zu ziehen, wären auch Ho Chi Minh und General Giap
zur Verantwortung gezogen worden, genauso wie auf der Gegenseite

Henry Kissinger und «seine» Präsidenten Lyndon B. Johnson und Richard Nixon. Doch statt eines späteren Kriegsgerichtes gab es einen frühen Friedensnobelpreis: Mit der Begründung der «Herbeiführung eines Waffenstillstands im Vietnamkrieg» wurde Henry Kissinger und Le Duc Tho, den beiden Mitautoren des Vietnam-Friedensvertrages von 1973, der Friedensnobelpreis zugesprochen – eine der umstrittensten Vergaben dieses Prestigepreises, denn unter Präsident Nixon und seinem damaligen Sicherheitsberater Kissinger eskalierte der amerikanische Krieg in Vietnam. Die USA bombardierten Laos und Kambodscha. Le Duc Tho leitete während des Krieges die militärischen Aktionen der Nordvietnamesen. Im Gegensatz zu Kissinger lehnte er den Friedensnobelpreis ab. Seine Begründung: In Vietnam gebe es noch kein Frieden. Le Duc Tho hatte recht: Nach dem Friedensvertrag von 1973 dauerte der Krieg noch ganze zwei Jahre.

Kult um Kriegshelden

In Vietnam trifft man rund um den Krieg auf eine merkwürdige Situation: Einerseits ist er noch immer präsent, andererseits neigt man in der vietnamesischen Gesellschaft aus unterschiedlichen Gründen dazu, über das Geschehene zu schweigen. Das mag damit zusammenhängen, dass heute der grösste Teil der Bevölkerung unter dreissig ist. Doch da gibt es die Ahnenaltäre – einem solchen begegneten wir im Haus der siebenundsiebzig Jahre alten Mutter in Da Nang (s. S. 20). In Vietnam gibt es ein kulturell tiefverwurzeltes Totengedenken, rund um Kriegshelden existiert eine Art feierlicher Kult: Strassen werden nach Kriegshelden benannt und stehen als Skulpturen auf Heldenfriedhöfen. Es gibt Dankbarkeitsaktionen für «heldenhafte Mütter»: Frauen, deren Kinder im Krieg gefallen sind oder die den Vietcong-Kämpfern Schutz gewährten. Alles Gründe, weshalb dieser Krieg mit seinen Millionen von Opfern tagtäglich präsent ist. Doch das Totengedenken der Vietnamesen ist kein politisches, sondern ein sehr privates. Das macht eine Aufarbeitung des Krieges zusätzlich kompliziert. Kritische Reflexionen existieren nur vereinzelt. Im Zuge der Reformpolitik gebe es seit 1986 eine punktuell kritische Aufarbeitung des Kriegs in der Literatur, der bildenden Kunst und in Filmen, sagt Phuong Le Trong. «Der offiziell betriebene und zum Teil kostspielige Heldenkult indes versucht, das Verdienst ums Vaterland im Bewusstsein der Bevölkerung zu erhalten. Die echte Trauer findet dagegen auf Familienaltären mit Bildnissen der gefallenen Väter und Söhne statt.» Da gibt es durchaus Parallelen zur US-amerikanischen Art der Vietnamkriegsbewältigung, zum Vietnam War Commemoration Program von Präsident Barack Obama (s. S. 232). Phuong Le Trong weiter zur vietnamesischen Nichtbewältigung: «In Vietnams staatshörigen Medien und in Schulbüchern ist der ‹Krieg gegen Amerika› nach wie vor in einer antiquierten, über-

Nächtlicher Tangounterricht am Hoan-Kiem-See in Hanoi (2013).

holten und einseitigen Form sehr präsent, geprägt durch einen Duktus der Verherrlichung und Heroisierung, durch das pflichtübungsmässige Andenken an verdiente Veteranen und Kriegshelden.» Im Süden spreche man über die Kriegszeiten zunehmend mit «nostalgischer Trauer». Die Kriegsgeneration sei jetzt alt, aber noch da. Die Wahrnehmung der Kriegsvergangenheit falle im Norden und im Süden unterschiedlich aus. So würden sich die heute Vierzig- bis Fünfzigjährigen im Norden an die Tage ihrer schweren Kindheit während der Evakuierung unter Bombardementen und an die vielfachen Entbehrungen erinnern. Die Menschen im Süden hingegen sprächen eher von Familienzerrissenheit in den Kriegsjahren, von Unterschieden zwischen jetzt und damals, zuweilen seien sie ob der von vielen als ungerecht empfundenen Behandlung im Zuge der «Biographiepolitik» aber auch verbittert: Beurteilt werden Menschen aufgrund ihrer familiären Herkunft. Im Vorteil sind Menschen, die einen «revolutionären, patriotischen Hintergrund» haben. Entscheidend ist, ob sie oder ihre Vorfahren und Verwandten gegen die Franzosen oder Amerikaner gekämpft hatten oder ob sie aus «proletarischen Verhältnissen» stammen. Im Kontext der Umerziehung bedeutet das, so Phuong Le Trong, dass geprüft wurde, «ob es in der Verwandtschaft jemanden gibt, der nicht im Sinne der sozialistischen Revolution handelte. Dies reicht in der Regel zurück bis zur dritten Generation. Wenn der Grossvater etwa ein ‹Kapitalist›, Grossgrundbesitzer oder im Dienste der Franzosen war, der Vater Mitarbeiter der Amerikaner oder ein ranghoher Beamter des alten Regimes, hatte die betreffende Person eine ‹schlechte Biographie›, die ihr manche Zugänge zum gesellschaftlichen Leben erschwerte: keine Zulassung zu Universitäten, keine Arbeit in staatlichen Betrieben und so weiter.»

Seelensuche mit der DNA

Die Seelen der Vorfahren sind allgegenwärtig. In der vietnamesischen Ahnenkultur besuchen sie die Lebenden, sie bauen Brücken vom Diesseits zum Jenseits. Der Ahnenkult manifestiert sich im Jahresablauf in wichtigen Festen: etwa im vietnamesischen Muttertagsfest Vu Lan, wenn die Toten zurück in ihr einstiges Haus kommen, oder am Mittherbstfest Tet Trung Thu, bei dem die Totengeister ebenfalls aus der Unterwelt ins Reich der Lebenden treten. Die Besucher aus dem Jenseits erwarten stets einen gebührenden Empfang mit rituellen Speisen, mit Votivgeld, das verbrannt wird, und mit vielen Lichtern und Räucherwerk. Die Geister schauen unter den Lebenden zum Rechten, sie möchten verehrt, gespeist und verwöhnt werden, andere suchen die Erlösung von ewigen Qualen. Enttäuschte Vorfahren können Unglück bringen. Weil im Vietnamkrieg Hunderttausende von Toten anonym in Massengräbern bestattet wurden, sind vielen Lebenden die Geister abhandengekommen. Um diese schmerzhafte Wunde zu heilen, möchten manche Familien erfahren, wo ihre Toten sind, um sie endlich würdig zu begraben und damit ihre Seelen ihre Ruhe finden. Ein aussergewöhnliches staatliches DNA-Projekt soll jetzt mit dem «grössten Identifizierungsprojekt aller Zeiten» die ersehnte Erlösung bringen. So steht es in einer Medienmitteilung vom Februar 2016 des Hamburger genetischen Labors Bioglobe; es stellt Vietnam das dazu nötige Know-how zur Verfügung. Zwar hat der vietnamesische Staat bereits früher einige Massengräber und Friedhöfe mit unbekannten Toten aufgearbeitet, doch was mit dem sogenannten «Project 150» läuft, übertrifft alles. Der Bioglobe-Gründer und -Leiter Wolfgang Höppner: «Die wissenschaftlichen, technologischen, aber auch kulturellen und sozialen Implikationen des Vorhabens sind immens. Immerhin haben wir es hier mit Hunderttausenden Toten zu tun, von denen wir nicht wissen, wer sie sind, und mit wiederum Hunderttausenden Lebenden, die wir für einen Genabgleich benötigen, um ihre Verwandten identifizieren zu können.» Tran Dong, Botschaftsrat für Wissenschaft und Technologie der Sozialistischen Republik Vietnam in Deutschland, schreibt in der Pressemitteilung: «Für Vietnam stellt das Identifizierungsprojekt einen entscheidenden Schritt zur Bewältigung unserer schmerzhaften Vergangenheit dar. Erst mit der Identifizierung und Beerdigung der Toten können viele Familien wirklich Frieden finden.» Mit dem «Project 150» will die Regierung sämtliche Massengräber im Land systematisch erfassen. Schätzungsweise rund eine halbe Million Kriegstote sollen identifiziert und deren Überreste ihren Familien übergeben werden.

Risse gingen durch die Familien

Was man künstlich teilt, hält auf Dauer häufig nicht. Für ein paar Jahrzehnte mag es gutgehen, doch irgendwann ... Vietnam wurde 1954 künstlich geteilt. Die Risse gingen teilweise durch Familien. Der eine Sohn diente in der südvietnamesischen Armee, der andere beim Vietcong. Das schaffte mancherorts ein über Generationen vergiftetes Klima. Nach mehr als zwei Jahrzehnten der Trennung wird das Land am 2. Juli 1976 offiziell wiedervereinigt und Saigon zu Ho-Chi-Minh-Stadt. Der Historiker Andreas Margara schreibt 2012 in seinem Buch *Der Amerikanische Krieg – Erinnerungskultur in Vietnam:* «Nach der Wiedervereinigung Vietnams wurde der erfolgreiche Befreiungskampf als Gründungsmythos instrumentalisiert. Anstelle einer kritischen Auseinandersetzung mit der dreissigjährigen Kriegsvergangenheit, die weder im Dialog mit Vertretern der Bevölkerung noch mit dem wieder eingegliederten Süden stattfand, berief sich die Kommunistische Partei Vietnams weiter auf ihre revolutionären Tugenden. Die in Südvietnam verbreitete Sichtweise des Amerikanischen Krieges als Bruderkrieg zwischen Nord- und Südvietnam fand dabei keine adäquate Berücksichtigung. Nordvietnam sah sich vielmehr als Befreier eines politisch noch rückwirkend von französischem Kolonialismus und amerikanischer Besatzung bestimmten Marionettenregimes. (...) Der Krieg wurde im wiedervereinigten Vietnam (...) zum überproportionalen Thema. In der dabei entstandenen ikonographischen Erinnerungslandschaft greift der Staat Trauer und Leid des Krieges auf und konvertiert diese in Opferbereitschaft und Märtyrertum.»

Der amerikanische Vietnamkrieg
und die Medien – Entsetzen ohne Entsetzen

US-Soldaten dringen 1965 in ein südvietnamesisches Dorf ein und stecken die Häuser mit Feueranzündern und Flammenwerfern in Brand. Der CBS-Fernsehreporter Morley Safer ist dabei und dokumentiert diesen Übergriff – einer von ungezählten auf unschuldige Zivilisten. Nachdem Safers Bericht ausgestrahlt worden war – einer der ersten, der den Krieg ungeschönt zeigte –, rief ein verärgerter Präsident Johnson den obersten CBS-Verantwortlichen an. Er beschuldigte den Sender, «auf die amerikanische Flagge geschissen» zu haben. Johnson war überzeugt, dass Safer ein Kommunist ist, und ordnete eine Sicherheitsüberprüfung an. Nachdem er erfuhr, dass Safer kein Kommunist, sondern Kanadier ist, soll Johnson gesagt haben: «Ich wusste, das war kein Amerikaner.»

1989 führte Morley Safer ein Interview mit General Vo Nguyen Giap, im Westen der «rote Napoleon» genannt, in dem dieser sagte: «Vergessen Sie nicht, dass dieser Krieg jeden Tag in die Wohnzimmer aller Amerikaner getragen wurde!» Laut dem deutschen Kriegsberichterstatter Uwe Siemon-Netto bestätigte Giap damit, «dass die amerikanischen Medien entscheidend zu seinem Sieg beigetragen hatten. Wer also waren die De-facto-Verbündeten, wenn nicht die amerikanischen Reporter vor Ort?» Giaps Statement zeige, dass die Medien eine zentrale Rolle im Kalkül dieses kommunistischen Meisterstrategen gespielt hätten. «Denn warum hielt er Demokratien für psychologisch und politisch ausserstande, in einem langwierigen Partisanenkrieg zu siegen? Weil ihnen seiner Ansicht

1966. Truppen auf dem Ho-Chi-Minh-Pfad in den Truong-Son-Bergen. Der mehrere 1000 Kilometer lange «Pfad» diente zur Versorgung der Befreiungsfront. Foto Le Minh Truong / Another Vietnam / National Geographic.

nach die Ausdauer dazu fehlte. Und warum das? Weil Demokratien im Gegensatz zu Diktaturen von der Wählergunst abhängig sind. Wer aber informiert die Wähler? Die Medien. Was aber, wenn die Medien ihnen suggerieren, dass sich in einem bewaffneten Konflikt die Geduld nicht auszahle, weil der zu verteidigende Verbündete das Opfer nicht wert sei? Dann muss dieser Konflikt eben beendet werden, notfalls mit faulen Kompromissen. Womit dann Giaps Rechnung aufgeht.»

«Die Presse war instinktiv gegen die Regierung und zumindest in ihren Reflexen auf der Seite der Gegner Saigons.» Das schrieb 1981 der US-amerikanische Autor Robert Elegant in seinem Buch *How to Lose A War. The Press and Viet Nam*. Und weiter: «Zum ersten Mal in der zeitgenössischen Geschichte bestimmte nicht das Schlachtfeld, sondern die gedruckte Seite und – mehr noch – der Fernsehschirm den Kriegsausgang ...» Elegant, der behauptete, dass bei «nüchterner Betrachtung» eigentlich die USA in Vietnam gewonnen hätten, weist damit auf die ungeheure Bedeutung hin, die die Medien in diesem Krieg hatten.

Der amerikanische Vietnamkrieg war der erste und einzige der Geschichte, den man beinahe lückenlos und unzensiert weltweit auf den Fernsehbildschirmen verfolgen konnte. Mehr als 5000 Journalisten und Fotografen berichteten zwischen 1964 und 1975 von der Front. Zwei Drittel von ihnen starben. Erstmals in der Geschichte wurde über die unmittelbar Beteiligten hinaus ein umfassenderes Bild über die Grausamkeit «moderner Kriegstechniken» vermittelt. Vor allem dass «moderne» Kriege vornehmlich gegen die Zivilbevölkerung des Gegners geführt werden, schockierte die ganze Welt.

Alle Beteiligten nutzten das damals junge neue Medium propagandistisch. Eine der Folgen: Der Vietnamkrieg wurde zu einem Glaubenskrieg, der vor allem die Jugend auf die Barrikaden trieb. Rund um den Globus riefen sie zu Massenkundgebungen auf, die auch die ganze amerikanische Bevölkerung spalteten.

Der Historiker Bernd Greiner kritisiert in seinem Buch *Krieg ohne Fronten*, dass die meisten Journalisten vor Ort keine kritische Distanz gekannt hätten. «Teils weil sie den Mut und die Entbehrung der Soldaten bewunderten, teils weil sie ihrer als Schutz bedurften und teils weil sie im Falle einer kritischen Berichterstattung um ihre Akkreditierung fürchteten.» Neil Sheehan, Journalist der *New York Times* und Analyst der *Pentagon-Papiere*, meint, wer in diese Solidarisierungsfalle geraten sei, der habe sich unweigerlich der Selbstzensur unterworfen.

Für die USA endete der Krieg mit der ersten militärischen Niederlage ihrer Geschichte. Er beeinflusste die Einstellung vieler Amerikaner zu ihrem Land und führte zu einer kritischen Hinterfragung der amerikanischen Rolle als «Weltpolizist» und Bollwerk der freiheitlichen Welt im Kalten Krieg. Peer Meinert schrieb am 30. Juli 2014 in der *Zeit*: «Die USA hatten sich stets als Beschützer der Unschuldigen, als Leuchtfeuer für das Gute und Gerechte gesehen – doch Gräueltaten der US-Soldaten im Dschungel erschütterten dieses Bild. Da war das Foto des kleinen, nackten Mädchens, das nach einem Napalm-Angriff schreiend aus ihrem Dorf flüchtet – das hässliche Bild des Amerikaners ging um die Welt. Am Ende zweifelten die USA an sich selbst und ihrer Rolle in der Welt.»

Aus Vietnam haben die USA gelernt, dass man die Medien nicht mehr so frei an die Schauplätze lassen und sie sozusagen der Propaganda der Regierung entziehen darf. Das wurde konsequent zuerst 1983 in Grenada, dann aber vor allem 1991 im Golfkrieg deutlich und später in allen weiteren Kriegen. Die Lehren aus dem Vietnamkrieg gipfelten 2015 im *Law of War Manual*. Dieses über 1000 Seiten starke Papier des Verteidigungsministeriums ist eine amerikanische Interpretation des Kriegsrechts. Darin steht, dass Journalisten im Kriegsfall wie Spione behandelt werden können und der Staat zudem ein Zensurrecht habe. Das Committee to Protect Journalists (CPJ) und die *New York Times* kritisierten dieses Ansinnen scharf. Medienschaffende könnten auf Befehl eines Kommandanten eingesperrt und sogar hingerichtet werden, befürchtet das CPJ.

Welchen Einfluss die Fernsehbilder auf die Wahrnehmung haben können, zeigt auch das Beispiel der Journalistin Marina Warner. Gewöhnt an die Bilder vom Krieg, kam sie als Reporterin nach Vietnam. Ihr eigentliches

Entsetzen war, dass sie ohne Entsetzen war. Die Fernsehbilder hatten sie ausgelaugt, ihre Erlebnisfähigkeit getötet. In Saigon lief ihr eine schreiende Frau mit ihrem Kind entgegen, die Haut in Fetzen. Marina Warner erinnert sich: «Ich sagte zu mir: Mein Gott, das habe ich schon alles im Fernsehen gesehen. Ich war nicht so schockiert, wie ich es erwartet hatte.» Die Kunstwissenschaftlerin Annegret Jürgens-Kirchhoff kommentiert: «Der an Bilder aus zweiter Hand gewöhnte Blick ist in Gefahr, auch in grösster Nähe zur Realität noch einer von aussen zu bleiben.»

Die Bilder aus dem Vietnamkrieg, vor allem die Fotografien, haben die Wahrnehmung allerdings nicht nur abgestumpft, sondern die Menschen auch mobilisiert. Der Protest gegen diesen Krieg wurde auch von den Bildern in Zeitschriften und Illustrierten geweckt, die in den Wohnzimmern lagen «wie ein Blutfleck auf dem Teppich», so Annegret Jürgens-Kirchhoff.

Die Lüge lebt bis heute

Die USA haben den Vietnamkrieg bis zum heutigen Tag nicht angemessen aufgearbeitet. Ein Beispiel ist der behauptete Tonkin-Zwischenfall, mit dem Washington den amerikanischen Krieg in Vietnam begründet hatte. Dies erinnert übrigens an das Jahr 2003, als die Vereinigten Staaten zusammen mit Grossbritannien völkerrechtswidrig den Zweiten Irakkrieg begannen – ebenfalls mit einer Lüge: Staatspräsident Saddam Hussein habe ein Arsenal von Massenvernichtungswaffen und bedrohe die USA. Der Krieg und seine Folgen forderten möglicherweise bis zu einer Million Tote. Genaue Zahlen gibt es bis heute nicht. Was hingegen unbestritten ist: Die Begründungen für diesen Krieg waren erfunden. Präsident George W. Bush belog die Weltöffentlichkeit. Im Irak fand man weder Massenvernichtungswaffen noch Beweise für akute Angriffsabsichten.

Umso erstaunlicher, dass das offizielle Washington die viel ältere Kriegslüge, jene von Vietnam, bis heute nicht dementiert hat. Auf der Webseite des staatlichen Vietnam War Commemoration Program steht nämlich nach wie vor, der Auftakt zu den Bombardierungen von Hanoi sei der vietnamesische Angriff auf das Kriegsschiff «Maddox» im Golf von Tonkin gewesen. Nicht nur gegen diese Behauptung, sondern auch gegen das gesamte, viele Millionen Dollar teure Erinnerungsprojekt regte sich Ende 2014 prominenter Widerstand. Mehr als 600 Wissenschaftler, darunter renommierte Vietnamkriegshistoriker, Veteranen und Antikriegsaktivisten, forderten das Verteidigungsministerium in einer Petition auf, die veröffentlichte Kriegsgeschichte zu korrigieren.

So erwähnten die offiziellen Stimmen mit keinem Wort, wie unpopulär dieser Krieg gewesen war, und sagten nichts über die starke Friedensbewegung, zu der gegen Kriegsende auch viele Veteranen gehörten. Deshalb gründeten ehemalige Antikriegsaktivisten das Vietnam Peace Commemoration Committee, eine Vereinigung, die die andere Seite dieser Geschichte in Erinnerung ruft, nämlich den weitverbreiteten Widerstand gegen die amerikanischen Kriegshandlungen in Südostasien. Laut der Schweizer *Wochenzeitung* vom 11. Juni 2015 hat das Pentagon mittlerweile ganz auf die historische Aufarbeitung des Vietnamkriegs verzichtet. Man konzentriere sich auf die Ehrung der Veteraninnen und Veteranen und ihrer Familien, die der Nation so grosse Opfer gebracht hätten. Verdrängt aus dem nationalen Bewusstsein seien die politischen und militärischen Fehlentscheide der eigenen Regierung und das Leid, das der vietnamesischen Bevölkerung zugefügt worden sei. Vietnam werde zur rein US-amerikanischen Tragödie, so wie im vielgelobten und Oscar-nominierten Dokumentarfilm *Last Days in Vietnam* aus dem Jahre 2014 von Rory Kennedy, Tochter von Senator Robert F. Kennedy. Ihr Werk zeigt, wie kurz vor dem Fall von Saigon einige im Land verbliebene US-Amerikaner und -Amerikanerinnen so viele südvietnamesische Verbündete wie möglich zu retten versuchen.

Die auf dreizehn Jahre angelegte Propagandakampagne, die Präsident Barack Obama im Mai 2012 lancierte, soll also das Image des Vietnamkriegs im Denken der Amerikaner säubern. Obama sprach von den Kämpfen von Khe Sanh und Hué und verklärte sie. In seiner Proklamation zum Erinnerungsprojekt schrieb er von «mehr als drei Millionen Soldaten und Soldatinnen, die mutig (...) und heldenhaft kämpften, um die amerikanischen Ideale zu schützen, die uns lieb und teuer sind». Doch zum Massaker von My Lai (s. S. 180) und zu den vielen anderen amerikanischen Kriegsverbrechen schwieg er. Damit bereite er den Boden für die Reinwaschung einer grauenhaften Untat, schreibt der Vietnamkriegs-Veteran und Autor John Grant sinngemäss. Mit der einseitigen Darstellung des Krieges komme Obama den Veteranen entgegen, meint er. Nach ihrer Rückkehr seien sie von einer undankbaren Heimat schlecht behandelt worden. Der Theologe und ehemalige Kriegsreporter Uwe Siemon-Netto beschreibt in seinem Buch *Duc, der Deutsche,* wie fast alle Veteranen, die er in den 1980er Jahren seelsorgerlich betreute, unmittelbar nach ihrer Rückkehr als «Babykiller» bezeichnet worden seien. Und er erzählt von Frauen, die ihren Männern an der Front boshafte Abschiedsbriefe schrieben, weil sie zu Hause ein derart verabscheuungswürdiges Bild des Krieges mitbekommen hatten, dass ihnen die Fortsetzung der Ehe mit einem Vietnamkämpfer unmöglich erschien. Veteranen mit psychischen Schäden wurden lange nicht ernst genommen. Erst gegen Ende des Krieges setzten sich amerikanische Psychiater dafür ein, dass psychische Beschwerden heimgekehrter Soldaten im direkten Zusammenhang mit ihrem Vietnameinsatz gesehen wurden. Erst 1980 erkannte die American Psychiatric Association die von ihnen vorgeschlagene Diagnose der posttraumatischen Belastungsstörung offiziell an.

Obama benutze die unterdrückten Gefühle von Wut, Schuld und Scham, die viele Veteranen aus dem Gleichgewicht gebracht hätten, schreibt John Grant, und weiter: «Wir litten unter der Last, einen Krieg zu führen, der daheim auf viel Opposition stiess, nicht zuletzt seitens der besser Informierten unserer Altersgenossen. Aber die tieferen Wunden, welche die Zeit für Tausende von uns nicht heilen konnte, lagen im schrecklichen Bewusstsein der täglichen Gewalttaten, die wir in Vietnam gnadenlos ausübten, nicht nur gegen einen bewaffneten Feind, sondern gegen ein ganzes Volk.» Obama habe angedeutet, dass solche Sichtweisen eine Schwarzmalerei seien. John Grant: «Aber ich bin zu sehr an meine eigene Wahrheit des Bösen dieses Krieges gebunden, als dass ich je getröstet werden könnte, und die Lügen von Obama an diesem speziellen Anlass machen mich wütend. Ich war in Vietnam. Ich habe diesen Krieg erlebt. Er erschütterte mich. Ich kam nach Hause und leistete aktiv Widerstand gegen ihn. Wie Tausende anderer Vietnamveteranen war ich Zeuge von Gräueln oder daran beteiligt gewesen. Ich sah die routinemässige Anwendung von Folter. Das waren nicht die ‹Missetaten einiger weniger› – das war das Wesen dieses Krieges.»

Die *Wochenzeitung* vom 11. Juni 2015 schrieb: «Die Erinnerung an diesen Krieg ist nach wie vor unversöhnlich geteilt und dessen Deutung umstritten. Eine Invasion, die auf ihrem Höhepunkt Anfang der siebziger Jahre von der Mehrheit der US-AmerikanerInnen als ‹unmoralisch› abgelehnt wurde, kann nicht ohne weiteres umgeschrieben und zum ‹guten Krieg› gemeisselt werden.»

George Orwell schrieb in seinem Roman *1984:* «Wer die Vergangenheit kontrolliert, der kontrolliert die Zukunft. Wer die Gegenwart kontrolliert, der kontrolliert die Vergangenheit.»

Die Tunnel: Überleben als Maulwurf

Sie gehören in Vietnam zu den Attraktionen des heutigen Kriegstourismus: unterirdische Tunnelsysteme, in denen sich Kinder, Frauen und Männer vor den amerikanischen Bomben schützten.

Rund sieben Tonnen Bomben pro Einwohner sollen die USA in der Region des einst beschaulichen Dorfes Vinh Moc in der Provinz Quang Tri abgeworfen haben. Das Gebiet nahe der entmilitarisierten Zone gilt als eines der am schwersten bombardierten der Kriegsgeschichte. «Es sah aus wie eine Mondlandschaft», sagt uns der US-Kriegsveteran Chuck Searcy. Um sich vor den tödlichen Geschossen zu schützen, verschwanden die Menschen buchstäblich unter der Erde. Mühsam gruben sie von Hand in geschätzten siebeneinhalb Millionen Arbeitstagen 114 Tunnel. Zwischen 1963 und 1968 entstand ein System von etwa vierzig Kilometern Länge, das auf drei Etagen bis acht Meter tief reichte. Da gab es kleine Läden, winzige Nebenhöhlen als Lazarett, Wohn- und Kommandohöhlen, Schulen ... Es existierte in diesem menschlichen Maulwurfdorf eine komplette Infrastruktur. Mehrere Kinder wurden in den höchstens ein Meter siebzig hohen und äusserst engen Tunneln geboren. Als Besucher, gebückt und gebeugt, bewaffnet mit einer Taschenlampe, fasst man es kaum, dass hier unten Menschen für Jahre leben konnten. Die unterirdischen Gänge haben bis heute einen starken Symbolcharakter für die nationale Identität.

Noch grösser war das Tunnelsystem von Cu Chi – es liegt vierzig Kilometer nordwestlich von Ho-Chi-Minh-Stadt und soll einst länger als 200 Kilometer gewesen sein. Während des Krieges galt die Kleinstadt als einer der strategisch wichtigsten Punkte und gehörte mit der 25. Infanteriedivision «Tropic Lightning» («Tropenblitz») zu einem der grössten amerikanischen Armeestützpunkte, nahe der «Kriegszone C» der Befreiungsarmee. Cu Chi war ein weiterer Vorposten der Apokalypse. Hier, wo Agent Orange und Napalm das Land bis in die 1970er Jahre vollständig ruinierten, wurden 30'000 Menschen abgeschlachtet.

Auch in Cu Chi können Besucher einige wenige noch existierende Gänge begehen. Sie sind heute grösser als im Krieg, denn im Originalzustand wären die Gänge für die meisten Kriegstouristen aus Übersee nämlich unpassierbar. Schliesslich wurden sie damals für die schlanken Vietnamesen massgeschneidert, den grösser dimensionierten Amerikanern sollte der Zutritt verunmöglicht werden.

Die Anfänge des Cu-Chi-Tunnelsystems reichen zurück in die 1940er Jahre, als sich die Unabhängigkeitsbewegung der Viet Minh gegen die französische Kolonialmacht erhob. Unbemerkt von den Franzosen vernetzten die Guerillas die ganze Gegend. Die Tunnel dienten zum Schutz, als Waffenlager, Kommandoposten und Lazarett. Major Nguyen Quoc verbrachte im Kampf gegen die Franzosen rund zehn Jahre seines Lebens in den Tunneln, deren Bedeutung er so erklärt: «Hätten wir an der Oberfläche gekämpft, wäre für uns ein Überleben unmöglich gewesen. Es galt, ein System zu entwickeln, das uns erlaubte, Ort und Zeitpunkt eines Angriffs selber wählen zu können. – Ende 1948 hatten wir bereits ein Tunnelsystem, das jede Familie und jeden Flecken in der Gegend miteinander verband.» Er schätzt die Gesamtlänge der Tunnel von damals auf etwa fünfzig Kilometer.

Die Warnungen des Tunnelguides, der uns durchs unterirdische Labyrinth lotst, klingen hier unten seltsam dumpf, als ob sie in Watte gepackt wären. Ersticktes Echo eines Krieges. Ziehen Sie den Kopf ein! Plötzlich öffnet sich der Tunnel zu einem grossen Raum, drinnen Holztische und Holzbänke. An der Wand eine strategische Karte. Hier soll die Tet-Offensive vorbereitet worden sein. Reiscakes und Tee werden serviert. Have a nice day!

In den 1960er Jahren, als der Widerstand gegen das südvietnamesische Diem-Regime immer stärker wuchs, bekamen die Tunnel von Cu Chi eine neue Bedeutung. Die Guerillas bauten sie im Laufe des Krieges stark aus. Die Tunnel wurden vom Feind lange nicht vollständig entdeckt. Man erzählt sich in Cu Chi eine fast unglaubliche Geschichte, die sich an Weihnachten 1966 zugetragen haben soll: Der US-Komiker Bob Hope unterhält «seine» Truppen der 25. Division mit Liedern und Sketchen. Zur gleichen Zeit, quasi unter seinen Füssen, spielt der vietnamesische Entertainer Pham Sang für die Partisanen. «Die Amerikaner wussten, dass da Tunnel waren, doch sie wussten nie genau, was eigentlich unten vor sich ging», erzählt der Exguerilla Ba Huyet. Die Versuche der US-Truppen, das Tunnelsystem auszuschalten, reichten vom Einschleusen von Hunden bis zum Hineinblasen giftiger Gase. Erst die «Tunnelratten» brachten eine Wende – speziell ausgebildete Soldaten, die sich heimlich in den Untergrund wagten und Sprengsätze anbrachten.

Als die Tunnel entdeckt wurden, erklärten die USA die Gegend von Cu Chi zur «Free fire»-Zone. Das war die Lizenz zum hemmungslosen Töten. In einer solchen Zone bewegten sich die US-Streitkräfte wie in einem rechtsfreien Raum. Es durfte erbarmungslos geschossen und niedergebrannt werden. Dabei spielte es keine Rolle, ob sich im definierten Gebiet Zivilisten oder feindliche Truppen aufhielten. «Wenn diese Leute dortbleiben und die Kommunisten unterstützen wollen», so ein US-Berater, «dann müssen sie sich auf Bomben gefasst machen.» Dies bedeutete: Auch besiedelte Gebiete erklärten die Amerikaner zu «Free fire»-Zonen. Es genügte allein der Verdacht auf aktive oder passive Unterstützung des Vietcongs. Der Krieg vertrieb Millionen Bauernfamilien aus umkämpften ländlichen Gebieten. Sie flüchteten in die grossen Städte. Die urbane Bevölkerung wuchs von 1958 bis 1971 von 2,8 auf acht Millionen Bewohner. Dies führte zu einem unkontrollierten Städtewachstum; allein in Saigon lebten gegen Kriegsende um die anderthalb Millionen Menschen in Slums.

Wieder an der frischen Luft, geraten die Touristen unausweichlich in die Souvenirshops. Neben Büchern und Videos fällt eine Kriegsmaschinerie en miniature auf: amerikanische Panzer, Kampfhubschrauber und Kanonen als Spielzeuge – kunstvoll gefertigt aus Colabüchsen. Wer noch nicht genug hat, greift jetzt zum Gehörschutz, zu einer AK-47, einer M16 oder einer anderen Original-Kriegswaffe von damals. Für einen Dollar pro Schuss darf auf blecherne Tiere geschossen werden. Eine ältere Lady und ein junges Pärchen aus den USA, einige Koreaner und Erich, ein Tourist aus Salzburg, gehören an diesem Tag zur Vietnamkriegs-

Schützengesellschaft. «Irgendwie ein komisches Gefühl», ausgerechnet in Cu Chi zu schiessen, «wo doch so viele Menschen gestorben sind», sagt der Mann aus Österreich. Er drückt ein weiteres Mal ab. Es sei halt das Kind im Manne. Er bereite einen Ausflug für Soldaten des österreichischen Bundesheeres «im Rahmen der Truppenausbildung» vor. Und sie werden alle hier schiessen? – «Die werden schiessen, ja.»

Blindgänger: Leben mit der Bombe

Zu den gefährlichen Spätfolgen des US-Vietnamkrieges gehören Hunderttausende von Blindgängern. Am schlimmsten ist es in der zentralvietnamesischen Provinz Quang Tri, wo einst die provisorische Grenze zwischen dem «kommunistischen» Norden und dem von den USA unterstützten «kapitalistischen» Süden lag.

Im Dorf Tantuong in der Provinz Quang Tri geht es an diesem Morgen hektisch zu. Strassen werden gesperrt, Zündkabel verlegt, Sprengstoffpakete deponiert, Nachbarn per Megaphon gewarnt. Auslöser ist ein Fund, den Stunden zuvor der Bauer Nguyen Van Ky gemacht hat, als er hinter dem Haus eine Kuh anbindet. «Da lag eine Streubombe halb vergraben im Boden», erzählt er. Es ist nicht das erste Mal. «Aber es ist jedes Mal ein Schock. Ich rief sofort die Hotline des Project Renew an.»

Das Project Renew ist eine hauptsächlich von Norwegen und den USA finanzierte Nichtregierungsorganisation. In der Provinz Quang Tri entschärft und vernichtet sie Blindgänger, unterstützt Opfer und erteilt Kindern Präventionslektionen. So wie an diesem Tag auch im Nachbardorf Cam Tuyen. Die zehnjährige Kieu, ein schüchternes Mädchen in der blauweissen Schuluniform, gesteht, sie habe wegen der Blindgänger auf ihrem Schulweg manchmal Angst. Etwa ein Drittel der Klasse hat schon einmal gesehen, wie das Renew-Team Blindgänger zur Explosion bringt. Auf keinen Fall berühren, Abstand halten und sofort die Renew-Hotline anrufen: Das wird den Kindern hier eingeschärft. Lernen, mit der Bombe zu leben. Dazu zeigen die Renew-Leute grossformatige Bilder von den

Im Dorf Tan Phu (Provinz Quang Tri) macht sich ein Spezialistenteam des Project Renew auf den Weg zu einem Blindgänger. Das Dorf liegt neben dem ehemaligen US-Militärstützpunkt Camp Carroll (2015).

sehr vielen Arten von Blindgängern, die hier im Boden lauern. Gegründet wurde das Project Renew 2001 vom US-Kriegsveteranen Chuck Searcy und einem Veteranenkollegen, der aus eigenen Mitteln eine Viertelmillion Dollar Startkapital spendete.

Quang Tri liegt an der ehemaligen Demarkationslinie zwischen Nord- und Südvietnam. Es war die am schlimmsten umkämpfte Gegend und eine der am schwersten bombardierten Regionen der Geschichte (s. S. 172). «Die Provinz glich einer Mondlandschaft», sagt Chuck Searcy. Sie wurde mit Millionen Tonnen von Bomben, Landminen, Granaten und anderen Waffen terrorisiert. Das US-Verteidigungsministerium schätzt, dass etwa zehn Prozent davon nicht explodierten. Seit Kriegsende verletzten oder töteten Blindgänger allein in der Provinz Quang Tri fast 8000 Menschen.

Ngo Xuan Hien ist leitendes Teammitglied des Project Renew. Er weist auf eine weitere Konsequenz der Zeitbomben hin, die hier im Boden ticken: «Unsere Studien zeigen, dass es zwischen Blindgängern und Armut einen klaren Zusammenhang gibt.» Vier Fünftel der Menschen in Quang Tri leben von der Landwirtschaft. Wegen der Blindgänger können die Bauern nicht ihr ganzes Land bebauen. Die meisten haben deswegen nicht genug zum Leben. Nach dem Krieg waren achtzig Prozent der Provinz mit Blindgängern verseucht, eine Provinz, die flächenmässig etwa einem Zehntel der Schweiz entspricht. Heute ist laut Renew insgesamt noch ein Gebiet mit Blindgängern kontaminiert, das etwa zweimal so gross ist wie die Stadt Basel.

Ngo Xuan Hien wurde 1976 geboren, also ein Jahr nach Kriegsende. Er erinnert sich an seine Kindheit im Distrikt Cam Lo: «Links und rechts des

Nguyen Van Tuan im Dorf Tan Phu. Er sammelte auf dieser Plantage Kriegsschrott. Dabei explodierte genau an der Stelle, wo er hier steht, eine Granate, die ihm den rechten Unterarm abriss (2015).

Schulweges sah man unzählige zerschossene Panzer und jede Menge Munition herumliegen.» Nie vergessen werde er einen seiner Schulkameraden. Als er eines Tages im Wald Brennholz sammelte, zerfetzte ihn eine Streubombe. «Als sie ihn nach Hause brachten, sah ich ein grosses Loch in seinem Bauch, ich sah noch den Reis, den er zuvor gegessen hatte. Das war eine traumatische Erfahrung.» Ngo Xuan Hien ist mit der dauernden Angst aufgewachsen, ihm könnte einmal dasselbe widerfahren. Einunddreissig Prozent der Blindgängeropfer von Quang Tri sind Kinder.

Für immer gefährlich

Ganz ungefährlich wird es hier wohl nie, wie Renew-Mitgründer Chuck Searcy sagt. «Es ist traurig, aber die Äcker hier werden nie hundertprozentig sicher sein. Ich kenne Fälle, wo ein Bauer jahrzehntelang sein Feld pflügte. Eines Tages, in einem Augenblick und völlig unerwartet, explodiert auf demselben Feld eine Bombe, die ihn tötet oder ihn ein Auge, eine Hand, einen Arm oder ein Bein kostet.» Am 23. Juni 2015 traf es den Bauern Le Huu Ha aus dem Dorf Tien. In der Nähe einer Gummiplantage, nahe der ehemaligen Demarkationslinie, hob er zum Pflanzen eines Orangenbaumes eine Grube aus. Der Blindgänger riss den zweiundvierzigjährigen Vater von drei kleinen Kindern buchstäblich in Stücke.

Am gefährlichsten sind die Streubomben des Typs BLU-63, die an diesem Morgen den Bauern Nguyen Van Ky erschreckten. Es ist eine etwas mehr als tennisballgrosse Metallkugel, die bei der leisesten Berührung explodieren kann. Deshalb wird sie an Ort und Stelle mit Sprengstoff vernichtet. Streubombenkugeln waren in Behälter abgefüllt. Abgeworfen aus Flugzeugen, wurden gleichzeitig mehrere Hundert dieser tödlichen Metallbälle grossflächig verstreut. Etwa ein Drittel dieser Streubomben sind laut Renew im Krieg nicht explodiert.

2008 unterzeichneten 116 Staaten ein Abkommen, das den Einsatz von Streumunition verbietet. Nichtsdestotrotz wird sie noch immer verwendet. So warf die Menschenrechtsorganisation Human Rights Watch (HRW) 2015 der von Saudi-Arabien angeführten Militärkoalition vor, im Jemen gegen die Rebellen der schiitischen Huthi-Miliz mehrere Male Streumunition eingesetzt zu haben. Allerdings hat Saudi-Arabien das Abkommen nie unterschrieben. Ebenfalls verweigert haben die Unterschrift neben anderen die USA und der Jemen. Streubomben sind ausserdem aus dem syrischen Bürgerkrieg bekannt.

Eines der vielen Opfer, die in Vietnam überlebt haben, ist der Bauer Hoang Xuan Phuong. Der Fünfzigjährige erzählt: «Ich sammelte Steine vom Boden auf, um mir einen kleinen Schweinestall zu bauen. Plötzlich eine Explosion … Eine Mine … Sie riss mir die linke Hand weg … Das war ein grauenhafter Schock. Später wollte ich mich umbringen. So wollte ich nicht weiterleben.» Doch seine Familie half ihm, einen Weg zu sehen. «Ich fand sogar eine Frau, heiratete und habe heute zwei Kinder.» Er ist eines der vielen Tausend Blindgängeropfer in der Provinz Quang Tri. An der Wand in seinem Haus hängt eine Gitarre. Sie erinnere ihn an die schönen Tage, als er noch spielen konnte. Er frage seine Besucher jeweils, ob sie spielen könnten. «Spielen Sie?» Leider nein. So bleibt die Gitarre auch diesmal stumm. Bauer Phuong hat einen langen Leidensweg hinter sich. So mussten er und seine Familie für die hohen medizinischen Behandlungskosten grösstenteils selbst aufkommen. Auch heute noch werden Opfer weitgehend alleingelassen. Der Staat habe kein Geld, heisst es. «Wir mussten viele unserer Kühe verkaufen, um die Spitalkosten zu bezahlen», sagt der Reisbauer. Er erzählt, wie sehr er sich auch heute noch beschränken muss, wie er sich viele Jahre und bis vor kurzem nicht in der Öffentlichkeit gezeigt habe: weil er sich wegen seiner Behinderung schämte und auch weil man ihn mied. Während des Frühlingsfestes, so erzählt er, machen die Leute heute noch einen Bogen

Lernen, mit der Bombe zu leben. In der Provinz Quang Tri unterweist das Project Renew Kinder darin, was sie tun müssen, wenn sie einen Blindgänger entdecken (2015).

um Menschen mit Behinderungen. «Die Leute glauben, dass ich ihnen Unglück bringe.» Und er selbst, glaubt er ebenfalls daran? «Ja.» Es sei eben ein uralter Glaube, überliefert von Generation zu Generation. Eines der beiden Kinder von Bauer Phuong, die fünfjährige Chau, ist zerebral gelähmt. «Meine Eltern glauben, ich sei schuld an der Behinderung ihrer Enkelin.»

Zurück zum Grundstück des Bauern Nguyen Van Ky, der am Morgen die Streubombe entdeckt hat. Ein paar hundert Gramm Sprengstoff liegen neben dem Blindgänger, zugedeckt mit Sandsäcken, um Splitter einzudämmen. 150 Meter weiter weg, am anderen Ende des Zündkabels, läuft der Countdown. Renew-Teammitglieder in ihren khakifarbenen Uniformen versichern sich nochmals, dass niemand in der Nähe ist. Die Strassen in der Umgebung sind gesperrt. Ein Sanitäter steht für Notfälle bereit. Drei … zwei … eins – ein fürchterlicher Knall, eine mächtige Rauchwolke. Eine Streubombe weniger und die leise Hoffnung, dass zu den mehr als 15'000 Menschen, die in der Provinz Quang Tri unter kriegsbedingten Behinderungen leiden, möglichst niemand mehr dazukommt.

Vergeben und vorbei?

Zu Besuch beim Seniorentischtennis-Klub in Hanoi. Die grosse Trainingshalle liegt verborgen in der Altstadt mit ihren engen, verwinkelten Gassen. Hier treffen wir Nguyen Tuan Anh. Im Krieg kämpfte er in der Provinz Quang Tri, und er wäre beinahe umgekommen.

Eine Granate traf ihn. Schwer verletzt und gelähmt, hat er überlebt. Ein paar Granatsplitter konnte man nicht aus seinem Schädel operieren. Wie durch ein Wunder verschwand jedoch später die Lähmung. Geschehen sei es fast blitzartig während einer sehr holprigen Busfahrt, bei der er schmerzhaft durchgeschüttelt worden sei. Plötzlich habe er seinen gelähmten Arm wieder normal bewegen können, erzählt er.

Nguyen Tuan Anh studierte in der damaligen DDR und kann deshalb noch etwas Deutsch. Die Frage an ihn: Die USA haben mit diesem Krieg so unendlich viel Leid ins Land gebracht. Trotzdem hört man kaum ein Wort des Hasses, im Gegenteil. Man begegnet den USA so, als ob es nie einen Krieg gegeben hätte. Warum?

«Warum? Wissen Sie, dieser Krieg ist nun Geschichte. Wenn Sie in die USA kommen, sehen Sie ein Denkmal mit den Namen der getöteten amerikanischen Soldaten. Ich glaube, ihre Familien wollten nicht, dass ihre Söhne in Vietnam sterben. Auch wir wollten nicht sterben. Keine Mutter und kein Vater eines Soldaten wollte das. Aber wir mussten es tun. Wir wollten uns befreien von den Besatzern, von den Amerikanern. Was sein muss, muss sein. Das war damals.» Nguyen Tuan Anh lächelt und fährt nach einer kurzen Pause fort: «Wir haben eine Tradition: Wir vergeben Leuten, die uns gegenüber sehr viele Fehler gemacht haben. Wenn sie damit aufhören, vergeben wir ihnen. Wir sollten also diesen Krieg irgendwie vergessen, damit wir eine gute Zukunft haben können.»

Die USA sind heute in Vietnam höchst willkommen, wie auch das Beispiel Monsanto zeigt (s. S. 97). Zudem sind sie ein wichtiger Handelspartner. Wen man auch fragt, Kriegsopfer, Alte und Junge, Männer und Frauen:

Fast immer lauten die Antworten ähnlich wie jene von Nguyen Tuan Anh. Es ist die Stimme des Volkes. Doch ist es auch die Stimme des Herzens? In der vietnamesischen Kultur trägt man Schmerz und Trauer nicht auf der Zunge. Spricht man länger mit Kriegsopfern, klingt es oft so oder ähnlich: Man muss verdrängen, um weiterleben zu können, nach vorn schauen. Dazu gehört auch, dass man in Vietnam von den USA eine Wiedergutmachung erwartet. Hinzu kommt: Auf dem Hausaltar bleiben die Opfer als Mahnmal am Leben.

Chuck Searcy, geboren 1944, ist amerikanischer Kriegsveteran und lebt seit Jahrzehnten in Hanoi. Im Vietnamkrieg war er Geheimdienstoffizier. Seit seiner Entlassung aus der Armee ist er ein überzeugter Kriegsgegner und nach Hanoi zurückgekehrt. Während sein Land sich bis heute jeglicher Wiedergutmachung widersetzt, engagiert sich Searcy im einstigen Feindesland zusammen mit anderen US-Veteranen und Einheimischen auf privater Basis für die Linderung der Kriegsspätfolgen. Er ist Vizepräsident der internationalen Agent-Orange-Arbeitsgruppe. Bei ihr laufen alle Fäden zum Thema zusammen. Searcy erzählt eine Geschichte, die gut zum vietnamesischen Mythos des Vergessens und Vergebens passt. Es ist eine Reminiszenz rund um den ehemaligen südvietnamesischen Luftwaffengeneral und Premierminister Nguyen Cao Ky. Der Mann, der Hitler öffentlich zu seinem Vorbild erklärte, bekämpfte auf der Seite der USA den kommunistischen Norden. Searcy erzählt, dass Cao Ky stets einen kleinen schwarzen Schnurrbart und pinkfarbene Schals trug. «Er war kein typischer Vietnamese und berüchtigt für seine Eskapaden.» Der Mann besass einen eigenen Helikopter und ein eigenes Flugzeug. «Eines Tages setzte er sich in seinen Hubschrauber, flog nach Hanoi und warf dort eigenhändig eine Bombe ab. So sehr hasste er das dortige Regime.» Am Ende des Krieges flüchtete er nach Kalifornien, eröffnete einige Likörshops und machte sich als feuriger Antikommunist einen Namen.

Doch eines Tages traute Chuck Searcy seinen Ohren nicht. Freunde erzählten ihm, Cao Ky komme nach Vietnam. «Ich war völlig perplex. Wer?! Cao Ky von der Saigoner Regierung?! – Ich fragte meinen vietnamesischen Freund: Was hältst du davon? Er sagte: Es ist gut. Er ist Vietnamese. Er sollte nach Hause kommen. Er möchte seine Familie wiedersehen, kein Problem.» So also traf der feurige Antikommunist mit seiner Frau im kommunistischen Land ein, besuchte Familienangehörige und Freunde. Die Zeitungen berichteten freundlich, und er selbst deponierte schmeichelnde Bemerkungen. Er meinte, das Land gedeihe besser, als er gedacht habe, und sei auf dem richtigen Weg. «Er sagte: Schön, zu Hause zu sein.» Dann flog er zurück nach Los Angeles. Dort angekommen, empfing ihn auf dem Flughafen das FBI, das ihn fortan rund um die Uhr beschützte, denn es gab Todesdrohungen gegen ihn. Einige Exilvietnamesen in Kalifornien, die das kommunistische Regime in ihrer alten Heimat hassen, nahmen ihm seinen Ausflug sehr übel. Kurz darauf verliess Cao Ky die USA und kehrte endgültig nach Vietnam zurück, wo er bis zu seinem Tod 2011 lebte.

Eine ähnliche Geschichte weiss Chuck Searcy über den ehemaligen Saigoner Polizeichef Nguyen Ngoc Loan zu erzählen. Weltweit bekannt und berüchtigt wurde er, als er am 1. Februar 1968 auf offener Strasse und vor den Kameras der Weltpresse den Widerstandskämpfer Nguyen Van Lem mit einem Kopfschuss hinrichtete. Das Bild, das der AP-Fotograf Eddie Adams damals im Moment der Exekution machte, ging um die Welt. Es ist zu einer fotografischen Ikone geworden und zu einem Symbol der zunehmenden Bedeutung der Medien in einem Krieg. Es war auch dieses Bild, das die weltweiten Proteste gegen das amerikanische Engagement in Vietnam befeuerte. Bei Kriegsende 1975 flüchtete der skrupellose Polizeioffizier in die USA, wo er in Virginia eine Pizzeria eröffnete. Als seine Vergangenheit ans Licht kam, musste er den Laden mangels

Posieren fürs Hochzeitsfoto mit Herz, Hanoi (2013).

Kunden schliessen. Sämtliche Klagen gegen ihn wegen der öffentlichen Erschiessung sind in den USA durch all die Jahre abgewiesen worden.

Chuck Searcy erzählt, wie der Expolizeichef den Wunsch äusserte, seine alte Heimat Vietnam nochmals zu sehen. «Er wusste damals bereits, dass er unheilbar an Krebs erkrankt war. Und tatsächlich: Hanoi gab ihm ein Visum.» Der Besuch sei unter höchster Geheimhaltung abgelaufen. Chuck Searcy zeigt sich sichtlich gerührt über diese Geste Hanois. «Sie zeugt vom humanitären Gedankengut, geprägt von der buddhistischen Tradition des Mitleidens und des Vergebens.» Nguyen Ngoc Loan starb 1998 in Virginia an seinem Krebsleiden.

Lexikon eines Beinahe-Weltkrieges

«More Flags» – unter diesem Titel rief US-Präsident Lyndon B. Johnson 1964 die «freie Welt» erstmals öffentlich dazu auf, sich am amerikanischen Krieg in Vietnam gegen den Kommunismus zu beteiligen. Dieses Lexikon zeigt ohne Anspruch auf Vollständigkeit, wie die Vereinigten Staaten schliesslich die halbe Welt in diesen schmutzigen Konflikt hineinzogen. Selbst arme Entwicklungsländer schickten Truppen. Insgesamt waren rund vierzig Länder aus allen Kontinenten in den Vietnamkrieg involviert, einige mit direkter Beteiligung an Kriegshandlungen, andere mit Lieferungen von Waffen und Waffenbestandteilen und viele mit technischer und humanitärer Hilfe. Die folgende Auflistung zeigt auch, dass der Vietnamkrieg in Indochina ein Big Business der Waffenindustrie war und die verheerende Giftspur des dioxinhaltigen Herbizides Agent Orange weit über Vietnam hinausreichte – bis heute.

Australien

1962 bis 1972 standen rund 50'000 australische Armeeangehörige als Alliierte der USA im Vietnamkrieg im Einsatz. Sie halfen als Australian Army Training Team Vietnam, die südvietnamesische Armee auszubilden. 423 Australier liessen in diesem Krieg ihr Leben, 2398 wurden verwundet.

Australien war direkt in die Vergiftung von Menschen und Umwelt involviert. Truppen vom fünften Kontinent versprühten Agent Orange unter anderem rund um ihre Basis in Nui Dat (Provinz Phuoc Tuy). Dabei wurde das Entlaubungsmittel auch mit Lastwagen von Hand aus 1000-Liter-Tanks verspritzt. Die Mitglieder dieser Sprayteams bekamen darauf in kürzester Zeit gesundheitliche Probleme, wie Schleimhautschäden, Nasenbluten und Geschwüre auf den Lippen. Doch anstelle eines unverzüglichen Spraystopps wechselte die Armee einfach die Mannschaften aus. Zudem gibt es Hinweise, dass man in Australien bereits zu Beginn der

Spritzaktionen über deren Gefährlichkeit Bescheid wusste. In den 1970er Jahren stieg unter den Veteranen die Krebsrate, und ehemalige Soldaten wurden vermehrt Väter von Kindern mit Missbildungen – Folgen von Agent Orange und anderen Pflanzengiften. Eine 1996 publizierte Studie der Vietnam Veterans Association of Australia fand unter den Vietnamveteranen eine zweimal höhere tödlich verlaufende Lungenkrebsrate als in der übrigen Bevölkerung.

1964 und 1966 testete laut der Agent-Orange-Expertin Jean Williams das australische Militär über den Regenwäldern von Queensland das Herbizid. Australien produzierte es auch selbst: Hergestellt wurde es von Union Carbide (heute Dow Chemical) in Homebush/Sydney und von Chemical Industries Kwinana in Perth. Eine zuverlässige Statistik über Agent-Orange-bedingte Krankheits- und Todesfälle existiert nicht.

Das Land leistete auch humanitäre und technische Hilfe für mehr als zehn Millionen US-Dollar, unter anderem für Chirurgenteams, Wasserversorgung und Strassenbau. Der Staat druckte 1,5 Millionen vietnamesische Bücher für südvietnamesische Landschulen, lieferte 3,3 Tonnen Wellblechdächer, daneben Werkzeuge, Rundfunkgeräte samt einem vollständigen Radiosender und fast 16'000 Wolldecken.

China (Volksrepublik)

Vor der Gründung der Volksrepublik (1949) engagierte sich China ab den späten 1940er Jahren in Vietnam im Kampf gegen die Franzosen mit Beratertätigkeiten und Materiallieferungen. Im amerikanischen Vietnamkrieg schenkte Mao Zedong 1962 den Nordvietnamesen 90'000 Gewehre.

Ab 1965 unterstützte China den kommunistischen Norden mit 320'000 Soldaten und mit Waffenlieferungen im Wert von 180 Milliarden Franken. Rund 1500 Chinesen verloren in Vietnam ihr Leben. Unter den chinesischen Soldaten waren Fliegerabwehrschützen und Ingenieurtruppen. Diese halfen beim Wiederaufbau von durch die USA zerstörten Infrastrukturen.

1968 zogen sich die Chinesen aus dem Krieg zurück, weil sich Vietnam weigerte, mit der Sowjetunion zu brechen. Von seinen Machtgelüsten gegenüber Vietnam liess China aber nicht ab. 1974 besetzten chinesische Truppen die Paracel-Inseln im Südchinesischen Meer, um dort einige Zeit später nach Öl und Gas zu bohren. 1988 besetzte China auch einige zum Spratly-Archipel gehörende Inseln, die zum Teil ebenfalls von Vietnam beansprucht werden. Peking reklamiert im Rahmen seiner Verteidigungsstrategien ein riesiges Gebiet im Südchinesischen Meer für sich und beruft sich dabei auf zum Teil überholte historische Dokumente. 2014 kam es in Vietnam zu grossen chinafeindlichen Protestaktionen. Als US-Präsident Obama im Mai 2016 während seines Staatsbesuches in Vietnam das Waffenembargo aufhob, das seit dem Krieg gegolten hatte, wurde dies allgemein als Aufrüstungshilfe gegen China interpretiert. Die *Frankfurter Allgemeine Zeitung* schrieb am 24. Mai 2016: «Der Adressat sitzt (...) in Peking.» Hanoi darf nun beim ehemaligen Erzfeind High-Tech-Waffen einkaufen. China baut auf der Spratly-Inselgruppe militärische Stützpunkte auf und verbietet Fischern aus den Anrainerstaaten Vietnam, den Philippinen und Malaysia, in den umstrittenen Gewässern zu fischen. Vietnam erhofft sich Rückendeckung aus den USA, obschon Washington sagt, man verhalte sich in diesem territorialen Konflikt neutral.

Deutsche Demokratische Republik (DDR)

Die ehemalige DDR stand Nordvietnam während des Krieges vielfältig zur Seite. Ab 1965 waren DDR-Berater in Hanoi beim Aufbau eines komplexen Systems für den Einsatz von Luftabwehrraketen behilflich. Das System entstand weitgehend mit sowjetischer Hilfe. Gleichzeitig wurden vietnamesische Offiziere in der DDR ausgebildet. In kurzer Zeit baute die DDR in Nordvietnam ein dichtes Luftverteidigungssystem auf. Eine der gefürchtetsten und teuflischsten Waffen Nordvietnams war die Tellermine PPM-2 aus der DDR. Tausende dieser Sprengkörper hatte das ostdeutsche Regime auch entlang der 1400 Kilometer langen innerdeutschen Grenze vergraben.

Uwe Siemon-Netto schreibt in seinem Buch *Duc, der Deutsche:* «Nach Angaben des Woodrow Wilson Center in Washington lieferte die DDR Nordvietnam und dem Vietcong Kriegsgerät im Werte von 200 Millionen Dollar, darunter Schnellfeuergewehre, Minen, Granaten, Munition, Lastwagen, Motoren und Flakgeschütze. Sie bildete Offiziere dieses fernöstlichen ‹Bruderstaates› aus und schickte auch Instrumente für seine Militärkapellen. Ausserdem schulte der DDR-Staatssicherheitsdienst Spione Hanois und Geheimpolizisten und stattete sie technisch aus.» Die DDR half Nordvietnam, ein Ministerium für öffentliche Sicherheit aufzubauen – analog zum eigenen Staatssicherheitsdienst.

Auf dem Höhepunkt des Krieges waren 60'000 Vietnamesen in der DDR, darunter auch rund 4000 junge Menschen, die auf Einladung der DDR ein Studium an einer ihrer Hochschulen absolvieren durften. Die Stipendien wurden vollumfänglich aus Spendengeldern finanziert.

Es wurden grosse Solidaritätsaktionen lanciert, in deren Verlauf viele Tonnen Hilfsgüter nach Nordvietnam geschickt wurden. In den Warenhäusern standen grosse Sammeltöpfe. Viele Hundert DDR-Bürger reisten nach Nordvietnam, um zu helfen. Ein grosser Teil der DDR-Hilfe lief über das sogenannte Vietnam-Solidaritätskomitee, es sammelte insgesamt mehrere Hundert Millionen Mark. So spendeten DDR-Bürger allein zwischen 1965 und 1969 rund vierzig Millionen Mark. Pioniere und Schüler sammelten über elf Millionen. Dazu kamen Spenden von Gewerkschaftsmitgliedern, Mitgliedern von Handelskammern und von Genossenschaftsbauern. Gekauft wurden damit Nähmaschinen, Medikamente, Textilien, Dieselmotoren und ein Krankenhaus in Hanoi. Damit die Güter unbeschadet nach Nordvietnam kamen, wurde die sogenannte Solidaritätslinie eingerichtet, eine direkte und regelmässige Schiffsverbindung zwischen Rostock und Haiphong. Diese hat auch die Schweizerische Friedensbewegung für Hilfsgüter unentgeltlich nutzen können.

Alle diese Spenden waren Geschenke und vereinbarungsgemäss nicht zurückzuzahlen. Doch die Bundesrepublik als Rechtsnachfolgerin der DDR weigerte sich später, die Schulden Vietnams gegenüber der DDR zu annullieren.

Wie im Westen wurde der Vietnamkrieg auch in der DDR verurteilt. Viele Bürger fühlten sich als Teil der kommunistischen Bewegung gegen den Imperialismus und einer weltumspannenden Bewegung für Frieden und Solidarität, wie es sie bis zu diesem Zeitpunkt niemals zuvor gegeben hatte.

Eine Reminiszenz am Rande: In den 1970er Jahren versetzte eine Kaffeekrise die DDR in Aufruhr. Die braunen Bohnen wurden wegen einer Missernte in Brasilien knapp, die Preise stiegen. Kaffee war nur gegen harte Devisen zu haben, und so wurde er fast unerschwinglich. Das Volk begann zu protestieren. Dank engen Beziehungen zum sozialistischen Bruderland sorgten dann Vietnams Kaffeebauern für die Rettung. Mit DDR-Hilfe wurde die vietnamesische Kaffeeproduktion angekurbelt, und die Ostdeutschen bekamen einen Kaffee, den sie sich leisten konnten. Auch heute noch gehört Deutschland zu den wichtigsten Abnehmern vietnamesischen Kaffees. Die Geschichte hat aber auch eine dunkle Seite: Laut WWF sind seit Mitte der 1970er Jahre rund 40'000 Quadratkilometer Regenwald illegalen Kaffeeplantagen zum Opfer gefallen.

Deutschland (Bundesrepublik)

Der ehemalige DDR-Vietnamkriegsreporter, Historiker und Botschafter Gerhard Feldbauer schreibt: «Der Hessische Rundfunk meldete am 22. Februar 1966, die Bundesrepublik wolle zwei Divisionen nach Vietnam schicken. Die *Neue Ruhr Zeitung* berichtete am 26. November 1966, dass der stellvertretende Vietnam-Oberbefehlshaber General Heintges über den Einsatz von ‹zwei Infanterie-Divisionen und einer Panzergrenadier-Division› der Bundesrepublik gesprochen habe. Heintges hatte mit Theodor Blank, dem ersten Verteidigungsminister der BRD, und Hitler-General Heusinger die Bundeswehr aufgebaut.»

Den US-Krieg nutzte die Bundeswehr laut der *Welt* vom 23. Mai 1964, um zu «lernen, wie heute Kriege geführt werden». Die Zeitschrift *Wehr und Wirtschaft* sprach 1965 vom «Probefall Vietnam», der zu «waffentechnischen Überlegungen» anrege, beispielsweise darüber, wie «taktischer Luftkrieg am besten» geführt werde. Im *Spiegel* (4/1966) sprach sich der frühere SA-Mann Gerhard Schröder (CDU) als Aussenminister «für eine Entsendung deutscher Soldaten auf den fernöstlichen Kriegsschauplatz» aus.

Dass es letztlich nicht zum Einsatz regulärer Bundeswehr-Einheiten kam, lag an den weltweit zunehmenden Protesten gegen den Vietnamkrieg – auch in der Bundesrepublik und der DDR. Gerhard Feldbauer schildert, wie sich die Bundesregierung dann trotzdem und verdeckt am Krieg im fernen Südostasien engagierte und ein «völkerrechtswidriges Engagement» zuliess: «Der Informationsdienst *RF-World News* bestätigte am 8. Februar 1966, dass sich zu diesem Zeitpunkt rund 2500 westdeutsche Techniker in Südvietnam befanden. Darunter waren 121 Angehörige der Bundesluftwaffe, die auch Bombenangriffe gegen Nordvietnam flogen.»

Bis 1968 lieferte die Bundesrepublik Rüstungsgüter, Kredite und andere Unterstützungen im Wert von 1,165 Milliarden D-Mark. Unter den Regierungen Adenauer und Erhard leistete Westdeutschland auf der Grundlage eines «Devisenausgleichsabkommens» in Form von Waffenkäufen zwischen 1961 und 1965 Devisenhilfe in Höhe von über 10,8 Milliarden D-Mark. Bei einem USA-Besuch sicherte Ludwig Erhard 1966 Präsident Johnson zu, auch künftig dem «Devisenausgleichsabkommen nachzukommen». Gerhard Feldbauer schreibt dazu: «Mit Erhard unterstützte ein weiterer Helfershelfer der Kriegsverbrechen des ‹Dritten Reiches› den ähnlichen Kurs des Weissen Hauses. Er war ab 1943 ‹wirtschaftswissenschaftlicher Berater› der ‹Reichsgruppe Industrie und der I.G. Farbenindustrie AG› gewesen.» Diese war damals das grösste Chemieunternehmen der Welt mit Sitz in Frankfurt am Main.

Die *Eastern World* publizierte 1966, wie westdeutsche Chemiker und Bakteriologen, darunter solche von den Farbwerken Hoechst, in Südvietnam in einer Sondereinheit der US-Armee mitarbeiteten. Diese betrieb ein mobiles Forschungslabor für bakteriologische und chemische Kriegführung. Feldbauer schreibt, das Labor habe neue Kampfstoffe am «lebenden Objekt» getestet. Fachleute von Bayer und der heute nicht mehr existierenden Hoechst standen der US-Armee laut Jan Pehrke, Vorstandsmitglied der Coordination gegen Bayer-Gefahren, auch direkt vor Ort zur Seite. Als medizinische Helfer getarnt, arbeiteten sie in Saigon mit dem amerikanischen Planungsbüro für B- und C-Waffen-Einsätze zusammen. Weiter schreibt Pehrke: «Bayer entwickelte schon für den Ersten Weltkrieg Chemiewaffen wie das Senfgas Lost (SWB3/14). In den 1930er Jahren braute sein Forscher Gerhard Schrader dann die Giftgase Sarin und Tabun zusammen und stellte sein Wissen nach 1945 auch den USA zur Verfügung.»

Auch Gerhard Feldbauer erwähnt Bayer. Die Firma habe an chemischen Waffen für den Einsatz in Vietnam gearbeitet. Er schreibt: «In den Labors des Bayer-Forschungszentrums in Wuppertal-Elberfeld waren dazu die Professoren Otto Ambros und Wolfgang Wirth am Werk, die beide unter dem Hitlerregime Todesgase für die Konzentrationslager entwickelt und hergestellt hatten. Ambros war Direktor der I.G. Farben und Chef der Abteilung chemische Kriegführung im Rüstungsministerium Speer gewesen und als Kriegsverbrecher verurteilt worden. Wirth forschte seit 1937 zur militärischen Anwendung von Nervengasen.» Deutschland war übrigens weltweit die erste Nation, die Giftgas als moderne Massenvernichtungswaffe einsetzte. Im April 1915 töteten bei Ypern in Flandern 180 Tonnen Chlorgas mehr als 3000 Soldaten. Der deutsche Chemiekonzern Badische Anilin- und Sodafabrik produzierte das Chlorgas während des Ersten Weltkriegs in grossen Mengen. Mehr als 90'000 Soldaten wurden an allen Fronten dieses Krieges durch Giftgas getötet, rund eine Million wurden vergiftet.

Wie sehr die Bundesrepublik die USA in ihrem Krieg in Vietnam stützte, belegen auch Statements prominenter damaliger politischer Exponenten. Der Historiker Gerhard Feldbauer beschreibt, wie der frühere Nazi-KZ-Bauleiter Heinrich Lübke 1966 als Bundespräsident die Bombenangriffe auf Hanoi begrüsste und wünschte, sie sollten «von Erfolg gekrönt sein». Bundeskanzler Kurt Georg Kiesinger habe der US-Regierung am 13. Dezember 1966 versichert, die Bundesrepublik werde «entschiedener als bisher Mitverantwortung in Vietnam übernehmen».

Westdeutschland engagierte sich in Südvietnam im grossen Stil auch humanitär. Uwe Siemon-Netto berichtet, wie Bonn Fachleute zur Bekämpfung der Jugendkriminalität nach Südvietnam schickte, beim Aufbau demokratischer Gewerkschaften half, moderne Schlachthöfe baute und Getreide nach Südvietnam schiffte, weil die ehemalige Reisschale Asiens wegen des Krieges nicht mehr genügend anbauen konnte. Am umfangreichsten sei die medizinische Hilfe gewesen, schreibt er. So baute die Bundesrepublik eine medizinische Hochschule in Hué und ein Malteser-Krankenhaus in Da Nang mit Ablegern in An Hoa und Hoi An auf.

Legendär war die «Helgoland», ein ehemaliges Seebäderschiff, das im Auftrag der Bundesregierung vom Deutschen Roten Kreuz zum schwimmenden Krankenhaus umgebaut wurde und den Steuerzahler jährlich 2,5 Millionen D-Mark kostete. 1966 legte das Lazarettschiff vor dem amerikanischen Stützpunkt Da Nang an und versorgte während des Krieges Tausende von zivilen Opfern beider Kriegsparteien.

Die «Helgoland» wurde zu einer humanitären Legende. Doch sie hatte auch eine dunkle Seite. Der deutsche Psychiater Erich Wulff arbeitete von 1961 bis 1967 an der Universitätsklinik in Hué. Am 1. Dezember 1967 sagte er am Russell-Tribunal in Roskilde aus, auf der «Helgoland» sei die Wirkung des von den USA eingesetzten Napalms und anderer chemischer Kampfstoffe wie Agent Orange erforscht worden. Gerhard Feldbauer meint: «Das war ein klarer Verstoss gegen das Völkerrecht.»

Der Status des Lazarettschiffes «Helgoland» wurde offensichtlich vielfach missbraucht. So befand sich laut Gerhard Feldbauer auch eine Gruppe westdeutscher Chemiker und Bakteriologen an Bord, die in Wirklichkeit zu der berüchtigten amerikanischen Sondereinheit gehörten, die bakteriologische und chemische Waffen erforschte. Auf den Passagierlisten waren die deutschen Chemiewaffengehilfen als Sanitätspersonal getarnt. Erich Wulff berichtete auch, wie das Personal der «Helgoland» einmal mit amerikanischen Offizieren in Hubschraubern zum «Sonntagsvergnügen» an «Vietcong-Jagden» teilgenommen haben soll.

Gerhard Feldbauer schreibt über das Lazarettschiff: «Gegen seine Verwendung unter dem Kommando des Bonner Militärattachés in Saigon äusserte das westdeutsche Rote Kreuz zunächst Bedenken; das Internationale Rote Kreuz verweigerte ihm das Fahren unter der Rotkreuzflagge. Laut *Frankfurter Rundschau* vom 12. Februar 1966 lehnte die Bundesregierung die Empfehlung des IKRK ab, der ‹Helgoland› den Status der zweiten Genfer Konvention zu verleihen, also den unbedingten Schutz durch alle Kriegsbeteiligten. Dies nachdem das Schiff für beide kriegführende Seiten Hilfe leisten, also auch nach Nordvietnam hätte auslaufen müssen. Eine *Panorama*-Sendung des Deutschen Fernsehens nannte den Einsatz am 28. Februar 1966 die ‹erste Stufe einer vormilitärischen Beteiligung›.» Die «Helgoland» verkehrt heute als Kreuzfahrtschiff «Galapagos Legend» mit fünfundfünfzig Kabinen und Balkonsuiten.

Gerhard Feldbauer bezeichnet das Engagement der Bundesrepublik im Vietnamkrieg als «eines der schmutzigsten Kapitel ihrer Geschichte». Dazu gehört auch die Lieferung von Agent-Orange-Bestandteilen (s. S. 63).

Guam

Guam im westlichen Pazifik war eine der wichtigsten US-Operationsbasen während des Vietnamkrieges. Auf ihrem Luftwaffenstützpunkt lagerten die USA Agent Orange und flogen es von dort aus ins Kriegsgebiet. Ab 1955 bis in die 60er Jahre wurde es auch über Guam sowie in der Panamakanalzone (von 1960 bis in die 70er Jahre) versprüht. Von Guam aus starteten auch die strategischen Bomber B-52.

Italien

Lange unveröffentlichte Tagebuchaufzeichnungen von Giovanni D'Orlandi, von 1962 bis 1967 italienischer Botschafter in Vietnam, Kambodscha und Laos, offenbaren ein geheim gehaltenes Kapitel italienischer Vietnamgeschichte. Der US-Historiker James G. Hershberg beschreibt diese

Aufzeichnungen in seinem Buch *Marigold: The Lost Chance for Peace in Vietnam* als verlorene Chance für den Frieden. Unter dem Codenamen «Marigold» hätten 1966 geheime Friedensverhandlungen zwischen den Kriegsparteien stattfinden sollen. Giovanni D'Orlandi, der amerikanische Botschafter Henry Cabot Lodge und der polnische Diplomat Janusz Lewandowski hatten einen «Dreierkanal» geöffnet, wie es D'Orlandi definierte, über den sie unter grossen Schwierigkeiten diese Verhandlungen vorantrieben. Das Trio hoffte, den Krieg beenden zu können – lange vor den ersten Friedensgesprächen in Paris. Am 6. Dezember war D'Orlandi überglücklich gewesen, weil das Abkommen so gut wie sicher schien. Doch dann veränderte sich die Lage innerhalb von nur achtundvierzig Stunden dramatisch. Die Amerikaner fuhren mit ihren schweren Bombardierungen Hanois und damit mit dem Morden an der Zivilbevölkerung fort. Die Bomben brachten auch «Marigold» den Tod. D'Orlandis Tagebücher erschienen 2006 bei der Edizione 30Giorni unter dem Titel *Diario vietnamita 1962–1968*.

Eine ganz andere italienische Vietnamgeschichte erschien 1988 im Militärmagazin *RID*, ein Beitrag von Umberto Postiglioni und Nico Sgarlato. Demnach sandte Italien fünf F-104-Kampfpiloten unter einer falschen Identität nach Vietnam: Sie reisten als Amerikaner. Dort seien sie entweder als Berater amerikanischer F-104-«Starfighter»-Piloten tätig gewesen oder hätten die Tauglichkeit von RF-4-Kampfjets für die italienische Luftwaffe evaluiert. An Kriegshandlungen sollen sie nicht beteiligt gewesen sein.

Darüber hinaus leisteten das offizielle Italien und vor allem die Friedensbewegung in grossem Umfang humanitäre Hilfe.

Japan

Die japanische Öffentlichkeit, die mehrheitlich gegen diesen Krieg war, reagierte entsetzt, als sie erfuhr, wie Steuerkameras von Sony amerikanische *smart bombs* ins Ziel brachten. Diese Bomben waren wegen ihrer Splitterwirkung gefürchtet. Japans Industrie verdiente Milliarden mit Lieferungen für den Vietnamkrieg. 1973 berichtete *Der Spiegel* über eine Studie des Tokioter Ministeriums für Aussenhandel und Industrie. Danach soll Japan einen Teil seines Wirtschaftsbooms direkt oder indirekt dem Krieg in Vietnam zu verdanken haben.

Die USA legten während des Vietnamkrieges auf Okinawa «ein apokalyptisches Lager mit Atomwaffen, Nervengas und Agent Orange» an. Dies schreibt der walisische Journalist Jon Mitchell in der *Japan Times*. Für seine Recherchen erhielt er den angesehensten Medienpreis Japans. Okinawa stand von 1945 bis 1972 als Folge des Zweiten Weltkrieges unter amerikanischer Besatzung und war für das Pentagon die wichtigste Basis für den Vietnamkrieg. Während der Besatzungszeit lagerten auf einigen der rund achtzig Militärbasen heimlich nicht nur 1200 Atomsprengköpfe, sondern auch 13'000 Tonnen Senfgas, ein chemischer Kampfstoff, dessen militärische Verwendung seit 1925 völkerrechtlich verboten ist.

Auf Okinawa testete die US-Armee biologische Waffen und legte das grösste Lager an chemischen Waffen ausserhalb des Landes an, darunter auch Agent Orange. Als 1969 durch ein Leck Nervengas entwich, mussten die USA dessen Existenz zugeben. Gleichzeitig verhinderte das Öffentlichwerden den Einsatz des Gases. Die Lagerung der chemischen Waffen – inklusive Agent Orange – wurde von den USA vier Jahrzehnte lang bestritten.

Als Agent Orange nicht mehr gebraucht wurde, mussten amerikanische Soldaten die Fässer verscharren oder im Meer versenken. 2013 und 2014 sind einundachtzig verrostete Fässer ausgegraben worden, unter anderem solche mit Agent Orange. Etwa die Hälfte davon stammte von Dow Chemical. Das Wasser an der Fundstelle war mit Dioxin verseucht, dessen Konzentration um das Vierundsechzigfache über dem Grenzwert lag.

Jon Mitchell schreibt: «Die Folgen dieses amerikanischen Erbes haben bis heute Auswirkungen auf Okinawa und zerstören die Gesundheit unschuldiger Menschen.» Mehr als 250 Amerikaner, die damals auf der Insel stationiert waren, beklagen sich heute über gesundheitliche Schäden als

Folge von Agent Orange. Mitchell zitierte Ende 2015 in der *Japan Times* Papiere aus den 1970er bis 90er Jahren, die ein 46'000 Quadratmeter grosses Chemikalienlager bei Camp Kinser, einem Logistikzentrum der US-Armee, dokumentieren. Demnach wurden dort unter anderem aus Vietnam zurücktransportierte Insektizide und Herbizide gelagert. 1975 gab es im Küstenbereich ein grosses Fischsterben. Untersuchungen der U.S. Army Pacific Environmental Health Engineering Agency ergaben eine hohe Konzentration verschiedener hochgefährlicher Gifte, darunter DDT und Dioxin, was auf Agent Orange hindeutet.

Auf Okinawa sind heute noch 40'000 US-Soldaten stationiert. Achtzehn Prozent der Inselfläche sind US-Stützpunkte, was unter der einheimischen Bevölkerung immer wieder für Unmut sorgt.

Iran

Der Iran schickte verschiedene Erdölprodukte nach Südvietnam, im Juli 1965 lieferte das Land 1000 Tonnen Benzin. Ab Januar 1965 unterhielt der Iran in Vietnam ein medizinisches Team mit rund zwanzig Ärzten und Krankenschwestern.

Kambodscha

Der Ho-Chi-Minh-Pfad, der auch die kambodschanische Grenze entlangführte, hatte zur Folge, dass der Vietnamkrieg auch auf Kambodscha übergriff. Vor allem im Grenzgebiet entlang des Ho-Chi-Minh-Pfades wurden massiv Agent Orange und andere Pflanzenvernichtungsmittel eingesetzt. Noch heute zeugen kahle Hügel von den Sprühaktionen. Der damalige kambodschanische Aussenminister sagte, dass zwischen dem 13. Juni und dem 23. Juli 1964 sechs Dörfer in der Nähe der Grenze mit Entlaubungsgiften übergossen worden und einundsiebzig Personen, zur Mehrheit Kinder, daran gestorben seien. 1969 zerstörte eine Herbizid-Sprühaktion 700 Quadratkilometer einer französisch-kambodschanischen Gummiplantage in der Provinz Kampong Cham. Dies entsprach einer Zerstörung von zwölf Prozent der landesweiten Jahresproduktion. Unabhängige Wissenschaftler kamen zum Schluss, dass die USA hinter der Vernichtungsaktion steckten. 1967 legte Phnom Penh der UNO ein Weissbuch vor, das seit 1962 mehr als 8000 US-Angriffe auf Kambodscha dokumentierte.

Im März 1970 stürzte der proamerikanische General Lon Nol mit Hilfe der CIA den kambodschanischen Staatschef Sihanouk. Nach dem Umsturz wurden Zehntausende Angehörige der vietnamesischen Minderheit im Lande ermordet, sie standen im Verdacht, Vietcong-Kontakte zu haben.

Am 1. Mai 1970 begannen die USA zusammen mit ihren südvietnamesischen Verbündeten eine Invasion. Rund 50'000 Soldaten samt Kriegsschiffen und Kanonenbooten kamen zum Einsatz. An der thailändischen Grenze marschierten mehrere Divisionen auf, die in Alarmbereitschaft standen. Mit dem Überfall auf Kambodscha brachen die USA den letzten Rest der Genfer Indochina-Abkommen von 1954 und dehnten den Krieg auf ganz Indochina aus. Von Kambodscha aus starteten die USA ihre mehr oder weniger erfolglosen Angriffe auf den Wiederstand in Südvietnam.

Am 18. April 1975 kamen, gefördert von Washington und begünstigt durch Peking, die Roten Khmer unter Pol Pot an die Macht. Pol Pot unterstützte die USA im Kampf gegen die Befreiungsfront und gewährte flüchtenden Saigoner Truppen Unterschlupf. Im Januar 1979 begann die Armee des wiedervereinten Vietnam ihre Invasion in Kambodscha und beendete die Schreckensherrschaft. Es sollte jedoch noch zwanzig Jahre dauern, bis die letzten Roten Khmer aufgaben und mehr oder weniger Ruhe im Land einkehrte. Pol Pot wollte einen primitiven kommunistischen Bauernstaat nach der reinen marxistischen Lehre aufbauen, eine «perfekte Revolution», wie es hiess. Dazu beging Pol Pot einen Genozid am eigenen Volk. Die Roten Khmer trieben die Menschen aus den Städten, schafften Geld und religiöse Rituale ab. Bis zu seinem Sturz forderte das Pol-Pot-Regime zwischen 1,4 und 2,2 Millionen Opfer, vor allem Beamte, Intellektuelle und buddhistische Mönche, die in etwa hundert Vernichtungslagern gefoltert und hingerichtet wurden, weil sie Widerstand geleistet hatten oder einfach der «Bourgeoisie» angehörten. Dafür reichte es oft schon aus, lesen zu können oder eine Fremdsprache zu sprechen.

Kambodscha gehört weltweit zu den Ländern, die am schwersten von Blindgängern betroffen sind. Laut Regierungsangaben in Phnom Penh fielen während des Vietnamkrieges 539'129 Tonnen Bomben auf Kambodscha. Andere Quellen sprechen vom rund Vierfachen. In drei Jahrzehnten Krieg legten die verschiedenen Regimes und Truppen geschätzte vier bis sechs Millionen Minen. Bis 2013 wurden 19'684 Menschen Opfer von Blindgängern, und es gab 44'630 Verletzte.

2004 wurde in einer sozioökonomischen Erhebung geschätzt, dass 4,7 Prozent der kambodschanischen Bevölkerung Behinderungen haben – hauptsächlich durch Blindgänger verursacht. Dies ist eine der höchsten Raten der Welt. Seit 2006 gehen die Fälle zurück. 2013 waren es 111, ein Jahr zuvor 186. Das Cambodian Mine Action Centre (CMAC) beschäftigte 2015 rund 4800 Spezialisten zur Entschärfung von Minen und Blindgängern.

Kanada

Während des ersten Indochinakrieges unterstützte Kanada die Kolonialmacht Frankreich finanziell und mit Beratern. Zusammen mit Indien und Polen bildete das Land gemeinsam die Kommission, die 1954 das Waffenstillstandsabkommen überwachte. Im folgenden «amerikanischen Krieg» war Kanada zwar mit kleineren Truppeneinheiten präsent, nahm jedoch offiziell an keinen militärischen Operationen teil. Hingegen lieferte Kanada grosse Mengen an Kriegsmaterial an die USA. Etwa 500 Firmen verkauften für 2,5 Milliarden Dollar unter anderem Munition, Napalm und Flugzeugmotoren ans Pentagon. Für weitere zehn Milliarden versorgte Kanada die USA mit Lebensmitteln, Armeebekleidung, Kupfer, Blei, Nickel und Erdöl zum Gebrauch im Vietnamkrieg. Es gab auch ein umfangreiches staatliches humanitäres Programm und Entwicklungshilfebeiträge von 9,3 Millionen Dollar. In der zentralvietnamesischen Provinz

Quang Ngai baute Kanada eine kleine Tuberkuloseklinik, an der Universität Hué ein Forschungsgebäude und einen Hörsaal. Nach Vietnam geliefert wurden auch mehr als eine halbe Million Impfdosen (Polio und Pocken) sowie Lebensmittel für mehr als 800'000 Dollar.

In den 1960er Jahren testete die US-Armee in Kanada Agent Orange und andere Herbizide für den Einsatz in Vietnam. Besprüht wurden 2,4 Quadratkilometer Wälder auf dem über 1000 Quadratkilometer grossen Militärstützpunkt in Gagetown in der Provinz New Brunswick. Später erkrankten viele der direkt Involvierten. 9584 Menschen verklagten die Regierung in Ottawa und verlangten Kompensation. Nur etwa die Hälfte von ihnen erhielt in einem umstrittenen Wiedergutmachungsprogramm je etwa 20'000 Dollar.

Kuba

Kuba half Nordvietnam vor allem mit militärischen Ausbildern und Beratern. Es sollen mehrere Tausend gewesen sein. Bis heute herrscht Unklarheit über das Engagement von Fidel Castros Kuba im Vietnamkrieg. Wie viele Truppenangehörige Havanna nach Nordvietnam schickte und ob überhaupt, dafür gibt es keine Belege. Belegt ist jedoch, dass Fidel Castro 1973 die schwer vom Krieg gezeichnete Provinz Quang Tri besuchte.

Laos

Laos durfte laut den Genfer Abkommen von 1954 zusammen mit Kambodscha und Südvietnam sowie den Philippinen weder ausländische Militärbasen noch ausländische Truppen im Landesinneren zulassen und keiner militärischen Allianz beitreten. Doch über ein Zusatzabkommen umgingen die USA die Genfer Vereinbarungen und begannen in Laos in den 1960er und 70er Jahren einen geheimen Krieg. Wie sein Nachbar Kambodscha wurde Laos im amerikanischen Krieg in Vietnam zur zweiten Front der USA und zu einer Aufmarschbasis gegen Vietnam.

Der zu einem grossen Teil durch Laos verlaufende Ho-Chi-Minh-Pfad war einer der Gründe. Bereits 1955 trafen Flugzeuge, Waffen und anderes Kriegsmaterial von Thailand über den Mekong in Laos ein. Ihnen folgten die ersten 1000 Militärberater. 1964 begann die US-Luftwaffe Laos anzugreifen. Über 30'000 Menschen starben in diesem Krieg, und seit er zu Ende ist, gab es wegen explodierender Blindgänger bis heute mehr als 20'000 Tote. Es wird vermutet, dass von den schätzungsweise 280 Millionen abgeworfenen Bomben etwa achtzig Millionen nicht explodiert sind. Die USA bombardierten Laos während neun Jahren fast täglich. Von den über zwei Millionen Tonnen Bomben, die amerikanische Streitkräfte in Laos zwischen 1964 und 1973 in – je nach Quellen – zwischen 530'000 und 580'000 Luftangriffen abwarfen, ist etwa die Hälfte des Territoriums betroffen. Das Land gilt neben Vietnam als eines der am schwersten bombardierten Länder der Erde und leidet noch immer an den Folgen des geheimen US-Krieges. Für den Bauernstaat ist dies noch heute ein grosses Problem. Die Feldarbeit ist wegen Blindgängern vielerorts lebensgefährlich.

Laut dem amerikanischen Militärhistoriker William Buckingham brachten die USA von Dezember 1965 bis September 1969 über Laos unter anderem entlang des Ho-Chi-Minh-Pfades Entlaubungsmittel aus. In 434 Einsätzen sind 1,58 Millionen Liter über einem Gebiet von 660 Quadratkilometern versprüht worden. Drei Viertel der ausgebrachten Menge waren Agent Orange, gefolgt von Agent Blue (fünfzehn Prozent) und Agent White (zehn Prozent).

Ab 1966 wurden auch fast dreiundachtzig Quadratkilometer Reis- und andere Fruchtfelder mit Herbiziden zerstört. Laos selbst vernichtete zwischen 1971 und 1975 mit den giftigen Herbiziden illegale Opiumfelder.

Malaysia

Die britische Kolonialmacht gehörte weltweit zu den Ersten, die Herbizide als taktische Waffe einsetzten. Gegen Unabhängigkeitskämpfer setzten die Briten in den frühen 1950er Jahren in der Föderation Malaya, dem späteren Malaysia, Agent Orange und andere Gifte ein und zerstörten damit nicht nur natürliche Vegetationsflächen, sondern auch bebaute Fruchtfelder. Von Juni bis Oktober 1952 wurden viele Quadratkilometer entlang strategisch wichtiger Strassen niedergespritzt. Schätzungsweise 10'000 malaiische Zivilisten und unzählige britische Dienstleistende trugen gesundheitliche Schäden davon. Malaysia unterstützte die US-Truppen in Südvietnam mit militärischer Ausrüstung und bildete Südvietnamesen im Dschungelkrieg aus. Ab 1964 bildete das Land insgesamt 2900 vietnamesische Militär- und Polizeioffiziere aus. Experten aus Malaysia waren in Vietnam in der dörflichen Entwicklung und in der psychologischen Kriegführung tätig.

Neuseeland

Neuseeland wollte sich einerseits in seinem Vietnam-Engagement zurückhalten, sich andererseits gegenüber den USA solidarisch zeigen. 1963 schickte Wellington zivile Chirurgen, die bis zum Ende des Krieges blieben. Ein Jahr später reiste ein Team von über zwanzig Armeeingenieuren nach Südvietnam. 1965 kam ein kleines Detachement von Artilleriesoldaten dazu, 1967 folgten Infanteristen. Weitere Neuseeländer waren als Helikopterpiloten und Luftüberwachungsspezialisten in Vietnam. Bis 1975 standen insgesamt über 3000 Neuseeländer in Südvietnam im Einsatz. Eine kombinierte Truppe von Neuseeländern und Australiern bildete das Australian and New Zealand Army Corps (ANZAC). Dreiundachtzig neuseeländische Staatangehörige liessen in Vietnam ihr Leben.

Die neuseeländische Chemiefirma Ivon Watkins-Dow in Paritutu stellte Agent Orange her und lieferte es der US-Armee nach Vietnam (s. S. 63). Das Gift wurde zum Bumerang: Die Neuseeländer kamen im Krieg in über 350 Sprayeinsätzen mit toxischen Herbiziden in Kontakt. Nach Kriegsende klagten viele neuseeländische Veteranen, dass sie, ihre Kinder und Enkel an den Folgen leiden. 1984 bezahlten Agent-Orange-Hersteller neuseeländischen, kanadischen und australischen Veteranen in einem aussergerichtlichen Vergleich eine einmalige Wiedergutmachung. Veteranen, die an herbizidbedingten Krankheiten leiden, erhalten – ähnlich wie in den USA (s. S. 27) und in Australien – staatliche Unterstützung.

Nordkorea

1966 bis 1968 unterstützt eine 137 Mann starke nordkoreanische Einheit, darunter vierundzwanzig Kampfpiloten, die nordvietnamesischen Streitkräfte. Zudem wurden Munition, Waffen und zwei Millionen Uniformen geliefert. Vierzehn nordkoreanische Soldaten kamen im Vietnamkrieg um.

Österreich

Nachdem die Achtundsechzigerbewegung in Österreich und in Wien im Vergleich mit der Studentenbewegung in Westdeutschland oder in Frankreich eher ein «Lüfterl» war (vgl. Fritz Keller: *Wien, Mai '68. Eine heisse Viertelstunde*), gab es seit Mitte der 1960er Jahre eine vergleichsweise breite Protestbewegung gegen den Vietnamkrieg der USA. Dies schreibt Helmut Kramer in einem Brief an den Autor dieses Buches. Kramer war Professor am Institut für Politikwissenschaft der Universität Wien und ist Vorstandsmitglied der Gesellschaft Österreich Vietnam. Die Protestaktionen wurden in der ersten Phase von der österreichischen Ostermarschbewegung (Aktion für Frieden und Abrüstung) und von studentischen Gruppen getragen. Anfang der 1970er Jahre wurde das Sozialdemokratische Indochina-Komitee gegründet, dessen Aktivitäten und Resolutionen von vielen Linken in der SPÖ unterstützt wurden. Einige unter ihnen bekleideten später in den Kreisky-Alleinregierungen (1970–1983) hohe Regierungspositionen, unter ihnen Erwin Lanc, Erich Schmidt und Ferdinand Lacina. Dabei kam es zu einem offenen Konflikt mit Bundeskanzler Bruno Kreisky, der – im deutlichen Gegensatz etwa zur schwedischen Regierung unter Olof Palme – in seinen ersten Regierungsjahren eine noch sehr «verständnisvolle» Position für Washingtons Südostasienpolitik einnahm. Als Kreisky am 20. Mai 1972 Präsident Nixon, der auf dem Weg nach Vietnam war, zu einem Zwischenstopp in Salzburg einlud, rief das Indochina-Komitee gemeinsam mit einer Reihe linker Gruppen zur Besetzung des Flughafens auf. Helmut Kramer: «Nixon konnte eine halbe Stunde nicht landen.» Bei den Weihnachts-bombardements der USA 1972 gab es eine Grossdemonstration in Wien, an der auch spätere ÖVP-Spitzenpolitiker wie Wolfgang Schüssel (Bundeskanzler 2000–2007) und Erhard Busek (Vizekanzler 1991–1995) teilnahmen. Kramer, der im von ihm mitherausgegebenen Buch *Politik in Österreich* die Aussenpolitik jener Jahre analysiert, schreibt: «Der recht selbständig agierende Aussenminister Rudolf Kirchschläger protestierte damals beim US-Botschafter, was Bundeskanzler Kreisky, der zu diesem Zeitpunkt nicht in Wien war, gar nicht goutierte.» Kreisky damals: «Ich bin nicht bereit, nur einen Staat für den Krieg in Vietnam verantwortlich zu machen. Ausserdem habe ich nicht vergessen, was Amerika für Österreichs Freiheit geleistet hat.» Andererseits hatte die Kreisky-Regierung bereits im November 1972 diplomatische Beziehungen mit dem kommunistischen Nordvietnam aufgenommen (analog zu Schweden und der Schweiz). Ab Anfang 1973 verlor die Solidaritätsbewegung mit Vietnam an Bedeutung, nachdem das Repräsentantenhaus Präsident Nixon die finanzielle Unterstützung für die Weiterführung des Krieges verweigert hatte und die US-Soldaten aus ihrer aktiven Kampfrolle zurückgezogen wurden.

Auf österreichischen Spuren von Vietnams Kriegsvergangenheit stösst man auch auf Nguyen Dan – so nannte sich im ersten Vietnamkrieg das österreichische KP-Mitglied Ernst Frey. 1941 wurde er als Angehöriger der französischen Fremdenlegion nach Indochina verlegt. Im Herbst 1945 trat Frey gemeinsam mit seinen Legionskameraden, dem Reichsdeutschen Rudy Schröder und dem Elsässer Erwin Borchers, in Ho Chi Minhs Befreiungsfront Viet Minh ein. Dort brachte er es bis zum Obersten. 1950 kehrte Frey nach Wien zurück – oder vielmehr: er wurde von den Vietnamesen zurückgeschickt. Hintergrund ist einerseits seine Gesinnungsänderung, die er in seinen posthum herausgegebenen Memoiren schildert. Er litt zunehmend unter den Erschiessungen von Deserteuren, der Repression gegen tatsächliche oder vermeintliche Verräter. Zudem wurde Frey zu verstehen gegeben, dass er als Europäer nicht jene Rolle im Befreiungskampf würde spielen können, die er sich vorgestellt hatte. Nach dem Sieg der Kommunisten in China waren die Viet Minh nicht mehr in dem Masse auf die militärische Expertise der Überläufer aus der Fremdenlegion angewiesen wie zuvor.

Frey starb 1994 in Wien. Zwei Jahre zuvor gab es einen «Versöhnungs»-Briefwechsel mit General Giap. Zwei Wochen bevor er starb, besuchte ihn die vietnamesische Botschafterin zu Hause. 2001 veröffentlichten seine Töchter seine Memoiren: *Vietnam, mon amour. Ein Wiener Jude im Dienst von Ho Chi Minh.*

Vorerst auf der entgegengesetzten politischen Seite engagierte sich der Österreicher Joseph Buttinger. Der ehemalige Sozialdemokrat wirkte in den USA führend bei der Gründung der American Friends of Vietnam. Buttinger war von 1935 bis 1938, in der Periode des austrofaschistischen Ständestaats, Vorsitzender der Revolutionären Sozialisten. Die American Friends of Vietnam waren eine Lobbyorganisation, die sich für einen Aufbau Südvietnams als stabilen Pfeiler des westlichen Staatensystems einsetzte. Buttinger amtete von 1945 bis 1947 als Europadirektor des International Rescue Committee, das sich um politische Flüchtlinge kümmerte. 1954 bereiste er Südvietnam und engagierte sich bei der Betreuung der Hunderttausenden von Flüchtlingen aus dem Norden. An der Harvard-Universität baute er eine Vietnam-Bibliothek auf und verfasste 1958 das Werk *The Smaller Dragon. A Political History of Vietnam.* Kurz: Er wurde zu einem der führenden Vietnamexperten der USA. Es war die Zeit, in der die Unterstützung des südvietnamesischen Diktators Ngo Dinh Diem in Washington über die Parteigrenzen hinweg Konsens war. Senator John F. Kennedy formulierte es am 1. Juni 1956 bei einer Veranstaltung der American Friends of Vietnam so: «Vietnam ist in Südostasien der Eckpfeiler der freien Welt.» Wozu man jetzt dem vietnamesischen Volk verhelfen müsse, «ist eine politische, ökonomische und soziale Revolution, weit entfernt von dem, wozu die Kommunisten fähig sind». Buttinger trat, in enger Absprache mit dem reaktionären Kardinal Francis Spellman, für die US-Intervention ein. In der Endphase des brutalen

Diem-Regimes änderte Buttinger allerdings seinen Standpunkt und zog sich von den American Friends of Vietnam zurück. 1967 verfasste er ein weiteres Buch, *Vietnam: A Dragon Embattled*, in dem er mit Diem und der US-Politik abrechnete.

Auch andere Österreicher schrieben über diesen Krieg, so die Journalisten Hugo Portisch («Vietnam – Krieg ohne Front», 1966; englische Fassung: *Eyewitness in Vietnam*, 1967) und Kuno Knöbl (*Victor Charlie: Viet Cong, der unheimliche Feind*, 1966; englische Fassung: *Victor Charlie: The Face of War in Vietnam*, 1967).

1975, wenige Wochen nach dem Ende des Krieges, trafen in Österreich die ersten 180 vietnamesischen Flüchtlinge ein. Bis 1981 nahm das Land etwa 2100 auf, zum grössten Teil Menschen aus Vietnam, einige aus Laos und Kambodscha. Bis 1989 folgte ein Familiennachzug von weiteren 850 indochinesischen Flüchtlingen im Rahmen des Orderly Departure Program des UNHCR, des Flüchtlingshochkommissariats der Vereinten Nationen in Genf.

Philippinen

10'450 philippinische Militär- und Zivilpersonen standen in der Zeit des Marcos-Regimes in diesem Krieg im Einsatz, hauptsächlich in der medizinischen Betreuung. Ein wichtiges Engagement: Die Philippinen stellten von 1964 bis Kriegsende den USA den Flottenstützpunkt in der Subic-Bucht auf der Insel Luzon zur Verfügung. Der Inselstaat, rund 1300 Kilometer von Vietnam entfernt gelegen, diente als eine der Hauptbasen für die US-Luft- und Seestreitkräfte auf dem Weg nach Vietnam und als Schiffsreparaturwerkstatt für die 7. Flotte. Schätzungsweise 80'000 Einheimische profitierten vom Krieg als Auftragnehmer des Stützpunktes.

Schweiz

Der Historiker David Gaffino berichtet in seiner Arbeit «Vietnamkrieg. Die Schweiz im Schatten Washingtons», 2009 in *traverse. Zeitschrift für*

Geschichte publiziert, wie die Schweiz während des Vietnamkrieges Pilatus-Porter-Flugzeuge an die USA lieferte. Wie beliebt diese Kleinflugzeuge im amerikanischen Krieg in Vietnam waren, beschrieb beispielsweise Gerald E. Miller, ehemaliger Vizeadmiral der US Navy. Er lobte den Pilatus Porter für seine gute Eignung in den Bergen und seinen kurzen Start- und Landebahnbedarf. «Er kann viele verschiedene Waffen tragen, wie Maschinengewehre, Napalm, Streubomben, Leuchtraketen, Raketen, Rauchgranaten, und er hatte einen Behälter zum Abwurf von Propagandaflugblättern.»

Viele Schweizer Firmen lieferten damals in die Vereinigten Staaten, üblicherweise unter der Bedingung, dass die Waffen nicht in Kriegsgebieten benutzt würden. Die spanisch-schweizerische Hispano-Suiza etwa, ein Unternehmen der Automobil- und Luftfahrtindustrie, lieferte gemäss einem Brief aus pazifistischen Kreisen aus dem Jahre 1969 Kanonen in die USA. Lieferungen direkt nach Südvietnam wurden in der Regel abgelehnt. So durfte die Waffenfabrik Oerlikon-Bührle kurz vor Kriegsbeginn nicht wie geplant ein halbes Dutzend Kanonen liefern. Im August 1965 wurde der Crypto in Zug die Ausfuhr von Verschlüsselungsgeräten untersagt, Ersatzteile hingegen durfte sie liefern. Auch andere Schweizer Firmen versuchten, direkt militärisch verwendbare Produkte nach Vietnam zu exportieren. Die Schweizer Uhrenindustrie verkaufte Einzelteile, die der US-amerikanischen Armee als Zünder für Raketen und Bomben dienten. Dies wurde deswegen möglich, weil sie als Uhren- und nicht als Waffenbestandteile eingestuft waren. 1968 erzielte die Uhrenindustrie mit diesen Exporten einen Umsatz von siebenundzwanzig Millionen Franken – ein für damalige Zeiten riesiger Betrag. Die Schweizer Regierung versuchte während des amerikanischen Krieges in Vietnam alles, damit das Millionengeschäft der Uhrenindustrie nicht aufflog. Involviert waren vermutlich die meisten Uhrenfabriken in der Schweiz. Der damalige Bundesrat verurteilte im Übrigen auch nie die gewaltigen US-Bombardierungen in Vietnam, ebenso wenig bedauerte er diese Vernichtungsaktionen.

Als US-Präsident Lyndon B. Johnson 1964 auch die Schweiz für sein «More Flags»-Programm gewinnen wollte, sagte Bundesbern unter anderem mit der Begründung der «immerwährenden Neutralität» höflich ab. Das Programm versuchte, immer mehr Länder zu gewinnen, die das amerikanische Engagement in diesem Krieg unterstützen würden. Die Schweiz war aber in Wirklichkeit alles andere als neutral, wie die von der Regierung gedeckten und geheim gehaltenen Lieferungen der Pilatus Porter und der Uhrenbestandteile zeigen. Brisant: Die Vertuschung von Uhrenbestandteil-Lieferungen half 1972 mit, dass die «Volksinitiative für vermehrte Rüstungskontrolle und ein Waffenausfuhrverbot» nur knapp mit 50,3 Prozent Nein-Stimmen abgelehnt wurde. Hätte man das Stimmvolk informiert, wäre die Initiative mit Sicherheit angenommen worden. David Gaffino schreibt in seiner Arbeit über jene Zeit: «Zudem zeigt die Schweizer Regierung durch ihr Bemühen, gewisse Praktiken vor der öffentlichen Meinung zu verbergen, dass sie sich offenbar bewusst ist, damit das Neutralitätsrecht mindestens zu beugen, wenn nicht zu verletzen.»

Demgegenüber gab es auch in der Schweiz eine unüberhörbare Antikriegsbewegung: terre des hommes, Centrale Sanitaire Suisse, die Schweizerische Friedensbewegung und viele andere wurden mit zahlreichen Aufrufen, Demonstrationen, Meetings, Geld- und Materialsammlungen aktiv. Die offizielle Schweiz lieferte Mikroskope an die Universität Saigon und sandte im April 1966 ein elfköpfiges medizinisches Team unter der Schirmherrschaft des IKRK nach Vietnam. Zum Einsatz kam es in einem Provinzkrankenhaus im zentralen Hochland. Ein weiteres Team traf Ende 1967 in Da Nang ein. Zudem half die Schweiz finanziell mit, die Kinderabteilung im Krankenhaus von Da Nang aufzubauen, und spendete darüber hinaus 200'000 US-Dollar für die medizinische Notfallversorgung.

Die Proteste gegen den Krieg beschränkten sich übrigens nicht nur auf die grösseren Städte: Als 1969 General Westmoreland, Oberbefehlshaber der US-Truppen, in Arbon mit militärischen Ehren empfangen wurde, formierte sich selbst im beschaulichen Thurgau unüberhörbarer Protest. Proteste gab es auch gegen Ableger amerikanischer Firmen, so am 6. Oktober 1972 in Zürich gegen Honeywell. Aus dem Flugblatt von damals: «Bombengeschäft mit Vietnam. Honeywell produziert 2/3 der Splitterbomben in den USA!»

Zum humanitären Teil der schweizerisch-vietnamesischen Aktivitäten gehörte bis 1983 die Aufnahme von rund 8000 Menschen, unter anderem aus Vietnam und Kambodscha. Das Fluchtmotiv wurde im Gegensatz zu heute nicht beleuchtet. In der Zeit des Kalten Krieges akzeptierte man, dass die Vietnamesen nicht vor einem mörderischen Krieg flohen, sondern weil sie unter der kommunistischen Herrschaft keine Hoffnung auf ein normales Leben hatten und keine Zukunft für ihre Kinder sahen. Geflohen sind vor allem Menschen aus dem mittleren und höheren Mittelstand. Nach heutigen Kriterien wären viele von ihnen als Wirtschaftsflüchtlinge eingestuft worden und hätten in der Schweiz kein Bleiberecht erhalten.

Sowjetunion (UdSSR)

«Als 1975 der Sieg in Saigon errungen wurde, war das auch ein Sieg, der vor allem mit sowjetischen Waffen errungen wurde», schreibt der Kriegsreporter Gerhard Feldbauer. In der Tat war die Sowjetunion der grösste Lieferant von Waffen und anderweitiger Unterstützung an Nordvietnam, dies im Wert von einigen Hundert Millionen Dollar. Darunter waren medizinisches Material, über 2000 Panzer, Flugzeuge, Helikopter, 7000 Artilleriegeschütze, 200 Boden-Luft-Raketen, Personenminen und anderes Kriegsgerät. Sowjetische Militärakademien bildeten über 10'000 Vietnamesen aus. Am 15. März 1966 brüstete sich laut Gerhard Feldbauer Radio Moskau damit, dass fast 3000 junge Vietnamesen und Vietnamesinnen in der Sowjetunion lernen. Unter ihnen waren nordvietnamesische Luftwaffenkadetten, die von Veteranen der sowjetischen Luftwaffe ausgebildet wurden, um den Überschallbomber MiG-21 zu fliegen. Mitte Dezember 1966 hatte sich die Zahl der in Vietnam stationierten MiG nach inoffiziellen Schätzungen westlicher Geheimdienste auf zwischen 180 und 200 erhöht. Vermutlich 3000 sowjetische Truppenangehörige waren vor Ort im Einsatz, sechzehn von ihnen kamen ums Leben.

Südkorea

Südkorea hatte im Zeitraum von 1964 bis 1973 neben den USA das grösste Truppenkontingent in Vietnam. Christian Förster schrieb 2015 in der *Frankfurter Allgemeinen*: «Südkorea war Anfang der sechziger Jahre ein armes Land, und die Regierung liess sich den Einsatz ihrer Landsleute von den Amerikanern fürstlich bezahlen.» Rund 320'000 Soldaten kämpften an der Seite der Vereinigten Staaten und Südvietnams. 1968 waren im Land knapp 50'000 Soldaten gleichzeitig stationiert. Laut dem amerikanischen Historiker Spencer Tucker fielen im Vietnamkrieg 4409 Südkoreaner, 17'060 wurden verletzt.

2014 publizierte die südkoreanische Kwandong-Universität eine Studie, in der 111'726 koreanische Vietnamveteranen untersucht wurden, die mit Agent Orange in Kontakt waren. Dabei wurde ein signifikanter Anstieg hormoneller und neurologischer Erkrankungen festgestellt, unter anderem solche der Schilddrüse und der Hirnanhangdrüse (Hypophyse). Zudem traten vermehrt Leberzirrhose, Alzheimer und Magengeschwüre auf.

Laut dem südkoreanischen Veteranenministerium sind 47'000 Vietnamveteranen, 8000 ihrer Familienmitglieder sowie achtundachtzig Kinder als Agent-Orange-Betroffene registriert – unter anderem mit Fehlbildungen von Wirbelsäule und Rückenmark.

US-Veteranen sagten aus, sie hätten 1978, drei Jahre nach dem Abzug der letzten amerikanischen Soldaten aus Vietnam, auf dem ehemaligen Army-Stützpunkt Camp Carroll unweit der Grossstadt Daegu mehrere Hundert übrig gebliebene Fässer Agent Orange vergraben. Unter den Zeugen von damals war auch Steve House. Er erzählte später, wie ihm und anderen befohlen worden sei, einen riesigen Graben freizuschaufeln und etwa 250 Fässer mit Chemikalien zu vergraben. Dies hatte auch Robert Trevis bestätigt, der damals mitbeteiligt war. Er behauptete, die Fässer hätten die Aufschrift «Chemicals type Agent Orange», das Datum 1967 und den Vermerk «Vietnam» getragen. Bis heute wurden die Fässer nicht gefunden. In Korea wusste man von der giftigen Zeitbombe nichts, bis die zwei US-Veteranen darüber informierten. Laut einer Regierungswebsite verzeichnete man zwischen 2005 und 2009 in der Umgebung von Camp Carroll eine um 18,3 Prozent höhere Krebsrate als im nationalen Durchschnitt. Parlamentsabgeordnete in Seoul sprachen von einem Umweltverbrechen. Eine Studie der Dongguk-Universität bestritt diese Zahl und kam 2012 zum Schluss, dass keine Anwohner von Camp Carroll jemals Agent Orange ausgesetzt waren. Allerdings ist die Studie mangels Datenlage kein sicherer Beweis dafür, dass die Gegend nicht verseucht ist.

Unter Aufsicht der USA hat Südkorea von Mai 1968 bis etwa Juli 1969 entlang der entmilitarisierten Zone zwischen Nord- und Südkorea um die 220'000 Liter toxische Herbizide eingesetzt: Agent Orange, Agent Blue und Agent White sowie 180 Tonnen Monuron, ein Herbizid, das im Verdacht steht, Krebs zu erregen. Auf einer Fläche von acht Quadratkilometern wurde mit diesen Chemikalien die Vegetation entlaubt. Spätfolgen: schätzungsweise rund 1300 Agent-Orange-Opfer.

Taiwan (Republik China)

Taiwan unterstützte Südvietnam und die USA heimlich mit einigen Hundert Spezialisten und Militärberatern. Zum Programm gehörten Transportflugzeuge, Computer-Know-how, eine Abhörstation und die Ausbildung von Tauchern. Die USA nutzten die taiwanesische Basis Ching Chuan Kang für die Luftwaffe. Fünf Mitglieder des taiwanesischen Teams kamen in Vietnam ums Leben.

Thailand

Für die USA war Thailand in ihrem Kampf gegen die Kommunisten in Nordvietnam und in Laos ein wichtiger Bündnispartner. Die amerikanische Präsenz war auch aus innenpolitischen Gründen wichtig, da im Nordosten Thailands kommunistische Aufständische aktiv waren.

Rund achtzig Prozent der US-Luftangriffe auf Vietnam und Laos wurden von einem der sieben Stützpunkte Thailands aus gestartet. Insgesamt waren mindestens 27'000 US-Soldaten in Thailand stationiert. Richard A. Ruth schreibt in seinem Buch *In Buddha's Company. Thai Soldiers in the Vietnam War,* dass in Vietnam etwa 40'000 thailändische Soldaten an der Seite der USA und Südvietnams kämpften. 351 Thailänder kamen ums Leben, mehr als 2000 verliessen das Schlachtfeld verwundet.

Rund um Luftwaffenstützpunkte sprayte die Air Force die Vegetation nieder, um freie Sicht auf Angreifer zu haben. Während des Vietnamkrieges testeten die USA das Entlaubungsmittel Agent Orange auch in Thailand. Der Flughafen Bor Fai in Hua Hin südlich von Bangkok diente als Ausgangspunkt. Jahrzehnte nach dem Krieg, 1999, wurden dort während einer Pistenverlängerung heimlich vergrabene Agent-Orange-Fässer entdeckt. Dies berichtete damals die Agentur Kyodo News mit dem Hinweis, dass im Gebiet einst Agent Purple, Pink und Blue getestet worden seien.

Ungarn

«Im Vergleich zu seiner wirtschaftlichen Kraft leistete die damalige Volksrepublik Ungarn eine ungewöhnlich grosse und vielfältige Hilfe», sagt Sándor Győri über das Engagement seines Landes während des Vietnamkrieges. Győri war in Hanoi Korrespondent der ungarischen Nachrichtenagentur MTI und der Tageszeitung *Népszabadság.* Budapest sei damals ein Zentrum der sozialistischen Propaganda gewesen, «mit scharfem antiamerikanischem und antiimperialistischem Charakter». Die ungarische KP habe – nicht ganz uneigennützig – regelmässig Massendemonstrationen gegen diesen Krieg organisiert.

Ungarn habe im Vergleich zu anderen Ostblockstaaten einen «liberalen» wirtschafts- und kulturpolitischen Kurs verfolgt. Dies sei bei den «Bruderländern» nicht gut angekommen. Mit den Demonstrationen habe die Partei ihre «Klassentreue» beweisen können. Ende der 1960er, Anfang der 70er Jahre hätten die Nachrichten aus Indochina in allen Zeitungen dominiert. «Vietnam hat in der ungarischen Tagespresse eigentlich die fehlende Innenpolitik ersetzt.»

Die materielle Hilfe bestand aus Industriegütern, waffentechnischen Produkten wie elektro- und radiotechnischen Geräten sowie aus Telefonzentralen. Ungarische Experten halfen in Nordvietnam mit, diese Geräte zu installieren, und bildeten Personal aus. Mehr als 5000 Vietnamesen studierten auf staatliche Kosten in Ungarn, darunter Offiziere der Volksarmee an der Miklós-Zrínyi-Militärakademie in Budapest.

«Aus vietnamesischer Sicht war – trotz der umfassenden materiellen Hilfe – der wichtigste ungarische Beitrag die Teilnahme Ungarns an der Internationalen Friedenskommission», sagt Győri. Sie wurde 1972 nach dem Pariser Friedensvertrag gegründet und sollte die Einhaltung der Vereinbarungen kontrollieren.

Vietnam-Fakten

Karte: siehe Anfang des Buches.

Offizieller Name: Sozialistische Republik Vietnam (Cong hoa Xa hoi chu nghia Viet Nam)

Vietnam grenzt an den Golf von Thailand, den Golf von Tonkin und an das Südchinesische Meer (in Vietnam Ostmeer genannt) sowie an China, Laos und Kambodscha.

Fläche: 331'210 km², davon 310'070 km² Land und 21'140 km² Wasser.

Vergleich: Vietnam ist fast so gross wie Deutschland, 3,9-mal so gross wie Österreich und etwa achtmal so gross wie die Schweiz.

Einwohner: 94,349 Millionen (Schätzung Juli 2015).

Volksgruppen: Kinh (ethnische Vietnamesen) 85,7 %, Tay 1,9 %, Thai 1,8 %, Muong 1,5 %, Khmer 1,5 %, Mong 1,2 %, Nung 1,1 %, andere 5,3 % (Zensus 1999). Es gibt vierundfünfzig ethnische Minderheiten.

Religionen: Buddhisten 50 %, Katholiken 8–10 %, Hoa Hao 2–4 %, Cao Dai 2–3 %, Protestanten 0,5 %, Muslime 0,1 %. (Die Quellen sind widersprüchlich. Oft wird auch von 80 % gesprochen, die sich offiziell zu keiner Konfession bekennen.)

Altersstruktur: 24,1 % sind 0–14 Jahre alt, 17,22 % sind 15–24, 45,05 % sind 25–54, 7,81 % 55–64 Jahre alt, und 5,82 % sind 65 und älter.

Lebenserwartung (2015): Männer 70,69, Frauen 75,9 Jahre. (Deutschland: Männer 78,26, Frauen 83 Jahre; Österreich: Männer 78,76, Frauen 84,15 Jahre; Schweiz: Männer 80,22, Frauen 84,92 Jahre.)

Sprachen: Vietnamesisch (Amtssprache). Nach offizieller vietnamesischer Darstellung sind die zahlreichen ethnischen Minderheiten anerkannt, ihre

Sprachen erlaubt und angeblich auch gefördert. Englisch ist heute in den meisten Schulen obligatorisch. Französisch, die Sprache der ehemaligen Kolonialherren, spielt nur noch eine kleine Rolle.

Grosse Städte: Ha Noi, Hauptstadt (7,05 Mio.), Da Nang (1,0 Mio.), Can Tho (1,3 Mio.), Hai Phong (1,95 Mio.), Ho-Chi-Minh-Stadt, früher Saigon (7,9 Mio.) (Stand 2014).

Verwaltungsgliederung: 58 Provinzen und 5 selbstverwaltete Städte

Wichtige Flüsse: Mekong, Gesamtlänge zwischen 4350 und 4909 km, je nach Quelle. Fliesst durch sechs Länder, einer der grössten Flüsse der Erde. Roter Fluss (Song Hong), 1149 km. Ca (Song Lam oder Ngan Ca), 512 km. Parfümfluss (Song Huong oder Huong Giang), 30 km.

Nord-Süd-Ausdehnung: 1650 km. An der engsten Stelle ist das Land nur 50 km breit.

Klima: Im Norden gemässigtes tropisches Wechselklima (kühl von November bis April, heiss von Mai bis Oktober). Im Süden ist es das ganze Jahr warm (November bis Januar) bis sehr heiss (Februar bis Mai).

Höchster Punkt: Fansipan (Yunnan-Gebirge), 3143 m ü.M.

Ressourcen: Kohle, Antimon, Bauxit, Eisen, Erdöl, Erdgas, Gold, Chrom, Phosphate, Zinn, Zink.

Wirtschaft: Bruttoinlandsprodukt je Einwohner (Stand 2015): 2088 US-Dollar. (Deutschland: 40'996 $, Österreich 43'724 $, Schweiz 80'675 $.)

Wichtige Exportgüter: Erdöl, Textilien, Schuhe, Reis, Kaffee (Vietnam ist neben Brasilien weltweit zweitgrösster Kaffee-Exporteur).

Erwerbstätigkeit der Bevölkerung: Landwirtschaft 47 %, Dienstleistungen 32 %, Industrie 21 % (Stand 2014).

Umwelt: Viele Millionen Hektar Tropenwald, die zuvor bereits unter den Herbiziden zu leiden hatten, wurden seit den 1960er Jahren durch Brandrodung und Abholzung zerstört. Besonders betroffen ist der Norden. Zwar versucht die Regierung dieser Zerstörung Einhalt zu gebieten, doch der Druck der schnell wachsenden Bevölkerung und die Armut in den Bergprovinzen veranlassen die Leute immer wieder dazu, Wald niederzubrennen, um Ackerland zu gewinnen. Tropenhölzer, wie Teakholz, werden in Vietnam wie in ganz Südostasien trotz inzwischen strenger gesetzlicher Regelungen nach wie vor illegal gewonnen, um daraus Möbel für den europäischen, US-amerikanischen und japanischen Markt zu fertigen. Das marine Leben und das Grundwasser sind vielerorts durch Verschmutzung bedroht.

Staatsform: Sozialistische Republik seit 1976. Bis in die 1990er Jahre bestanden die Staatsorgane, ähnlich denen der DDR, aus Staatsrat und Ministerrat. Heute ist die Staatsstruktur dem westlichen Modell angepasst, mit Gewaltenteilung, die allerdings nur auf dem Papier existiert. Die Machtorgane heute: Generalsekretär der Kommunistischen Partei Vietnams, Präsident (repräsentatives Amt, obwohl formell Oberbefehlshaber der Armee), Premierminister (Exekutive). Seit etwa zehn Jahren ist dieses Triumvirat um den Präsidenten der Nationalversammlung (Legislative) erweitert worden.

Parteien: Die Kommunistische Partei Vietnams (rund 3,6 Millionen Mitglieder) ist die einzige und per Verfassung zugelassene Partei.

Nationalfeiertag und Unabhängigkeitstag: 2. September (am 2. September 1945 hatte Ho Chi Minh die Unabhängigkeit ausgerufen).

Quellen: General Statistics Office of Viet Nam / Eurostat / *Fischer-Weltalmanach 2016* / Universität Bonn / Webseiten der verschiedenen Städte / Wikipedia / CIA World Factbook / Internationaler Währungsfonds

Auswahl benutzter Quellen

Antje Bultmann, Friedemann Schmithals (Hrsg.): *Käufliche Wissenschaft. Experten im Dienst von Industrie und Politik.* München: Droemer Knaur 1994.

Gerhard Feldbauer und verschiedene seiner Publikationen.
Der 1933 geborene Autor berichtete 1967–1970 für die Ostberliner Nachrichtenagentur ADN mit Sitz in Hanoi über Vietnam, Laos und Kambodscha. Seine Frau Irene war als Fotoreporterin mit dabei. Feldbauer promovierte anschliessend mit einer Arbeit zum Bauernaufstand in Zentralvietnam 1930/31. Später war er Korrespondent in Rom und verfasste eine Habilitationsschrift zum italienischen Faschismus. Ab 1980 war er DDR-Botschafter in Zaire, Burundi und Ruanda. Feldbauer schrieb u.a. fünf Bücher über Vietnam, darunter mit seiner Frau *Sieg in Saigon. Erinnerungen an Vietnam* (Bonn: Pahl-Rugenstein 2. Auflage 2005) und zuletzt *Vietnamkrieg* (Köln: PapyRossa 2013).

Bernd Greiner: *Krieg ohne Fronten. Die USA in Vietnam.* Hamburg: Hamburger Edition 2009 (eines der wichtigsten Standardwerke über den Vietnamkrieg).

Jean-Pierre Guignard, Maurice Mühlethaler, Marc Oltramare, Armand Forel (Hrsg.): *Vietnam. Dokumente über den chemischen und bakteriologischen Krieg.* Zürich: Centrale Sanitaire Suisse 1968.

Martin Großheim: «Erinnerungsdebatten in Vietnam». In: *Aus Politik und Zeitgeschichte* 27/2008, S. 19–25.

Peter Jaeggi: «Das zweite Leben des Doan Son». In: *Schweizer Familie* 8/2015.

Peter Jaeggi (Hrsg.): *Als mein Kind geboren wurde, war ich sehr traurig. Spätfolgen des Chemiewaffen-Einsatzes im Vietnamkrieg.* Basel: Lenos 2000.

Peter Jaeggi: «Der Vietnamkrieg – Krieg ohne Ende». In: *Passage.* Schweizer Radio SRF 2 Kultur, 53 min, 15. Mai 2015, srf.ch/sendungen/passage/der-vietnamkrieg-krieg-ohne-ende.

Felix Klickermann, Jurist und Agent-Orange-Rechtsexperte, verschiedene Texte und persönliche Interviews.

Andreas Margara: *Der Amerikanische Krieg. Erinnerungskultur in Vietnam.* Berlin: regiospectra 2012.

Uwe Siemon-Netto: *Duc, der Deutsche. Mein Vietnam. Warum die Falschen siegten.* Basel/Giessen: Brunnen 2014.

Arthur H. Westing: *Arthur H. Westing. Pioneer on the Environmental Impact of War* (SpringerBriefs on Pioneers in Science and Practice, vol. 1). Heidelberg, New York, Dordrecht, London: Springer 2013.

Carl von Ossietzky Universität Oldenburg, Information über Uranmunition (*depleted uranium, DU,* 3.1.2016).

Günter Wallraff: *13 unerwünschte Reportagen.* Köln: Kiepenheuer & Witsch 2002.

Onlineressourcen

AG Friedensforschung:
ag-friedensforschung.de

Returned and Services League of Australia:
rslnsw.org.au

Global Research. Centre for Research on Globalization:
globalresearch.ca

Coordination gegen Bayer-Gefahren (CBG):
cbgnetwork.org

Ampelmännchen und Todesschüsse. Der Weblog zur untergegangenen DDR und ihren Mythen:
ddrwebquest.wordpress.com

HelmholtzZentrum München. Deutsches Forschungszentrum für Gesundheit und Umwelt:
helmholtz-muenchen.de

International Dioxin Symposium Website:
dioxin20xx.org

Hatfield Consultants (kanadische Umweltspezialisten, u.a. Agent-Orange-Forschungen):
hatfieldgroup.com

Neuseeländisches Parlament:
parliament.nz

New Zealand Veterans' Affairs:
veteransaffairs.mil.nz

Österreichische Botschaft Hanoi (zu Österreichs Rolle in den Vietnamkriegen):
bmeia.gv.at/botschaft/hanoi/bilaterale-beziehungen/oesterreich-viet-nam-chronik.html

The Foreign Correspondents' Club of Japan:
fccj.or.jp

National Center for Biotechnology Information (NCBI), Bethesda, MD:
ncbi.nlm.nih.gov

HistoryNet (zur amerikanischen Kriegsgeschichte):
historynet.com

GovTrack (beobachtet Mitglieder des US-Kongresses):
govtrack.us

U.S. Department of Veterans Affairs, Public Health:
publichealth.va.gov

United States History:
u-s-history.com

Vietnam Veterans of America, Arizona State Council:
vvaarizona.org

Vietnam and All Veterans of Florida:
vvof.org

wikipedia.org

Zusammenhänge zwischen Dioxin und Diabetes:
diabetesandenvironment.org/home/contam/pops

Karten

Armeestützpunkte, Kriegsschauplätze:
www.google.com/maps/d/viewer?mid=zQJPAeunyYc4.
koiZlsflHgOg&hl=en_US

Wissenschaftsmagazine und andere Medien

bbc.com/news

deutschlandfunk.de

dw.de

huffingtonpost.com

infosperber.ch

japanfocus.org

nd-archiv.de

thenation.com

nature.com

nytimes.com

nzz.ch

omicsonline.org/environmental-analytical-toxicology.php

sciencemag.org

sonntagszeitung.ch

spiegel.de

tagesanzeiger.ch

tagesspiegel.de

voanews.com

welt.de

zeit.de

Links zu einigen Institutionen, die im Buch vorkommen

The Da Nang Association For Victims Of Agent Orange/Dioxin (DAVA):
facebook.com/agentorangedanang

Project Renew:
landmines.org.vn

Vietnamesisches Rotes Kreuz:
redcross.org.vn/redcross2/vn/home/index.jsp

Veterans for Peace (VFP):
veteransforpeace.org

Vietnam Veterans Association of Australia:
vvaa.org.au

Vietnam Association of Victims of Agent Orange/Dioxin (VAVA):
vava.org.vn/?lang=en

Kurzes Video von Peter Jaeggi über die Arbeit eines Renew-Teams:
youtu.be/p3R-NYUP28w

Grössere Hintergrund-Dokumentationen (Film):

Der Vietnamkrieg (sechs Teile; Spiegel TV 2010, ZDF 2013):
youtube.com/watch?v=R_rzoLD-d_c

The Dark Shadow of Agent Orange, Retro Report (*The New York Times* 2014):
youtu.be/uzvTB0mOS0w

Jungle Rain. The New Zealand Story of Agent Orange and the Vietnam War (TVNZ 2005):
youtu.be/j0sh5zdKtqQ?list=PL7CF280C96665CBB5

Lighter Than Orange – The Legacy of Dioxin in Vietnam (2015):
lighterthanorange.com

Zahlreiche Filme und Clips zum Thema:
videobychoice.com/index.php/search/all/relevance/CKABEAA/vietnam+krieg

Dokumentarfilme zu den Themen Umwelt, Planet Erde usw.:
filmefuerdieerde.org/

Dankeschön

Däster Schild Stiftung

Krebsliga Schweiz

krebsliga schweiz

SO-Kultur

kultur
Lotteriefonds Kanton Solothurn

SWISSLOS

Paul Schiller Stiftung

Paul Schiller Stiftung

Ein Dankeschön für inhaltliche Unterstützungen

Prof. Dr. iur. Christian Förster, Luong Hoang Giap, Phung Le Trong, Sándor Györi, Felix Klickermann, Chuck Searcy, Dr. Margrit Schlosser, Dr. Le Ke Son, Dr. Otmar Wassermann, Antoine Weber, Anjuska Weil u.v.a.

Freunde, Freundinnen und weitere Menschen, die das Buch unterstützt haben

Kurt Aeschbacher, Bruno Breiter, Therry Briggen, Peter Brotschi, Andrea Burgener, Leo und Martha Clodius, Hermann Dürr, Nick Egloff, Sabine Ehrlich, Urban Fink, Theo Fluri, Felix Furrer, Peter Gasser, Vanessa Gerritsen, Stefan Gribi, Max Hintermann, Hansuli Huber, Pia und Kurt Jaeggi, Lutz Konermann, Lorenz Kummer, Christophe Lienert, Roger Liggenstorfer, Ernst Mattiello, Peter L. Meier, Christian Meyer, Werner Nydegger, Markus Oberholzer, Angelika Pfäfflin, Georges Plattner, Karl Rechsteiner, Peter Reinhart, Christoph Reize, Günter Riewa, Carlo Rinalducci, Heinz Rudolf von Rohr, Dora Schär, Siglind und Siegfried Schmid, Adolf und Inge Schneider, Peter Steiner, Bettina Steinlin, Roland Wiederkehr, Regula Willi, Romano Zerbini

Die Autoren

Peter Jaeggi

Freischaffender Schweizer Journalist, Fotograf, Buch- und Filmautor. Mitarbeiter von Radio SRF 2, SWR 2 und ORF sowie von nationalen und internationalen Printmedien (Foto: beim Interview mit US-Kriegsveteran Chuck Palazzo in Da Nang).
peterjaeggi@bluewin.ch / agentorange-vietnam.org / peterjaeggi.ch

Roland Schmid

Freischaffender Fotograf in Basel, hauptsächlich für nationale und internationale Medien, aber auch für Hilfswerke und diverse Firmen tätig. Daneben realisiert er eigene Projekte. Schmid ist Mitglied bei der Fotoagentur 13Photo in Zürich.
schmidfoto@bluewin.ch und schmidroland.ch

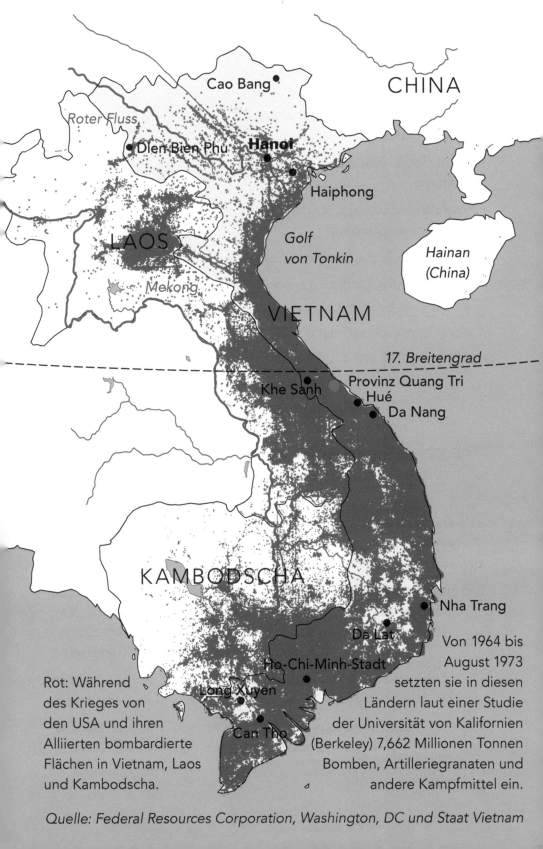

CHINA

Cao Bang

Roter Fluss

Dien Bien Phu

Hanoi

Haiphong

LAOS

Golf von Tonkin

Hainan (China)

Mekong

VIETNAM

17. Breitengrad

Khe Sanh

Provinz Quang Tri

Hué

Da Nang

KAMBODSCHA

Nha Trang

Da Lat

Ho-Chi-Minh-Stadt

Long Xuyen

Von 1964 bis August 1973 setzten sie in diesen Ländern laut einer Studie der Universität von Kalifornien (Berkeley) 7,662 Millionen Tonnen Bomben, Artilleriegranaten und andere Kampfmittel ein.

Rot: Während des Krieges von den USA und ihren Alliierten bombardierte Flächen in Vietnam, Laos und Kambodscha.

Can Tho

Quelle: Federal Resources Corporation, Washington, DC und Staat Vietnam

Impressum

Lenos Verlag Basel 2016 (lenos.ch)

Konzept, Texte, Gestaltung: Peter Jaeggi peterjaeggi.ch / agentorange-vietnam.org

Fotos Roland Schmid (Farbbilder) schmidroland.ch und National Geographic (Schwarzweissbiilder)

Lektorat Jakob Fuchs, Phuong Le Trong (Geschichte des Vietnamkrieges)

Korrektorat Christoph Blum (Lenos)

© 2016 Lenos Verlag; Peter Jaeggi; Roland Schmid; Another Vietnam, National Geographic (Bilder der nordvietnamesischen Fotografen)

ISBN 978 3 85787 473 4

Erste Umschlagseite: Die Mutter Tran Thi Gai mit ihrer schwerbehinderten Tochter Nguyen Thi Tuyet.

Karte am Anfang des Buches: Vietnamkarte mit den im Krieg von den USA und ihren Alliierten mit Agent Orange und anderen Herbiziden besprühten Gegenden.

Erste Bild-Doppelseite am Anfang des Buches: Agent-Orange-Folgen haben ihn gelähmt, verstummen lassen und völlig unbeweglich gemacht: Tran Duc Nghia in Da Nang zusammen mit einer Tante (2013).

Bild nach Seite 293: Mai 1975. Zwei ältere Frauen, die eine aus Süd- und die andere aus Nordvietnam, begrüssen und umarmen sich herzlich, nachdem sie der Krieg so lange getrennt hat. Foto Vo Anh Khanh / Another Vietnam / National Geographic.

Karte am Schluss des Buches: Vietnamkarte mit den von den USA und ihren Alliierten im Krieg bombardierten Gegenden.

Letzte Umschlagseite: Überreste eines 1972 abgeschossenen B-52D-Bombers «Rose 1» im Huu-Tiep-Teich in Hanoi.